JILPT 第 4 期プロジェクト研究シリーズ *No.1*

70 歳就業時代における 高年齢者雇用

独立行政法人 労働政策研究・研修機構

第4期プロジェクト研究シリーズの刊行にあたって

　本「プロジェクト研究シリーズ」は、JILPT の第 4 期中期目標期間
（2017 年度～2021 年度）の 5 年間で進めてきたプロジェクト研究の中から、
特に関心が高く重要と思われるテーマを取り上げ、多くの方々により読みや
すい形で成果を提供するために取りまとめたものである。

　JILPT は労働に関する政策研究機関として「働く人の幸せ」と「経済の
発展」に寄与するという観点から、労働政策の企画立案に貢献するため、さ
まざまな構造変化の影響に関する実態把握、労働政策の課題についての調
査・研究を継続して行っている。その中心として行っているのがプロジェク
ト研究であり、経年変化の動向や国際比較も交えつつ、客観的なデータやエ
ビデンスを提供するため、具体的な労働政策の課題に対し中長期的な視点か
ら学術的、学際的な分析を進めている。

　プロジェクト研究の成果は、労働政策研究報告書や調査シリーズ、研究双
書等として刊行するとともに、研究成果の報告会や労働政策フォーラムを開
催し、広く普及に努めている。

　少子高齢化による人口減少社会の進行、グローバル化の進展、第 4 次産業
革命下におけるビックデータ・AI などの技術革新、働き方や就業意識の多
様化によって、我が国の労働市場を取り巻く環境は大きく変化している。ま
た、労働政策がカバーする範囲も拡がっており、今般の新型コロナウイルス
感染拡大のように喫緊の課題に対して柔軟かつ的確に対応する必要も生じて
いる。

　変化を続ける経済社会の実態を把握するための調査やヒアリングにご協力
いただいたすべての皆様にあらためて心から御礼申し上げたい。

　本シリーズが政策担当者をはじめ、企業や労働組合の関係者、そして多く
の一般読者などに活用され、今後の労働政策・労働問題を考えるための参考
になれば幸いである。

2022 年 3 月

独立行政法人　労働政策研究・研修機構

理事長　樋　口　美　雄

は　し　が　き

　人口減少下にある日本の活力を維持するためには、全ての人々が強みを活かして活躍できることが重要であり、今後も増加が見込まれる高年齢者の一層の活躍も期待されている。意欲ある高年齢者が現役で活躍し続けるための社会環境を整備することは、高年齢者自身の職業生活における希望を実現するとともに、人生100年時代を豊かなものにするためにも重要である。

　高年齢者の雇用・就業については、高年齢者雇用安定法に基づく各種の施策が推進されてきた。65歳までの雇用は、希望者全員の雇用確保措置の義務化を定めた2006年や2013年施行の改正法により着実に進展し、65歳まで働くことはもはや社会的に定着したと言えるだろう。加えて2021年4月施行の改正法では、70歳までの就業機会の確保が事業主の努力義務として規定されるなど、65歳以降の就業に向けた制度設計が議論されている。

　これらを背景に、本書は60代前半の継続雇用と60代後半の雇用状況に関する統計分析を実施し、65歳以降の雇用・就業に向けた現状と課題を体系的に明らかにすることを目的としたものである。とりわけ、高年齢者雇用の促進という社会的な要請に対応するため、企業がどのような人事管理施策を実施し、またそれが個人の働き方にどう影響しているかに注目した研究成果が収録されている。各章の研究結果から、70歳までの継続就業を制度的に促進することで、企業と個人の働き方がどのような影響を受けうるかについて、多くの示唆を得ることができると考えている。

　本書の作成にあたり、アンケート調査にご協力いただいた方々をはじめ、多くの方々のご支援を賜った。この場を借りて心から御礼申し上げたい。本書が企業経営者、人事担当者、労働者、政策担当者をはじめ、高年齢者の雇用・就業問題に関心のある方々に活用され、高年齢者の就業の促進、さらには生涯現役社会の実現に資することができれば幸いである。

2022年3月　　　　　　経済社会と労働部門　研究員　　森山　智彦

≪目　次≫

第6章　60代前半の雇用者における仕事の継続・変化と仕事に対する満足度・就業継続意欲 ……………………………………… 135

藤本　真

第7章　高年齢者就業の促進はキャリアのジェンダー格差にどのような影響をもたらすか
―60歳前後の就業の変化における性別の違いに注目して ……… 159

森山　智彦

序章　高年齢者雇用・就業の現状と課題

　少子高齢化が急速に進展し人口が減少する我が国において、全ての年代の人々がその特性・強みを活かし経済社会の担い手として活躍できること、特に、働く意欲を持った高年齢者が能力を十分に発揮して活躍できる環境整備を図っていくことが重要である。

　このような中において、政府は数度にわたり高年齢者雇用安定法（以下、「高齢法」と記す）を改正し、65歳までの雇用については希望者全員に対する雇用確保措置（定年廃止・定年延長・継続雇用制度導入）の義務化がなされた。さらに、2020年3月には、70歳までの就業機会の確保のため、現行の雇用確保措置に加え、新たな措置（業務委託契約を締結する制度、社会貢献活動への従事に関する制度）を設け、これらの措置のいずれかを講ずることを事業主の努力義務とすることなどを内容とする高齢法の改正が行われ、2021年4月に施行された。

　新たに70歳までの就業確保が社会的課題となる中で、65歳以降の者については、今後の人口減少下においても増加することが見込まれており、一層の活躍を促進していく必要がある。

　本章においては、以下、第1節で人口や労働力人口の中長期の推移を見た後、高年齢者雇用政策の実施状況や政策をめぐる最近の動きを概観する。第2節では労働政策研究・研修機構（以下、「JILPT」と記す）が第4期中期計画期間中（2017年度〜2021年度）に取り組んだ企業および個人へのアンケート調査やヒアリング調査など調査研究の流れを紹介する。第3節では前述のアンケート調査の結果から人事労務管理や就業意識、公的給付制度等の高年齢者雇用・就業における課題を検討する。第4節では先行研究として高齢法改正の就業促進効果や在職老齢年金の就業抑制効果、若年者雇用への影響、高年齢者の人事労務管理に関する研究を中心に概観する。最後に第5節では本書の特徴（①60代前半の継続雇用に関する分析結果から65歳以降の

1

雇用・就業に向けた現状と課題を体系的に明らかにしたこと、②統一的な視点として、「60歳（または定年）前後の職歴や働き方の変化」に着目したこと、③企業視点と労働者視点の双方からアプローチしたこと）を提示した上で、本書の構成と各章の概要を示す。

第1節　高年齢者雇用・就業を取り巻く状況

1 人口の現状と将来推計

　我が国の総人口は、長期の減少過程に入っている。2019年10月1日現在、総人口は1億2,617万人であるが、2017年4月に国立社会保障・人口問題研究所が公表した「日本の将来推計人口」によれば、2053年には1億人を割り、2065年には8,808万人になると推計されている。15～64歳人口は、1995年に8,716万人でピークを迎え、その後減少に転じ、2019年には7,505万人となった。今後も出生数の減少の影響が及び、2065年には4,529万人になると推計されている。一方で、65歳以上人口は、「団塊の世代」が65歳以上となった2015年に3,387万人となり、同世代が75歳以上となる2025年には3,677万人に達すると見込まれる。

　65歳以上人口が総人口に占める割合（高齢化率）は、1950年には5%に満たなかったが、1970年に7%を超え、1994年には14%を超えた。高齢化率はその後も上昇を続け、2019年10月1日現在、28.4%に達している。今後も総人口が減少する中で65歳以上の者が増加することにより高齢化率は上昇を続け、2036年には33.3%と総人口の3人に1人が65歳以上となることが見込まれている。

　また、65歳以上人口と15～64歳人口の比率を見ると、1950年には65歳以上の者1人に対して12.1人の現役世代（15～64歳の者）がいたのに対して、2015年にはこの比率が1人に対して2.3人になっている。今後、高齢化率は上昇し、現役世代の割合は低下することから、2065年には、1人に対して1.3人という比率になると見込まれる。

　このように少子高齢化が進展し、労働力不足が課題となる中で、働く意欲のある高年齢者が能力や経験を活かし、年齢にかかわりなく働くことができ

る生涯現役社会を実現することが重要な課題となっている。

2 労働力人口の動向

　近年の高年齢者の雇用は、世代ごとの人口動態や景気、法改正等の政策効果を反映して確実に進展しており、労働力全体としての雇用の改善にも寄与している。

　15歳以上人口の長期的な減少傾向を反映し、労働力人口は1990年代半ばをピークとして2000年代にかけて減少傾向を辿っていたが、2010年代に入って増加に転じ、さらには1990年代半ばのピークを超える水準に至っている。これを60歳未満と60歳以上の高年齢層に分けると、60歳未満層の長期的な減少を高年齢者の労働力の増加が補っている（図表序-1）。60歳以上の高年齢者を60代前半、60代後半、70歳以上に分けてみると、次のような傾向が見て取れる。①団塊の世代（1947年～1949年生まれ）は、入った年齢区分での労働者数の増加を加速させ、その区分から抜けると減速させながら次の年齢区分に移る（図表序-2）、②60代前半、60代後半の労働力率（労働力人口÷人口）が2006年あたりから上昇している、③60歳未満自体も2010年代に入って減少から横ばいに転じ、労働力全体の増加を下支えしている

図表序-1　労働力人口の推移

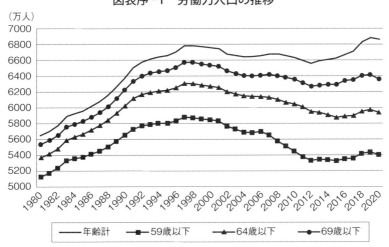

図表序 -2　高年齢者の労働力人口

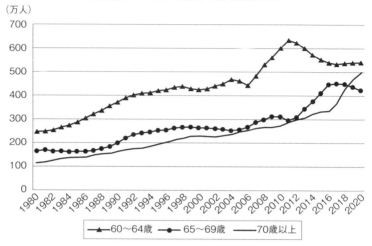

（万人）

凡例：
- ▲ 60〜64歳
- ● 65〜69歳
- ─ 70歳以上

（図表序 -1）。これには、第 1 章以降の分析で示すように、この間に進められた 2006 年と 2013 年の改正高齢法の施行などの政策の効果や、企業の人事労務管理面での対応などが寄与していると考えられる。

3 高年齢者雇用確保措置の動向

　高年齢者労働力人口の増加の制度的背景としては、年金制度との接続を考慮しながら 2000 年代以降、数度にわたって行われた高齢法の改正を通じて 65 歳までの継続雇用が進展したことが寄与している。特に、65 歳までの雇用確保を内容とする「高年齢者雇用確保措置」によるところが大きい。

　2000 年の高齢法改正では、65 歳未満の定年を定めている事業主に、定年の引き上げ、継続雇用制度の導入または改善等を内容とする「高年齢者雇用確保措置」を講ずることが努力義務とされた。

　2006 年の高齢法改正では努力義務規定が義務規定に改められ、定年の廃止も新たに盛り込まれて、65 歳までの「高年齢者雇用確保措置」として定年の廃止、定年の引き上げ、継続雇用制度の導入のいずれかの措置の実施が義務化された。ただし、継続雇用制度については、労使協定を結んだ場合には、対象者について基準を設け選別できることとされた。なお、附則で義務

となる年齢（義務化年齢）を当初の 62 歳から段階的に引き上げているが、これは 2001 年以降、支給開始年齢が段階的に引き上げられた老齢厚生年金（定額分）との接続に配慮したものである。

2013 年の高齢法改正では 2006 年の改正で設けられた労使協定によって継続雇用の対象者を選別できる旨の規定が廃止され、希望する全ての者が継続雇用の対象者となった。また、継続雇用先の範囲を自社以外に拡大し、他社である「特殊関係事業主」（いわゆるグループ会社）での継続雇用も可能とした。なお、経過措置が設けられ、改正の施行前に労使協定を結んでいた場合は、一定の年齢以降の者について引き続き対象者を選別する基準を利用できることとされた。この年齢は 12 年かけて 65 歳まで段階的に引き上げられていくが、老齢厚生年金（報酬比例部分）の支給開始年齢（男性）と同一のスケジュールとなっており、雇用と年金の接続に配慮している。

なお、2021 年の高齢法改正では高年齢者雇用確保措置に制度上の変更はなされなかった。また、同時期に進められた年金制度改正にも支給開始年齢についての制度変更はなかった。

このように進められてきた 65 歳までの「高年齢者雇用確保措置」の実施状況を厚生労働省の「高年齢者の雇用状況」（2020 年）（常時雇用する労働者が 31 人以上の規模の企業対象）で見ると、実施済企業（99.9％）の内訳は、「定年制の廃止」が 2.7％、「定年の引上げ」が 20.9％、「継続雇用制度の導入」が 76.4％ となっている。「継続雇用制度の導入」のうち、①希望者全員を対象とする 65 歳以上の継続雇用制度を導入している企業は 74.5％、②高齢法一部改正法の「経過措置」に基づく継続雇用制度の対象者を限定する基準がある継続雇用制度を導入している企業は 25.5％ となっている。

次に、基準該当者を選別している場合も含め、66 歳以上も働ける制度のある企業については、報告のあった全ての企業に占める割合は 33.4％ となっている。企業規模別に見ると、中小企業（31 人〜300 人規模）では 34.0％、大企業（301 人以上規模）では 28.2％ となっている。また、希望者全員が 66 歳以上も働ける企業について、12.7％ となっており、中小企業では 13.6％、大企業では 4.8％ となっている。

以上の通り、希望者全員を対象とする 65 歳までの雇用確保措置について

は着実に定着しつつあることがうかがわれる。一方で、65歳を超えた雇用については、現状、3割程度の企業にとどまっている。2021年の高齢法改正では新たに70歳までの就業確保が企業の努力義務となる中で、高年齢者の希望の実現や高年齢者の能力活用の観点からも大きな課題となっている。

4 最近の政策の動き

　後述の通り本研究プロジェクトは2017年度を初年度とするJILPTの第4期中期計画に基づいて実施された。2017年度以降の高年齢者雇用に関連する主な政策の動きは次の通りである。

⑴　「ニッポン一億総活躍プラン」（2016年6月2日閣議決定）

　一億総活躍社会の実現に向けた横断的課題である働き方改革の一つとして、高年齢者の就業促進が取り上げられた。①将来的に継続雇用年齢や定年年齢の引上げを進めていくためには、そのための環境を整えていく必要がある、②企業の自発的な動きが広がるよう、65歳以降の継続雇用延長や65歳までの定年延長を行う企業等に対する支援を実施し、企業への働きかけを行う、③継続雇用延長や定年延長を実現するための優良事例の横展開、高年齢者雇用を支える改正雇用保険法の施行、企業における再就職受入支援や高年齢者の就労マッチング支援の強化などを進める、といった内容が盛り込まれた。

⑵　「働き方改革実行計画」（2017年3月28日働き方改革実現会議決定）

　「働き方改革実行計画」では、①65歳以降の継続雇用延長や65歳までの定年延長を行う企業への支援を充実し、将来的に継続雇用年齢等の引上げを進めていくための環境整備を行っていくこと、②2020年度までを集中取組期間と位置づけ、助成措置を強化するとともに、新たに策定した継続雇用延長や定年延長の手法を紹介するマニュアルや好事例集を通じて、企業への働きかけ、相談・援助を行っていくこと、③集中取組期間の終了時点で、継続雇用年齢等の引上げにかかる制度のあり方を再検討すること、などが盛り込まれた。

(3) 「人づくり革命基本構想」(2018 年 6 月 13 日人生 100 年時代構想会議とりまとめ)

　人生 100 年時代を見据えた経済社会システムを創り上げるための政策のグランドデザインとしてとりまとめられた「人づくり革命基本構想」の中で、高年齢者雇用の促進については、①意欲ある高年齢者に働く場を準備することは、働きたいと考える高年齢者の希望をかなえるためにも、人口減少の中で潜在成長力を引き上げるためにも、官民挙げて取り組まなければならない国家的課題であり、②年齢による画一的な考え方を見直し、全ての世代の人々が希望に応じて意欲・能力を活かして活躍できるエイジフリー社会を目指す、との認識に基づき、65 歳以上への継続雇用年齢の引上げに向けて環境整備を進めることなどが盛り込まれた。

(4) 成長戦略実行計画 (2019 年 6 月 21 日閣議決定)

　未来投資会議(議長:内閣総理大臣)において、全世代型社会保障への改革の一環として、70 歳までの就業機会確保について議論が行われ、成長戦略実行計画がとりまとめられた。65 歳から 70 歳までの就業機会確保については、65 歳までと異なり、それぞれの高年齢者の特性に応じた活躍が可能となるよう、多様な選択肢を法制度上整えることを検討することとされ、その法制度上の選択肢のイメージとしては、①定年廃止、②70 歳までの定年延長、③継続雇用制度導入(現行 65 歳までの制度と同様、子会社・関連会社での継続雇用を含む)、④他の企業(子会社・関連会社以外の企業)への再就職の実現、⑤個人とのフリーランス契約への資金提供、⑥個人の起業支援、⑦個人の社会貢献活動参加への資金提供、の 7 つが想定しうるとされた。

　また、法制整備は二段階に分けることが適切であるとされ、第一段階においては、法制度上、上記の 7 つの選択肢を明示した上で、70 歳までの就業機会確保の努力規定とし、第一段階の実態の進捗を踏まえて、第二段階として、現行法のような企業名公表による担保(いわゆる義務化)のための法改正を検討することとされた。

　さらに、65 歳までの雇用確保措置を義務化している現行法制度の改正は

検討しないこととし、労働政策審議会における審議を経て、2020年の通常国会に第一段階の法案提出を図ること、70歳までの就業機会の確保に伴う年金支給開始年齢の引上げは行わないことなどが盛り込まれた。

(5) 労働政策審議会における建議 (2019年12月25日)

　職業安定分科会雇用対策基本問題部会の建議では、高年齢者の雇用・就業機会の確保に関しては、①65歳までの希望者全員の雇用確保措置の導入に向けた取組を引き続き行うことが必要であるとともに、②70歳までの就業機会の確保のため、現行の雇用確保措置（定年廃止・定年延長・継続雇用制度導入）に加え、新たな措置（他企業への再就職、フリーランスや起業による就業、社会貢献活動への従事に関する制度）を設け、これらの措置のいずれかを講ずることを事業主の努力義務とすることが適当であるとし、厚生労働省において、法的整備も含め所要の措置を講ずることが適当であるとしている。

(6) 高齢法の改正 (2021年4月施行)

　高年齢者の就業機会の確保および就業の促進のための高齢法および雇用保険法の改正に加え、複数就業者等に関するセーフティネットの整備や、失業者、育児休業者等への給付等を安定的に行うための基盤整備等のための関係法律の改正を盛り込んだ「雇用保険法等の一部を改正する法律案」が2020年2月4日に国会に提出され、同年3月31日に成立した。改正法による改正内容のうち、65歳から70歳までの高年齢者就業確保措置にかかる部分については、2021年4月に施行された。

(7) 在職老齢年金等の改正 (2022年4月施行)

　高齢法の2021年改正と同時期に①在職中の年金受給の在り方の見直し、②受給開始時期の選択肢の拡大等を内容に含む「年金制度の機能強化のための国民年金法等の一部を改正する法律案」が2020年3月3日に国会に提出され、同年5月29日に成立した。改正法による改正内容のうち、①は在職老齢年金の支給停止の基準額の引き上げ（現行の28万円から47万円へ）な

ど、②は繰り下げ受給可能な上限年齢の引き上げ（現行 70 歳から 75 歳へ）であり、2022 年 4 月施行予定である。いずれも高年齢者の就業促進効果が期待される。なお、今回の制度改正では年金の支給開始年齢についての制度の変更はなされなかった。

第 2 節　JILPT の調査研究活動の推移（第 4 期中期計画期間）

　第 4 期中期計画期間（2017 年度～2021 年度）においては、第 3 期中期計画期間の研究成果も踏まえて、①65 歳定年および 65 歳超の継続雇用の実現に向けた調査研究、②高年齢求職者の円滑な転職・再就職の実現に向けた研究、③高年齢者の多様な活躍の事例収集等の調査研究を行うこととした。

　2017 年度においては、第 3 期中期計画期間におけるアンケート調査（高年齢者の雇用に関する調査（企業調査）、60 代の雇用・生活調査（個人調査））の二次分析を行い、ディスカッションペーパー 18-01「労働市場の態様を軸とした 65 歳以降の雇用に関する一考察」（2018 年 2 月）をとりまとめた。また、2017 年度および 2018 年度において、地方自治体における高年齢者の多様な活躍の好事例を収集し、資料シリーズ No.198「高齢者の多様な活躍に関する取組―地方自治体等の事例―」（2018 年 3 月）および資料シリーズ No.212「高齢者の多様な活躍に関する取組Ⅱ―地方自治体等の事例―」（2019 年 3 月）をとりまとめた。

　2019 年度においては、高年齢者雇用対策の制度改正を検討するための基礎資料とするための厚生労働省からの調査依頼も踏まえ、企業に対するアンケート調査（高年齢者の雇用に関する調査（企業調査））および個人に対するアンケート調査（60 代の雇用・生活調査）を実施し、その結果を調査シリーズ No.198「高年齢者の雇用に関する調査（企業調査）」（2020 年 3 月）、調査シリーズ No.199「60 代の雇用・生活調査」（2020 年 3 月）としてとりまとめた。

　2020 年度においては、外部の有識者にも参加いただき（下記の〔参考〕研究会メンバー）、2019 年度までの調査結果などを活用しながら、労働政策研究報告書 No.211「70 歳就業時代の展望と課題―企業の継続雇用体制と個

人のキャリアに関する実証分析—」をとりまとめた。

2021 年度においては、第 4 期中期計画期間の最終年度にあたり、本書を第 4 期中期計画期間中の成果のとりまとめとして、プロジェクト研究シリーズの一冊として発刊したものである。

〔参考〕
　　　　　「高年齢者の雇用・就業に関する研究会」メンバー
　　福井康貴　　名古屋大学大学院環境学研究科准教授
　　吉岡洋介　　千葉大学大学院人文科学研究院准教授
　　大隈俊弥　　労働政策研究・研修機構統括研究員（2020 年 8 月まで）
　　久保雅裕　　労働政策研究・研修機構統括研究員（2020 年 9 月以降）
　　藤本真　　　労働政策研究・研修機構主任研究員
　　森山智彦　　労働政策研究・研修機構研究員

第 3 節　高年齢者雇用・就業をめぐる課題

本書の基礎となった研究は、厚生労働省の「高年齢者の雇用状況」と、JILPT の 2 本の調査、そして 2015 年の「職業階層と社会移動全国調査（SSM 調査）」を用いて行った二次分析を中核としている。二次分析の対象とした調査のうち、厚生労働省の調査は、法的に義務づけられた雇用確保措置の履行状況等を主な内容とするのに対し、JILPT 調査は、企業における継続雇用制度等の具体的運用のほか、関連する賃金・人事労務管理等の実施状況や問題点、意識面を含む高年齢者個人の対応状況などを広く内容としている。ここでは、特に二次分析の基となった 2 本の JILPT 調査から、以下の章にも関連する継続雇用制度の運用状況や企業・個人の対応状況を概観し、高年齢者雇用・就業をめぐる課題を検討する。

JILPT の 2 本の調査概要は、図表序 -3 に示した通りである。以下、本書全体を通して、「高年齢者の雇用に関する調査（企業調査）」を「JILPT 企業調査」、「60 代の雇用・生活調査（個人調査）」を「JILPT 個人調査」と記す。

図表序 -3　高年齢者の雇用に関する調査と 60 代の雇用・生活調査の概要

	高年齢者の雇用に関する調査 （企業調査）	60 代の雇用・生活調査 （個人調査）
対象	・常用労働者 50 人以上を雇用している企業 20,000 社。 ・ただし農林、漁業、鉱業、複合サービス業、公務は除く。	・60〜69 歳の 5,000 人（個人を対象） ・就業構造基本調査（2017 年）における年齢階層別・性別の雇用者数および自営業主数に基づき、年齢階層別・性別の調査対象者数を次のように設定 ① 60〜64 歳：男性 1,600 人、女性 1,100 人 ② 65〜69 歳：男性 1,400 人、女性 900 人
抽出	・東京商工リサーチが保有する企業データベースに基づき、「経済センサス」（H26 年基礎調査）の産業・従業員規模に合わせて比例割当層化無作為抽出法によって抽出した。 ・なお、業種は 14 業種（農林、漁業、鉱業、複合サービス業、公務を除く）、従業員規模は 4 区分（50〜99 人、100〜299 人、300〜999 人、1000 人以上）とした。	住民基本台帳から層化二段系統抽出法により抽出。
方法	郵送調査	訪問留め置き法
時期	2019 年 5 月 20 日〜6 月 30 日 調査時点は 2019 年 5 月 1 日	2019 年 7 月〜8 月 調査時点は 2019 年 6 月 1 日
回収状況	有効回収数：5,891、有効回収率：29.5%	有効回収数：2,883、有効回収率：57.7%

出所：高年齢者の雇用に関する調査（企業調査）は労働政策研究・研修機構（2020a: p.1）から、60 代の雇用・生活調査（個人調査）は労働政策研究・研修機構（2020b: p.1）から抜粋。

1　60 代前半を中心とした高年齢者の雇用の課題

　ここでは 60 代前半層の高年齢者の雇用管理、賃金制度のうち、定年前の相談や評価制度、定年後の賃金低下に関する課題を検討する。

(1)　60 代前半層の高年齢者の雇用管理、賃金制度

　2013 年に 65 歳までの継続雇用の体制が確立したところであるが、企業は高年齢者が意欲と能力に従い活躍できる雇用管理を実現できているだろうか。

ア　キャリアの相談機会

　「JILPT 個人調査」で定年到達者等のうちその後も仕事をした人に「定年前に働いていた会社での高年齢期のキャリアの相談の機会」の有無について尋ねたところ、「なかった」と回答した人が 51.6% であり、「あった」とす

る人の 42.5% を上回っている。性別では、女性では「なかった」が 58.3%
と多くなっている。

　現状、定年前後で雇用形態や職務内容などが大幅に変化するケースも多
く、高年齢労働者が納得して働き続けるためには、会社側から十分な相談・
説明が不可欠と思われるが、調査結果では、高年齢期、定年に向けての相談
の機会が持たれていない企業も多い。

イ　評価制度の導入状況

　「JILPT 企業調査」で高年齢者の仕事に対する評価制度の導入状況を見る
と、「導入済」の企業が 29.3%、「導入を検討中」の企業が 23.9% に対して、
「導入する予定はない」と答えた企業は全体の 40.2% と最も多かった。業種
別に見ると、金融・保険業の 51.8% が既に導入しているのに対して、運輸
業や教育・学習支援業で予定が少なく、規模の小さい企業ほど導入を予定し
ていない。

　また、企業の評価結果の活用方法は、58.6% の企業は「評価結果に基づき
個別面談等を行い、賃金を改定」していた。それに対して、20.1% は「評価
結果に基づき個別面談等行うものの賃金には反映していない」、8.1% は「評
価は行うものの、個別面談等を行わず賃金にも反映していない」となってい
る。

ウ　定年後の賃金低下の傾向

　「JILPT 個人調査」で定年後も同じ会社で継続して仕事をした人につい
て、定年に到達した直後の賃金額の変化について見ると、82.3% が賃金額は
減少したと回答しており、その減少率は、「41〜50%」が 23.6% と最も多く
なっている。

　定年あるいは早期退職直後の賃金低下についての考えを尋ねたところ（複
数回答）、是認的な意見として「雇用が確保されるのだから賃金の低下はや
むを得ない」31.9%、「仕事によって会社への貢献度は異なるので賃金が変
わるのは仕方がない」17.6%、「仕事は全く別の内容に変わったのだから、
賃金の低下は仕方がない」16.6% となっている。一方、否認的な意見として

「仕事がほとんど変わっていないのに、賃金が下がるのはおかしい」27.2%、「会社への貢献度が下がったわけではないのに賃金が下がるのはおかしい」18.6%、「仕事の責任の重さがわずかに変わった程度なのに下がりすぎだ」16.3%、「在職老齢年金や高年齢雇用継続給付が出るといって下げるのはおかしい」11.0% となっている。否認的な意見の合計が73.1%、是認的な意見の合計が68.7% となっており、ほぼ拮抗している。

　高年齢労働者が能力発揮を求められる中で、十分納得して働くためには、能力の発揮や向上が評価され、反映される賃金制度の構築は喫緊の課題であり、60 歳以降の大幅な賃金低下の問題も含めて、賃金のあり方を再検討していく必要がある。

⑵　同一労働同一賃金の問題

　旧労働契約法第 20 条に定める有期契約労働者に対する「不合理な労働条件の禁止」は、同一の使用者と労働契約を締結している有期契約労働者と無期契約労働者との間で、期間の定めがあることにより不合理に労働条件を相違させることを禁止するものである。同規定の内容は、2018 年の法改正により「短時間労働者及び有期雇用労働者の雇用管理の改善等に関する法律」の第 8 条に引き継がれ規定されている。

　定年後または 60 歳以降も仕事をした人について、「仕事の内容の変化の有無」を見ると、「仕事内容は変化していない」57.2% が最も多く、「同じ分野の業務ではあるが、責任の重さが変わった」20.7% と続いている。前述のように定年前後で賃金が大きく下がる例も見られるが、業務内容や責任が同じであるにもかかわらず、契約期間の定めがある雇用契約に変更したことを理由に賃金を低下させている場合には、旧労働契約法第 20 条との関係が出てくる可能性もあると考えられる。

２ 60 代後半以降または高年齢者全般の課題

　高年齢者の戦力化や生涯にわたる職業キャリアの視点から、ここでは、企業における 65 歳以降の継続雇用、高年齢期に向けた能力開発について、動向と課題を検討する。

(1) 企業における65歳以降の継続雇用

「JILPT 企業調査」により、「希望すれば65歳以降も働き続けることができるか」を尋ねると、「希望者全員が働ける」は21.8% にとどまる一方、最も多いのは「希望者のうち基準に該当した者のみ働くことができる」の58.0% となっている。また「働くことができない」も17.3% ある。

60代後半層の雇用確保措置について「実施または予定あり」46.0%、「なし」が51.1% と拮抗している。「実施または予定あり」とした場合の実施内容は定年や継続雇用の上限年齢などの制度の変更を内容とするものは多くなく、企業として制度化していない個別的な対応によるものが多いと考えられる。

「雇用確保措置を実施する場合に必要な取組み」（複数回答）としては、「高年齢者の健康確保措置」や「継続雇用者の処遇改定」が3割を超えて高くなっている。また、高年齢者のみへの対応にとどまらず、「全社的な賃金制度の見直し」、「全社的な人事制度の見直し」といった全体に及ぶ制度改革が1～2割程度となっている。他方で、「特に必要な取組はない」との回答も2割程度と高い。

全社的な視点に立って、高年齢者が健康で能力を発揮できるよう制度の見直しと再構築が企業にとって大きな課題となっている。

(2) 高年齢期に向けた能力開発

「JILPT 企業調査」により、企業における60歳に到達する前の正社員を対象とした能力開発（研修）の実施状況を見ると、回答企業のうち、能力開発を行っているのは1.8% と極めて少ない

実施している場合の実施の目的は、「60歳以降、継続雇用の際の基本的な心構えのため」（53.8%）、や「予想される仕事の変更に対応するため」（43.3%）、「職場でのコミュニケーションのため」（33.7%）などが中心であり、退職・引退前の短い継続雇用期間の働き方を前提としており、長期化する職業生涯でのキャリア発展や高年齢期の能力開発といった視点は普及していない。

他方、「JILPT 個人調査」により、高年齢者が高年齢期のキャリアを意識

して行った職業能力開発や転職準備等について尋ねた結果（複数回答）では、「特に実施したことがない」が65.4％と最も多い。これに次いで「資格を取得するために自分で勉強したことがある」（12.8％）などが続くが、それ以外はわずかにとどまる。さらに、「取り組んだことがない」理由としては、「そもそも職業に就くつもりがなかったため」が34.7％と最も多く、「定年制がない。もしくは、定年後は今の会社に継続雇用か他社に就職斡旋してもらうつもりだったため」（22.8％）が続いている。高年齢者の側も、企業と同様に短期間の後に退職・引退することを想定し、また会社に依存した対応が中心となっている。

(3)　高年齢者の多様な就業意識への対応

　「JILPT 個人調査」によると、60〜64歳で働いている人を対象に65歳以降の仕事の継続を尋ねたところ、「採用してくれる職場があるなら、ぜひ働きたい」が30.5％と最も多く、次に「まだ決めていない。分からない」が27.2％、「すでに働くことが（ほぼ）決まっている（誘い・雇用契約がある）」が25.6％と続いている。同様に、65歳以上で働いている人を対象に、70歳以降の就業継続意向を尋ねたところ、「まだ決めていない。わからない」が28.9％と最も多く、次に「年金だけでは生活できないので、なお働かなければならない」が26.9％、「生きがいや健康のために、元気な限り働きたい」が22.4％と続いている。

　高年齢者の就業意識は多様であることを踏まえた就業促進が必要であるが、「年金だけでは生活できないので、なお働かなければならない」とする回答も高いことに注意を要する。

3　高年齢者の活躍や公的制度の課題

　ここでは雇用という形態に限らず多様な形態による高年齢者の活躍やそれを支える公的制度の課題を検討する。

(1)　多様な形態による高年齢者の活躍

　「JILPT 企業調査」で「65歳以上層の雇用・就業のあり方に関する企業の

考え方」を見ると、60代後半層について、「高年齢者は、会社の基準を設けて適合者を雇用したい」が57.5%、「企業として希望者全員をできるだけ雇用したい」は42.7%と、企業での雇用を内容とする回答が多い。他方、非雇用を内容とするものでは、「雇用より、シルバー人材センターを利用してほしい」が4.6%、「雇用より、地域のボランティア活動で活躍してほしい」が3.9%であったほか、「高年齢者の創業を支援したい」という回答は2.8%とわずかにとどまる。非雇用への企業の関心や関与は現状では低いと考えられる。

　2021年4月施行の改正高齢法では、65歳から70歳までの高年齢者就業確保措置として、65歳までと同様の措置に加え、継続雇用先の範囲をいわゆるグループ会社（特殊関係事業主）以外の他社にまで拡大するとともに、非雇用形態の措置（業務委託契約を締結する制度、社会貢献活動への従事に関する制度）を新たに設け、これらの措置のいずれかを講ずることを事業主の努力義務としている。今後、高年齢者の活躍の場を雇用だけに限定することなく、企業も関与する形で様々な形で活躍してもらう場合には、その具体的な方策を検討していく必要がある。

⑵　高年齢者の雇用と年金等公的制度
ア　高年齢雇用継続給付の効果
　高年齢雇用継続給付は、60歳以降の継続雇用を促進するために導入された制度であるが、高年齢雇用継続給付の存在によって、逆に、同給付を最大限受給するために、高年齢者の賃金を削減しているという指摘もある。「JILPT企業調査」で高年齢雇用継続給付の支給の有無を見ると、回答企業全体のうち支給を受けている人がいる企業は42.6%と半数を割っている。また、高年齢雇用継続給付が支給される場合、支給対象となっている従業員の賃金の調整を行うかを尋ねると、80.5%は賃金の調整は行わず、支給額と同額または一部を賃金で調整しているのは16.4%だった。特に従業員規模の大きな企業ほど、賃金による調整を行っていない。

　高年齢雇用継続給付の支給が継続雇用を決める要因になったかを尋ねると、「ならなかった」と回答した企業が67.3%にのぼり、少しでも「決定要

因となった」と回答したのは受給者がいる企業の 31.1% ほどだった。特に従業員数の多い企業ほど、この給付が継続雇用の決定要因になっていない。

　なお、高年齢雇用継続給付は、今回の高齢法改正と同時に行われた雇用保険法の改正により制度が改正され、賃金に上乗せする支給率が現行の 15% から 10% に変更されるなど制度の縮小が予定されている。2025 年度からの施行であるが、賃金が引き上がる効果が期待される。今後、60 代前半層の望ましい賃金制度を検討するにあたっては、制度変更があることを前提に、高年齢雇用継続給付の雇用や賃金に与える影響等を検討する必要がある。

イ　高年齢者の年金の受給実態と雇用について

　年金の支給開始年齢については、2013（平成 25）年度に老齢厚生年金の定額部分の支給開始年齢が 65 歳に達し、報酬比例部分も 65 歳に向けて引き上げが開始されている状況である。報酬比例部分の支給開始年齢も、男性の場合（女性の場合は 5 年遅れ）、2013（平成 25）年度から 61 歳、2016（平成 28）年度から 62 歳へと 3 年ごとに引き上げられている。2013（平成 25）年度に施行された改正高齢法により、希望者全員を対象とする 65 歳までの雇用が義務化されたが、対象者を限定する基準を定めていた事業主については年金の引き上げスケジュールと揃えた経過措置が設けられている。これは、雇用から年金への接続（円滑な移行）を意図した措置である。

　「JILPT 個人調査」によると、老齢厚生年金の受給資格が「ある」と回答した人は、60 代前半層で 48.1%、60 代後半層で 53.2% にとどまる。さらに、受給資格がある場合の受給月額は、半数以上は「10 万円未満」となっている。フルタイム就労をする高年齢者の中には、年金だけでは生活できず、定年等の後に賃金が減少するためフルタイム就労せざるをえない人もいると考えられる。雇用から年金への接続（円滑な移行）ができているかという観点以外に、年金の受給資格がない、あるいは年金だけでは生活できないということへの対策も重要と考えられる。企業の賃金・人事管理と年金等の公的制度の双方の実態を踏まえて高年齢者の雇用・就業対策を考える必要がある。

ウ　在職老齢年金と雇用の関係

　高年齢者が仕事をして賃金収入がある場合、厚生年金は在職老齢年金として支給される。60代前半層と65歳以降の在職老齢年金の仕組みは若干異なるが、いずれの場合においても、働いて得た収入金額との関係によっては、年金支給額がカットされる可能性がある。この場合、高年齢者の戦力化を通じて60歳以降の賃金を大幅に減額しないという企業が増える場合には、逆に在職老齢年金により、年金を大幅に減額されるケースも想定される。他方、2021年に改正された厚生年金保険法では、60代前半層の支給停止の基準額を引き上げており（28万円から47万円に変更）、減額率を引き下げる改正となっている。また、繰り下げ受給可能な年齢の範囲を、従来の70歳から75歳まで広げたことにより就労の仕方の選択肢が広がり、年金月額の増加も可能となるなど、就労するメリットがより大きくなっている。

　ただし、特別支給の老齢厚生年金の支給開始年齢の引き上げは2025年度に65歳に至り完了する（男性の場合。女性は2030年度）。これに伴い在職老齢年金の対象者も縮小していくことに留意する必要がある。

　今後、雇用・就業も含む諸制度が、就業を抑制せず、就業意欲・能力のある高年齢者の活躍を支援するものへと変わっていくことが期待される。

第4節　高年齢者の雇用・就業に関する先行研究

　高年齢者の雇用・就業に関する先行研究には多くの蓄積があるが、ここでは本書で取り上げた内容に関係するテーマから、⑴高齢法改正（雇用確保措置）の就業促進効果の検証、⑵在職老齢年金の就業抑制効果の検証、⑶若年者雇用への影響、⑷人事労務管理（60代前半層と65歳超層の人事管理）に関するものを中心に概観する。

⑴　高齢法改正（雇用確保措置）の就業促進効果の検証

　高齢法の2006年と2013年の改正では、いずれも並行して在職老齢年金の支給開始年齢が段階的に引き上げられたが、2006年改正では当初、高齢法（雇用確保措置）の義務化年齢と年金の支給開始年齢で引き上げのタイミン

グにずれがあった。2013 年改正では施策のタイミングが一致している。

まず、2006 年改正の効果検証を含む研究として、山本（2008）は『慶應義塾家計パネル調査』を用いて、改正法施行前後の 60 代前半層の就業率の変化を検証し、改正法の対象となった者の就業率の方がより顕著に上昇したとしている。

近藤（2014a）は、『労働力調査』を用い、改正法の対象となった男性のコーホートでは 60 歳直後の退職が減少したとしている。

Kondo and Shigeoka（2017）は同様に『労働力調査』を用い、高齢法の義務化年齢と年金の支給開始年齢で当初引き上げのタイミングに時間的ずれがあることを利用して、同時に引き上げの対象となるコーホートで被用者比率の上昇がより大きいこと、改正の効果は大企業のみに偏っていることを示した。

次に、2013 年改正の効果分析を見ていくと、『中高年者縦断調査』を用いたものが多くなっている（以下はいずれも同調査を分析に使用している）。

北村（2018）は、2013 年改正と年金支給開始年齢の引き上げの効果を分析し、両方の影響があったコーホートで有意に就業率が高まったが、高齢法改正のみの影響があったコーホートでは有意な効果が見られなかったとしている。

山田（2017）は、両方の施策の対象となる 1953 年生まれの男性について、対象でない前年生まれの者と比較し、59 歳時に正規職員・従業員であった者や 300 人以上規模企業に勤めていた者では 60 歳時点の就業率が上昇したとしている。

内閣府政策統括官（経済財政分析担当）（2018）では定年経験者のフルタイム就業確率が 2013 年以降高まっていることを指摘している。制度改正前後に 60 歳の人々のフルタイム就業を選択する確率が 10.4％ ポイント上昇したのに対して、パートタイム就業や非就業では低下している。フルタイム就業確率の上昇分のうち、年金の支給開始年齢引き上げの影響は 1.8％ ポイントであり、年金以外の要因（例えば高齢法の一部改正など）がより大きかった可能性を示唆している。

佐藤・深堀・樋口（2020）は、就業率の量的変化のみならず、高年齢者の

多様な就業行動・引退行動のプロセスやその選択に与える要因を特定し、その影響を分析しているが、要因として企業の雇用制度や人材活用など企業の人事労務管理に関係する要因、年金など政策要因のほか、資産状況やメンタルヘルス、性別と配偶状態などの要因も対象としている。また、引退行動について、①「59歳時点で雇用就業についていた男女の無業への移動（労働市場からの引退）」と、②「59歳時点に正規雇用で働いていた男女のその後の正規雇用以外（無業または非正規雇用）への移動（離脱）」という2種類のイベントとして捉え、それぞれにサバイバル分析を用いている。ここでは高齢法改正との関連部分の分析のみ紹介し、企業の人事労務管理や年金等の影響に関する部分は別の個所で紹介する。2013年改正の効果として、改正法は、雇用者の引退率を約20%低下させたが（上記①）、その一方、正規雇用からの離脱には影響は確認できなかった（上記②）という結果を得ている。

(2)　在職老齢年金の就業抑制効果の検証

　年金制度は、高年齢者の労働供給・就業選択に大きく影響する要因である。年金制度の影響に関する研究では、主に年金支給開始年齢や在職老齢年金が対象となることが多い。年金支給開始年齢についての分析は、上述の高齢法の改正の分析の中でも同時期に実施された老齢厚生年金の定額分や報酬比例分の効果として検証されている。効果の大きさの評価は分かれているが、支給開始年齢の引き上げは就労を促進すると言える。石井・黒沢（2009）は、定額分の支給開始年齢引き上げの効果として、2000年と2004年の『高年齢者就業実態調査』のデータを用いたシミュレーションで、支給開始年が2歳引き上げられたことで、就業率が約3%上昇したとしている。また、佐藤・深堀・樋口（2020）は、厚生年金の受給資格の有無や受給年齢の引き上げは、引退行動に影響を与えたが、正規雇用からの離脱率には影響が小さかったとし、高齢法によって雇用確保措置の整備が進み、65歳まで働くことを労働者の多くが既に受け入れていたためと解釈している。

　次に、在職老齢年金制度は、高年齢者が年金を受給しながら働いた場合、年金と勤労収入の合計が一定額を超えると年金の一部または全部を支給停止

（減額）する制度であるが、減額に伴い予算制約線の変形（屈折や下方への
シフト）が起こり、労働供給にゆがみ（就業の抑制）が生じうる。

　在職老齢年金はこれまでの累次の改正で就業を抑制する効果が小さくなっ
ており、先行研究の分析結果にもそれが表れている。

　安部（1998）や岩本（2000）は、1989 年の制度改正（減額幅の区分を細
かくして手取りの減少額を小さくする）の効果を検証し、制度改正自体の就
業率引き上げ効果は限定的である一方、年金の減額が労働供給を抑制してい
るとの結果を得ている。

　大竹・山鹿（2003）や大石・小塩（2000）は、1994 年の制度改正（収入
額の変化を滑らかにし逆転が生じないようにする）を検証した。大竹・山鹿
では、改正による労働供給の変化は本来受け取れる年金額が低い労働者ほど
大きいが、60 代前半の労働者全体の労働供給に与えた効果は大きくなかっ
たとしている。大石・小塩では、在職老齢年金は 60 代前半の引退確率を上
昇させているが、高年齢雇用継続給付がその効果の半分以上を相殺している
とした。

　以上は 1990 年代までの状況であり、制度改正を通じて就労に対してより
中立的な内容になってきているものの労働供給抑制効果を検出している。
2000 年代に入ってからの分析では、2000 年の改正で 65 歳から 69 歳層にも
在職老齢年金が導入されたが、石井・黒沢（2009）では、緩い制度であり、
労働供給行動にほとんど影響を与えないと推察している。山田（2012）で
は、就業抑制効果は 63 歳と 64 歳の一部を除いて確認できないとし、理由の
一つとして定額分の支給開始年齢引き上げを挙げている。

　老齢厚生年金支給対象年齢の段階的引き上げに伴い、60 代前半層の在職
老齢年金が適用される対象者が減少しており、65 歳支給となった段階（男
性は 2025 年、女性は 2030 年に完了）でその対象はなくなる。

(3)　若年者雇用への影響

　高年齢者の雇用確保による継続雇用の増加が若年者など他の年代の雇用機
会を圧迫するのではないかという懸念が示されることが多いが、異なる結果
が併存し、明確な結論は得られていない。このように異なる分析結果につい

て、太田（2010）は、事業所内での 45 歳以上の者の比率が直ちに中高年労働者の雇用保障の程度を表しておらず、若年者の新卒を採用できない結果として中高年比率が高まるという逆の因果関係が否定できないことを指摘している。また、60 歳以上が対象となる高齢法の雇用確保措置等の効果を評価する上で、近藤（2017）は、年功賃金の下で中高年比率が上がり賃金コストが上昇することによる「置換効果」と、大幅な賃金カットを伴う 60 歳以上の再雇用者が増加することでは問題の質がまったく異なるとしている。実証分析は 2000 年代の比較的早い時期の分析では高年齢者の雇用と若年者の雇用の代替関係を検証する分析が多かったが、2010 年代にかけて、代替関係を否定したり、補完関係を指摘する分析も見られる。

　玄田（2004）は、『雇用動向調査』を用いた分析で、45 歳以上比率の高い事業所は新卒採用だけでなく中途採用も抑制しているとした。

　周（2012）は、JILPT が 2006 年の改正法直後の 10 月に実施した『高年齢者の継続雇用の実態に関する調査』を用いた企業レベルの分析を行い、継続雇用比率の高い企業、定年延長した企業ほど新卒採用を抑制している可能性を示唆している。

　太田（2012）は、『雇用動向調査』の 2004～2008 年の産業レベルの集計データを用いて、55 歳以上に占める 60 歳以上の比率が若年労働者数に占める新規採用の比率に与える影響が 2006 年以降にのみ有意に負になることを示し、高齢法による雇用確保措置の義務化が新規採用を抑制した可能性を指摘している。ただし、転職入職も含む若年の新規採用では、女性への影響は有意で数値も大きいが、男性への影響は有意でないなど影響は部分的となっている。

　代替関係を示すこうした分析に対して、代替関係は検出されない、または補完関係を示唆する分析も現れている。

　山田（2009）は、正社員増加率と定年延長確率、継続雇用率との正の相関関係を指摘している。Kondo（2016）は『雇用動向調査』のパネルデータを構築し、50 代後半の従業員数を用いて分析した結果、継続雇用の義務化が若年のフルタイム雇用を抑制する傾向は見られないとしている。永野（2014）も『雇用動向調査』の事業所票のクロスセクションデータから、

2009 年に雇用確保措置の影響で 60 代の雇用が増えているが、20 歳代の雇用は減っていないとしている。

　なお、海外での研究では、代替関係よりも補完関係を示す例が多い。OECD（2006）や OECD（2010）では OECD 諸国の国際比較から高年齢従業員と若年雇用者の関係は正の相関関係にあるとしている。

　高年齢者雇用と若年者雇用の関係について既存研究の分析は一致していないが、特に高齢法の雇用確保措置の効果を念頭に置いて分析する観点からは、60 歳以上を分析の基準とし、また、さらなる研究を進める上で、企業の継続雇用制度の運用など企業レベルの人事管理の運用実態や変化を反映したデータによる分析が重要である。

⑷　**人事労務管理（60 代前半層と 65 歳超層の人事管理）**

　人事労務管理の研究では、60 代前半層の高年齢社員と 59 歳以下の現役社員の適用システムの異同や継続性を分析するものが多い（今野 2012；鹿生・大木・藤波 2016；藤波 2013：藤波・大木 2011；藤波・大木 2012）。65 歳までの雇用確保を進める中にあって、定年を引き続き 60 歳とし、人材活用の転換点を 60 歳に置く企業が多いことに着目した分析枠組みが見られる。

　2000 年代に公的年金の制度改正や高齢法に基づく 65 歳までの雇用確保措置の義務化が実施される中で、高年齢社員と現役社員では異なる人事管理が適用されるいわば「一国二制度」の状態となっていたとする（今野 2014）。初期には雇用の量的確保を優先する「福祉的雇用」の性格が顕著であったが、60 代の雇用者数が増加する中で、人材の活用を重視する方向性が徐々に現れ、能力開発や人事評価などの整備がなされた（藤波 2013 等）。しかしながら、定年前後で仕事内容やフルタイムの勤務が変わらないなど配置・異動や労働時間管理等の分野では現役社員と同じ仕組みを継続するものが多い一方、報酬管理は現役社員とは分離し、賃金水準が大きく低下する傾向が指摘されている。高年齢社員は定年後の雇用期間が限られ、「今の能力を、今活用して、今処遇する人材」（今野 2014；藤波・大木 2011 等）と位置づけられている。

ア　60代前半層と現役社員の人事管理制度の継続性

　高年齢者の人事管理（社員格付け、配置・異動、教育訓練、労働時間、評価制度、報酬制度、福利厚生の7分野）のうち、配置管理や労働時間管理は現役社員と同じ制度を導入しているが、報酬管理は現役社員と異なる取扱いをする傾向が強い（藤波・大木 2011）。長期の視点では、職場の人員構成の高年齢化や戦力化を背景に高年齢社員の人事管理の継続性を高めるように整備する傾向があるとしている（鹿生・大木・藤波 2016）。

イ　60代前半層と65歳超社員の人事管理の関係

　高齢・障害・求職者雇用支援機構（2020）は、60代前半層と65歳超社員の人事管理の関係について、同じ人事管理を適用している企業が多いが、異なるとする企業では、「基本給の決め方」など賃金を相違点として挙げている。65歳超社員の働きぶりに対する企業の評価を分析し、①現役社員と60代前半層の人事管理の継続性、②60代前半層と65歳超社員の継続性のいずれも正に寄与しているとし、65歳以降の社員の活用を進める上で60代前半層の人事管理の継続性が足場を固めるとしている。

　藤本（2020）は、65歳定年制への移行を展望し、人事労務管理上の課題を分析した。現状、60歳または定年時と仕事が変わらない60代前半の正社員の満足度が目立って高くはなく、その理由として仕事や責任に対して賃金を抑えられているという意識が強いとしている。今後増加する65歳定年制下に働きがいを持って働くには、仕事への配置とその仕事に見合った賃金の支払いが重要としている。

ウ　高年齢者の仕事の満足度、働きがい

　OECD（2018）は、日本の「仕事の質」について、定年後の再雇用で賃金が大きくカットされるが、職務内容がほぼ変化しない場合もあるなど、スキル活用が十分なされないことにつながるとしている。『中高年者縦断調査』を用いた分析では、60歳以上のスキル活用の大幅な低下や賃金カットが仕事満足度を低下させているとしている。

　藤本（2019）は、高年齢者の仕事の満足度は大企業でも中小企業セクター

でもさほど変わらず、中小企業セクターでは収入が相対的に低い60代後半の方が満足度が高いとしている。中小企業セクターは、単なる収入確保以上の「働きがい」が得られる場ともなっている。

エ　高年齢者の戦力化と他の労働者との均衡

　職場に非正規社員が増加し基幹化する中で正社員との処遇の均衡が問題となり、社員間の納得性を高める人事制度の再編（社員区分の見直しや転換制度、処遇の均衡）が進められている。

　高齢・障害・求職者雇用支援機構（2020）は、多様な人材活用が進む中で継続雇用の高年齢社員の処遇を引き上げる等の戦力化を進める中で、他の非正規職員の労働意欲が低下する場合（特に両者の人事管理が近い場合に）があるとし、継続雇用社員と非正規社員との人事管理の均衡のとれた関係のあり方を分析している。

オ　経済学的視点からの分析

　近年、データの整備やパネル分析等分析手法の進化、well-beingの観点など、経済学的視点から企業の人事労務管理を分析する例が増えている。ここでは先に触れた、佐藤・深堀・樋口（2020）の分析を紹介する。

　分析結果は、定年がある企業で働くと引退率が高くなる、再雇用制度は引退行動に影響を及ぼしておらず、勤務延長制度の存在も女性においてのみ引退を抑制している、定年制度や再雇用制度があると正規雇用からの離脱率が高まり、勤務延長制度があると離脱率は低下するなど制度によって継続雇用が異なる結果となっている。また、企業の能力活用・発揮、職場の人間関係が良好であるほど、高年齢者は引退せず継続就業しやすい、正規雇用からの離脱に限定すると、企業の能力活用・発揮に満足する人では低いが、職場の人間関係に満足しているかどうかは離脱率には影響していないとしている。

　経済学や人事労務管理論などの研究領域・関心が重なり、また質的側面やwell-beingの観点が重要となっており、相互の知見を活かすことで高年齢者雇用・就業研究領域の研究がさらに進化していくものと期待される。

第5節　本書の構成と各章の概要

1　本書の研究目的

　JILPT 第 4 期中期計画にあって、高年齢者雇用研究は、60 代後半の継続雇用体制のあり方に視点を移してきた。2000 年代に入って以降の高年齢者雇用対策を通じ 65 歳までの雇用確保が定着、普及してきたが、今般、2021年 4 月の改正高齢法の施行により、70 歳までの雇用・就業体制の確保が新たに社会的課題となり、現在、その制度設計が議論されている。制度のあり方やその機能如何は企業の生産性や高年齢者の職業キャリアや働きがい・生きがいに大きな影響を与える。本研究は、労使双方の視点から新たな環境における高年齢者の働き方の現状と課題を明らかにすることを目的として行われた。

2　本研究の特徴

　既存研究とも照らし、本書は次の 3 点の特徴がある。

①60 代前半の継続雇用に関する分析結果から、65 歳以降の雇用・就業に向けた現状と課題を体系的に明らかにしたこと。
②統一的な視点として、「60 歳（または定年）前後の職歴や働き方の変化」（特に仕事や責任の変化の有無）に着目したこと。
③企業視点と労働者視点の双方からアプローチしたこと。

　60 代前半の継続雇用体制は、人事労務管理分野での多くの研究が蓄積されてきた。本研究は 60 代前半のシステムを 65 歳以降のシステムへと接続する土台として、その類型的特質を分析し、もたらす課題を体系的に明らかにした。
　また、「60 歳（または定年）前後の職歴や働き方の変化」という視点を、定年とその後の継続雇用という企業の人事労務管理の接続性（仕事や責任、賃金水準の変化）としても、また、60 歳という年齢の前後での男女の職業キャリア上の地位や役割の変化、意識への影響を見る上でも共通する分析の

枠組みとしている。

　さらに、企業と労働者に対し相関連する問題意識や内容で設計し、同時期に実施した独自調査等を用いて、企業視点と労働者視点の双方からアプローチしている。

3　本書の構成

　本書の各章のタイトル、視点（企業視点か個人視点か）、分析に用いたデータは、図表序 -4 の通りである。なお、第 7 章を除いて、労働政策研究・研修機構（2021）から発展的に分析を進め、加筆修正を加えたものである。

　以下、各章の概要を紹介するが、ここでは二次分析を中心とする各章における分析の特徴の紹介や他の章との関係を中心に記載している。各章の具体的な分析結果の概要の紹介や分析結果の有するインプリケーション、課題については終章にまとめられているのでそちらを参照されたい。なお、分析に

図表序 -4　本書の構成

章	タイトル	視点	データ
序	高年齢者雇用・就業の現状と課題		
1	2013 年の高年齢者雇用安定法改正が企業の高年齢者雇用に与えた影響 ―『高年齢者の雇用状況』個票データによる効果検証―	企業	高年齢者の雇用状況 （2010～2020）
2	65 歳までの継続雇用体制の要因とその影響		高年齢者の雇用に関する調査（JILPT 企業調査）
3	65 歳までの継続雇用体制と雇用ポートフォリオ ―高年齢者の賃金に対する仕事と雇用形態の影響―		
4	60 代後半層の雇用についての分析と雇用機会拡大に向けての課題		
5	就労継続が促進される中の 60 代前半の就業理由 ―55 歳時に正社員であった男性に注目して―	個人	60 代の雇用・生活調査 （JILPT 個人調査）
6	60 代前半の雇用者における仕事の継続・変化と仕事に対する満足度・就業継続意欲		
7	高年齢者就業の促進はキャリアのジェンダー格差にどのような影響をもたらすか ―60 歳前後の就業の変化における性別の違いに注目して―		2015 年職業階層と社会移動全国調査
終	要約とインプリケーション		

用いるデータのうち、「JILPT 企業調査」と「JILPT 個人調査」の 2 本の調査の概要は、図表序 -3（11 頁）により詳しい内容を掲載している。併せて参照されたい。

4 各章の構成

序章　高年齢者雇用・就業の現状と課題

　本報告書の導入部として、高年齢者雇用・就業を取り巻く状況、JILPT の調査研究活動（第 4 期中期計画期間）の流れ、高年齢者雇用・就業をめぐる課題、先行研究を紹介し、最後に各章の概要を説明している。

第 1 章　2013 年の高年齢者雇用安定法改正が企業の高年齢者雇用に与えた
　　　　　影響 ―『高年齢者の雇用状況』個票データによる効果検証―

　2010 年から 2020 年の厚生労働省の「高年齢者の雇用状況」データを用い、2013 年に施行された高齢法の改正が、企業の 60 代前半層の雇用に対して与えた影響を分析した。

　第 1 章は、高齢法の実施に伴う影響を、政府の業務統計を利用して、定年延長や継続雇用制の導入など制度面での措置の対象となる人数から定量的に分析するものである。この点で、企業の人事労務管理の運用状況や、労働者個人の意識面の対応状況といった側面は含まれず、こうした分析は以下の第 2 章から第 7 章で行われる。

　既存研究は 2000 年代を対象とするものが中心であるが、本分析は企業を対象として毎年実施される政府の業務統計を用い、対象期間もより最近の 2010 年から 2020 年としている点で特徴がある。なお、同期間は、団塊の世代が 60 代前半から後半に移行し、70 代へと抜けていく期間にあたる。

第 2 章　65 歳までの継続雇用体制の要因とその影響

　65 歳までの継続雇用体制の多様性を、定年年齢と 60 歳前後における仕事の変化についての回答を基に複数のタイプに分け、その要因（高年齢者の仕事や賃金に対する企業の考え方）を探るとともに、それぞれのタイプに該当する企業において、60 代前半の人事労務管理にどのような課題が生じてい

るのかについて分析した。

　第2章の分析は、企業における65歳までの継続雇用措置の対応の実態を人事労務管理面での制度の整備や運用などの企業の取組みやその成果から分析するものであり、65歳以降へと雇用確保措置の義務化の対象を拡大する場合の課題を考察するなど、本研究全体の目的に直接関わる中核的な分析である。

　継続雇用の3つのタイプを設定し、その特徴から人事労務管理上の効果を探るという第2章の分析フレーム「65歳までの継続雇用体制」は、65歳以降を分析対象とする第4章での分析フレーム「60代後半層の雇用体制」の主要な構成要素となっている。また、労働者側の視点を扱う第6章は、これら企業側の分析結果と対応している。平均賃金水準を分析する第3章も、第2章のタイプ分けと共通の分析フレームに基づいている。また、技能やノウハウの継承への配慮についての異なる視点など、課題が示唆されている。

第3章　65歳までの継続雇用体制と雇用ポートフォリオ　―高年齢者の賃
　　　　金に対する仕事と雇用形態の影響―

　賃金の配分に対する企業の考え方、継続雇用体制（定年の前後での仕事の内容や責任の変化）と雇用ポートフォリオに注目して、高年齢者の平均賃金水準を分析した。

　定年の前後で賃金が大幅に下落する傾向は、高年齢者の能力活用の上で問題が指摘されてきたが、第3章はこの問題を、前述の第2章における雇用面の分析と共通の分析フレームに、さらに雇用ポートフォリオの視点を加えて分析し、継続雇用措置の違いや賃金の配分に対する企業の考え方などが60代前半の平均賃金水準を規定する要因に含まれる点で特色のある分析となっている。また、公的給付である在職老齢年金や高年齢雇用継続給付の影響についての賃金面での分析は、第4章の60代後半層の雇用面における公的給付の影響を見る点とも符合している。

第4章　60代後半層の雇用についての分析と雇用機会拡大に向けての課題

　60代後半層の雇用体制（65歳以上の労働者を雇用するかどうかや、雇用

する場合にはどのくらいの範囲の労働者を雇用するかといった点についての企業の方針）を左右しうる要因について検討し、分析を行った。

　第4章は、第2章での60代前半の継続雇用の分析を踏まえた上で65歳以降の雇用拡大に影響する要因を分析しており、本研究の中心的な目的と直接一致している。前述の通り、「60代後半層の雇用体制」の分析フレームは、第2章の「65歳までの継続雇用体制」（継続雇用の3つのタイプ）を構成要素に含むとともに、高年齢者の活用で重要と考えられる人事労務管理制度（能力開発、個別面談、評価制度）や公的給付制度（在職老齢年金、高年齢雇用継続給付）に対する企業の考え方も要因に含んでいる。定年前後で仕事の内容が変化しないことの雇用・就業機会の拡大との関係、現状での人事管理制度の選別的効果など、第2章と相まって分析に基づく多くの課題が示唆されている。

第5章　就労継続が促進される中の60代前半の就業理由　—55歳時に正社
　　　　員であった男性に注目して—
　年金制度改革・定年制度改革により従来と比べ就業継続の必然性が高まった60～64歳の高年齢者自身が、就業に何を求めているのか。どのような高年齢者が、就業に「生活のため」だけでなく「社会参加」や「健康維持」を見出すのかを就業理由の分析を通して分析した。ここまでの第2章から第4章が企業側の視点の分析であるのに対して、第5章は続く第6章のJILPTの個人調査に基づく分析や第7章の2015年の職業階層と社会移動全国調査に基づく分析とともに労働者側の視点の分析である。

　年金制度改革・定年制度改革を通じて社会の立場から高年齢者の活躍が期待されるが、個人の立場からは「働かざるをえない」者が多いのではないかという視点から、就業理由において「生活の維持のため」だけではない「いきがい・社会参加のため」も含まれる条件を探っている。その条件において定年前と現在の職業（勤め先の規模、雇用形態）という点での職業キャリアや、ストックである貯蓄を分析の要因に含み、また、50歳前後の自学自習など自主的準備が「生きがい、社会参加」につながるなど、格差の問題とも関連する点が特徴的である。

第6章　60代前半の雇用者における仕事の継続・変化と仕事に対する満足
　　　　度・就業継続意欲

　60代前半層（60〜64歳）のフルタイム雇用者を対象に、60歳（定年）前後における仕事内容や仕事における責任の変化の有無が、現在の仕事に対する満足度や、就業継続意向といった、働きがいやモチベーションに関わる事項にどのような影響を及ぼすかについて分析を行った。

　第6章は、第5章および第7章とともに労働者側の視点の分析であるが、同じ執筆者による企業側の視点の分析である60代前半層を扱う第2章、さらに60代後半層を扱う第4章とも関連する分析である。労働者の意識やキャリアに関係する点は第5章とも共通するが、企業の継続雇用体制の下で働くことに伴う「仕事満足度」や、「就業継続」が対象である点で第5章とは異なる問題領域である。

　第2章や第4章で就業継続にとって有効と考えられる「定年の前後での仕事の内容が変化しないこと」が、労働者側の「仕事満足」という視点で見た場合は異なる評価であること、高年齢雇用継続給付の雇用への寄与の側面など、立場や対象期間を変えた場合に見られる現状でのニーズのミスマッチを指摘し、労働意欲やモチベーションを損なわずより長く仕事やキャリアを求める上でのコミュニケーションを土台とする人事労務管理の必要を指摘している。

第7章　高年齢者就業の促進はキャリアのジェンダー格差にどのような影響
　　　　をもたらすか　―60歳前後の就業の変化における性別の違いに注
　　　　目して―

　第7章は今回、本書のために新規に追加されたテーマの分析である。従来、高年齢期の女性の職業キャリアについての研究は、長期勤続し定年を経験するキャリアのタイプが量的に少なかったこと、多様性をカバーできるデータが少なく、分析と結果の解釈の難しさなどから十分にはなされてこなかった。今回は高年齢期キャリアにさしかかる転換点として60歳前後のキャリアに焦点を当て、女性の職業キャリア上の移行を男性と比較しながら分析する試みである。ジェンダーの視点から、高年齢者の継続雇用を進める

ことに伴う影響（就業可能性、従業上の地位や稼得収入などの格差）を分析
している。

終章　要約とインプリケーション

　本報告書における各章の分析結果で得られた知見の要約、政策的インプリ
ケーション、結論と今後の課題を内容として、本書をまとめている。

5　用語の定義、分析方法の説明

　ここでは、本書全体にわたって統一的に用いる用語の定義等や、回帰分析
について説明する。

(1)　用語の定義等

①高齢法の改正年

　前述の通り、高齢法は度々改正されてきた。改正年と施行年が異なる場合
が多いが、本書では各改正の施行年を用いる。

②継続雇用

　本書では、被雇用者が特定の時点（定年あるいは60歳など）前後で同一
企業等に雇用されている場合を「継続雇用」と定義する。

③定年年齢および定年前後の仕事等の変化に関する類型

　第2章〜第4章と第6章では、定年年齢と定年前後の仕事等の変化を組み
合わせた類型を共通して用いている。各類型の定義は、以下の通りである。

　　・60歳定年制＋変化型：60歳定年制を採用し、定年前後で従業員の仕事
　　　　　　　　　　　　　内容や責任が変化する企業等
　　・60歳定年制＋無変化型：60歳定年制を採用し、定年前後で従業員の仕
　　　　　　　　　　　　　事内容が変化しない企業等
　　・65歳定年型：65歳定年制を採用している企業等

⑵　回帰分析の説明

①最小二乗法

　目的変数が量的変数の場合に用いる多変量解析の手法である。分析から得られる係数（非標準化係数＝B）の値は、各説明変数が1変化した時の目的変数の変化を表している。

②二項ロジスティック回帰分析

　目的変数が2値変数（0と1）の場合に用いる多変量解析の手法である。この手法では、各説明変数が、目的変数の基準カテゴリ（0としたカテゴリ）に比べて、もう1つのカテゴリ（1としたカテゴリ）にどの程度効果を与えているかを推計する。

③多項ロジスティック回帰分析

　目的変数が3カテゴリ以上の名義尺度の場合に用いる多変量解析の手法である。この手法では、目的変数を基準カテゴリとそれ以外のカテゴリに分け、各説明変数が基準カテゴリに比べて、それ以外のカテゴリにどの程度効果を与えているかを推計する。

第1章

2013年の高年齢者雇用安定法改正が企業の高年齢者雇用に与えた影響
―『高年齢者の雇用状況』個票データによる効果検証―

第1節　研究目的

　労働力人口の減少や年金の支給開始年齢の引き上げを背景に、日本は働く意欲と能力のある高年齢者が年齢を問わず働くことができる社会へと歩みを進めている。昨今では、2006年の高齢法の改正により、65歳までの継続雇用の実施が義務化され、2013年にはその対象が原則希望者全員となった。さらに、2021年4月施行の改正では、70歳までの就労確保を努力義務とする規定が盛り込まれた。

　本章が焦点を当てるのは、2013年に施行された高齢法の改正（以下、「2013年法改正」と記す）が、企業の60代前半層の雇用に与えた影響である。具体的には、厚生労働省が常用労働者[1]31人以上の全企業を対象に毎年実施している『高年齢者の雇用状況』のデータを用いて、2013年法改正により企業の60〜64歳の常用労働者数と比率がどの程度影響を受けたかを、傾向スコアマッチング法と呼ばれる手法で推計する。この改正の影響を受けた企業の特徴と影響の程度を推計することで、2013年法改正が企業の高年齢者雇用に与えた効果を厳密に検証することができる。なおこの法改正下では、企業は労働条件を引き下げて継続的に雇うことも可能だが、一定期間と時間以上の雇用契約を結ぶ常用労働者への影響を推計することで、労働条件が悪い雇用のみが拡大したのか、そうではないのかを考察できる。さらに、2010年代における65歳以上の常用労働者数や比率の変化にも注目し、どのような属性を持つ企業で65歳以上の高年齢労働者がより増加したかを明らかにする。65歳までの雇用確保の義務化が企業行動に与えた影響の分析結果を基に、70歳までの就業機会の確保を義務化した場合の影響を考察する

1　『高年齢者の雇用状況』における常用労働者は、「1年以上継続して雇用される者（見込みを含む）のうち、1週間の所定労働時間が20時間以上のもの」と定義されている。

ことが本章の目的である。

　構成は次の通りである。第2節では、高年齢者の継続雇用に関連する2000年以降の政策の展開と先行研究について言及し、本研究の特徴を述べる。第3節では、本章で用いるデータを説明し、2010年から2020年の制度の実施状況等を記述的に把握する。第4節では、2013年法改正の効果を推計するための分析モデルについて説明した上で、分析結果を示し、考察する。また、65歳以上の労働者数や比率の増加を規定する企業要因の分析も行う。最後に第5節で結果をまとめ、政策的インプリケーションと今後の課題を述べる。

第2節　継続雇用政策の展開、先行研究

1　継続雇用政策の展開

　まずは、年金制度や定年退職制度、高齢法の改正など、高年齢者の就業を左右する政策の最近の展開を確認しておこう。2000年以降、60歳からの定年年齢の引き上げと同時に、労働力人口の減少を背景とした高年齢者の継続雇用政策が進められてきた[2]。1998年に定年年齢と年金受給開始年齢との間にギャップがない状態が実現されたが、その時には2001年から2025年にかけて厚生年金や共済年金の支給開始年齢を65歳に段階的に引き上げることが既に決定されていた[3]。この新たなギャップを埋めるために、政府は高齢法を改正することで、高年齢者の雇用機会を確保するよう労働需要側に働きかけた。

　具体的には、2006年4月施行の改正高齢法で65歳までの雇用確保措置が義務化され、2013年4月にその対象を原則希望者全員に定めた改正が施行された。対象となるのは、1946年4月以降生まれの従業員であり、企業は法律の定める年齢[4]までの雇用確保措置として、①定年退職年齢の引き上

2　2000年までの制度や政策については、濱口（2014）に詳しい。
3　特別支給の老齢厚生年金の支給開始年齢を65歳までに引き上げる措置について、定額部分は2013年度に引き上げが完了し、報酬比例部分は男性で2025年度、女性で2030年度までに引き上げが完了する。

げ、②継続雇用制度の導入、③定年制の撤廃のいずれかを講ずることが義務づけられた。実際には、②継続雇用制度を選択する企業が多く、2006 年 6 月段階で 72.1％ の企業がこれを選んでいる[5]。その理由としては、継続雇用の際の具体的な雇用条件の規定が設けられていないことが大きい。定年延長であれば、正社員としての雇用契約を延長した定年年齢まで引き延ばさなければならない。他方、継続雇用の場合は、一度正社員の雇用を打ち切り非正社員とし再雇用することや、賃金、業務内容を変更することも定年延長よりは容易にできるので、企業のコストはかなり抑えられる。実際に、半数近くの企業が 60 歳時点よりも 40％ 以上の賃金削減をした上で継続雇用している（山田 2009）。また、2013 年 4 月までは、たとえ継続雇用制度を導入したとしても、労使交渉によって事前に定められた基準に満たない高年齢者を継続雇用しないことも認められていた。そのため、「継続雇用制度を導入しても、さまざまな方法を用いて実際には雇用を継続しないようにする余地が残されているのが実態」（近藤 2014a）と考えられていた。

2　先行研究

このように、高齢法の改正によって高年齢者の就業が促進されるか否かは自明ではなかったが、実際はどうなのだろうか。

労働者個人のデータを用いて、2006 年法改正の効果を実証した研究に、山本（2008）や近藤（2014b）がある。山本（2008）は、『慶應義塾家計パネル調査（2006 年版、2007 年版）』を分析し、55 歳時点で雇用者だった者のうち 60〜62 歳でも就業している割合は、法改正前の 55％ に対して改正後は 68％ まで上昇していることを明らかにした。近藤（2014b）は、総務省統計局『労働力調査』の個票データを分析した結果、法改正の影響を受けない 1945 年生まれ以前のコーホートでは、60 歳になった直後の労働力率の減

4　「法律の定める年齢」とは、1946 年生まれの者は 63 歳であり、そこから段階的に引き上げられ、1949 年 4 月以降生まれの者は 65 歳に定められている。

5　『平成 18 年 高年齢者雇用状況集計結果』（https://www.mhlw.go.jp/file/04-Houdouhappyou-11703000-Shokugyouanteikyokukoureishougaikoyoutaisakubu-Koureishakoyoutaisakuka/18-2_3.pdf）から、雇用確保措置未実施企業を含む全企業（81,382 社）のうち、継続雇用制度を導入した 58,665 社の比率を算出。

少は概ね4〜5%、就業率の減少は9〜12%だった。それに対して、影響を受けた1946年生まれ以降のコーホートでは労働力率の減少が2〜3%、就業率の減少が6〜7%に抑えられており、法改正によって60歳以降にも働き続ける人が増加したと結論づけている。

　また、同データで企業規模による法改正の影響の違いを分析したKondo and Shigeoka（2017）によると、その影響は従業員数500人以上の大企業に偏っている。大企業における60〜62歳の雇用率は、1946年生まれコーホートが1945年生まれコーホートに比べて1.6〜1.9%高い。それに対して、従業員数500人未満の中小企業における60歳以降の雇用率は、出生年コーホート間の有意差がほぼない。大企業では、一律定年制によって60歳で退職する割合が高いため、法改正の影響を受けて継続雇用者が増えたが、中小企業はもともと60歳以降も継続的に働いている割合が高いため、さらに増加する余地がなかったものと考えられる。

　65歳までの希望者全員の雇用を義務化した2013年法改正の影響を検証した研究としては、山田（2017）、北村（2018）、佐藤・深堀・樋口（2020）が挙げられる。山田（2017）は、2005年から2014年の厚生労働省『中高年縦断調査』データによって、2013年法改正前後の男性の就業率を比較している。その結果、2013年法改正の対象であり、特別支給の老齢厚生年金（報酬比例部分）の支給開始年齢引き上げの対象でもある1953年度生まれの男性の就業率は、1952年度生まれの男性と比べて、59歳時に正規雇用されていた男性で7%、59歳時に従業員数300人以上の企業に勤めていた男性で10%上昇していた。同様の結果は、北村（2018）でも確認されているが、この就業率の上昇は、報酬比例部分の支給開始年齢の引き上げと2013年法改正の複合効果であり、2013年法改正の単独効果としては、有意な結果が得られなかったと述べている。また、同データ（2005年〜2016年）を用いた佐藤・深堀・樋口（2020）も、2013年法改正は雇用者の引退率を約20%低下させたが、正規雇用からの離脱には有意に影響しなかったと指摘している。

　他方、高齢法の改正は、企業の行動にどのような影響を与えたのだろうか。理論的には、継続雇用の義務化は、企業に人事制度の見直しを迫る。企

業は従業員の離職抑制や不正防止のために、一定の年齢より下の時期は生産性以下の賃金を支払い、それを超えると生産性以上の賃金を支払う制度を設けている（Lazear 1979）。ただしいつまでも生産性以上の賃金を支払うと赤字になるので、この考え方を成立させるためには、どこかで強制的に退職させる制度、つまり定年制が必要となる。

このような雇用期限に関する制度は、60歳前後の退職率を規定する。樋口・山本（2002a, 2006）によると、60歳定年制を設けている企業は59歳までの退職率が低く、60歳以上の退職率が高い。また、勤務延長制度や再雇用制度がある企業は、60歳以上の退職率だけでなく60歳未満の退職率も低い。反対に、早期退職優遇制度を設けている企業は、60歳未満の退職率も60歳以上の退職率も高い。

2006年法改正に対して、多くの企業は継続雇用制度を導入することで対応し、基準該当者のみに継続雇用を適用する経過措置を採る企業も多かった。改正直後に行われた2006年6月の『高年齢者の雇用状況』によると、調査対象企業のうち、雇用確保措置の上限年齢を65歳以上（定年制がない企業を含む）としているのは64.0%（81,382社のうち52,105社）だった。また、雇用確保措置として継続雇用制度を導入している58,665社のうち、希望者全員を対象とする企業は39.1%（22,911社）にとどまっていた。

65歳までの雇用確保措置として、継続雇用を選択するか他の制度を採るかは、企業全体の賃金制度や人事制度に依存するが、特に賃金カーブの傾きや労働組合の有無との関係が指摘されている。賃金カーブの傾きが急な企業ほど、高年齢者の退職率は高い（樋口・山本 2002a）。また、継続雇用制度を活用する企業は、再雇用後の60〜64歳の賃金を大幅に低下させているが、その引き下げ幅があまりにも大きい場合は、労働者が継続雇用を希望しなくなる（山田 2010）。さらに、継続雇用に伴って賃金が下がる場合、業務内容等の変更を伴うことが多い。藤本（2017）は、2015年に労働政策研究・研修機構が実施した『高齢者の雇用に関する調査』のデータを使い、定年到達直前の賃金を100とした時の61歳時の賃金について、定年前後の業務内容や責任の変化の有無別に比較している。その結果、定年前後で仕事も責任も変化しない企業の平均が78.16なのに対して、責任が変化する企業は67.30、

業務内容が変化する企業は64.31と、賃金の低下幅が大きかった。

　労働組合の存在は、継続雇用の導入にはマイナス要因となっている。また、導入していたとしても、その対象は希望者全員ではなく、基準に該当した者のみとする企業の割合が高く、その基準も業績評価など客観的な指標を基準としている場合が多い（山田 2010）。組合のある企業が継続雇用に消極的な理由として、人件費負担や若年、壮年社員のモラール低下が挙げられる。基幹労働力である現役社員の雇用を守ろうとする意識が働くのだろう。

　以上の先行研究は、希望者全員に対する65歳までの雇用が義務づけられても、賃金や仕事内容の変化次第で全員が継続雇用を希望するとは限らないことを示唆する。そのため、雇用の義務化が60代前半の就業率向上に即結びつくとは限らない。そこで本章では、どのような企業が2013年法改正の影響を受けたのか、また影響を受けた結果、60～64歳の常用労働者数や比率はどの程度変化したのかを推計する。加えて、現在65歳以降の就業機会の確保政策が進められていることを踏まえ、65歳以降の常用労働者数や比率がどのような企業で伸びたのかを明らかにする。

第3節　2010年代における定年制、継続雇用制度の実施と高年齢労働者の雇用状況

1　データ

　本章で用いるデータは、厚生労働省『高年齢者の雇用状況』の2010年から2020年のデータである。この調査は、常時雇用している労働者が31人以上の全国の企業を対象に、高年齢者雇用確保措置の実施状況などを把握するために、厚生労働省が毎年6月に実施している全数調査である。集計は事業所単位ではなく、事業主（企業）単位で行われており、各年のデータを企業番号でマージすることで、パネルデータとして利用することができる。また、報告が義務づけられている調査のため、回収数、回収率ともに極めて高い[6]。

2010 年から 2020 年までの定年制や継続雇用制度の状況を記述的に把握しておこう。まず、この 10 年間で常に、調査対象企業の 97〜98% が定年制ありと回答している。定年年齢については、「60 歳以下」[7] の企業の比率が 10 年間で 8 ポイントほど減少しているのに対して、「65 歳」の企業の比率が 7 ポイント増えている（図表 1-1）。65 歳定年とする企業の増加傾向は見られるものの、2013 年法改正による顕著な増加は確認されない。

他方、継続雇用制度については、2013 年法改正による影響が明確に確認できる。図表 1-2 は、継続雇用制度の導入状況および継続雇用の対象について、10 年間の推移を示したものである。2010 年の段階で、調査対象の 9 割弱が継続雇用制度を導入している。ただし希望者全員を対象年齢まで雇用する企業は全体の 36.8% であり、半数強の企業は基準該当者のみを継続雇用

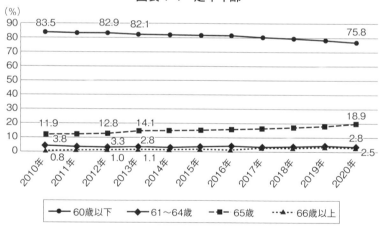

図表 1-1　定年年齢

6　厚生労働省の HP（https://www.mhlw.go.jp/stf/houdou/0000182200_00003.html）内の「発表資料」に、各年の回収数は記載されているが、正確な回収率は公表されていない。そこで担当課に問い合わせたところ、2019 年と 2020 年調査に関しては、対象企業のうち 95% 以上から回収できているとの回答を得た。また、2015 年調査のみ調査対象企業数も公表されており、回収率を計算すると 97.3%（＝148991/153097）だった。

7　ほぼ全ての企業が「60 歳」を定年年齢としている。調査年によっては 59 歳以下の年齢を定年年齢として回答している企業がわずかにあるが、これは、高年齢者が従事することが困難と認められる業務に従事する従業員を雇用している企業の可能性がある。

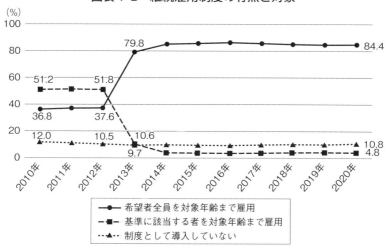

図表 1-2　継続雇用制度の有無と対象

の対象としている。この比率は 2012 年まではほぼ変化していないが、2013 年の法改正が施行されると、希望者全員を対象とする企業は 8 割まで増え、基準該当者のみとする企業は 1 割ほどに減少した[8]。なお、継続雇用制度を導入していない企業の比率は、この 10 年間でほとんど変化していない。

　では、この 10 年間で各企業の高年齢労働者の人数と比率はどのように推移してきたのだろうか。図表 1-3 は、60〜64 歳と 65 歳以上の常用労働者数（棒グラフ）と常用労働者全体に占める比率（折れ線グラフ）について、2010 年から 2020 年までの平均値を表したものである。60〜64 歳の常用労働者数と比率は、2012 年の 14.0 人（8.4%）をピークに若干減り、2020 年には 13.7 人（7.8%）となっている。他方、65 歳以上の層は、この 10 年間に常用労働者数も比率も急激に上昇している。最も少なかった 2011 年は平均が 4.5 人（3.4%）だったが、2020 年には 11.3 人（8.4%）にまで増えている。

　以上、記述的な分析から、2013 年法改正は、継続雇用制度の対象の変更

8　基準該当者のみを継続雇用の対象とする制度は、高齢法（2012 年法律第 78 号改正法）附則第 3 項により、経過措置として適用されているものである。これにより、企業は 2013 年 3 月 31 日までに継続雇用対象者を限定する基準を労使協定で設けた場合、2016 年 3 月 31 日までは 61 歳以上、2019 年 3 月 31 日までは 62 歳以上、2022 年 3 月 31 日までは 63 歳以上、2025 年 3 月 31 日までは 64 歳以上の人に対して、設定した基準を適用することができる。

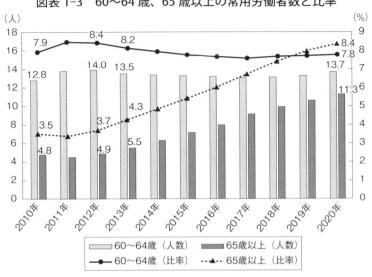

図表 1-3　60～64歳、65歳以上の常用労働者数と比率

には大きく影響しているが、60～64歳の雇用の実態に対する影響ははっきりしない。したがって次節では、2013年法改正の結果、60～64歳の常用労働者数や比率がどれくらい増加したかを、厳密に推計したい。

第4節　DID-PSM による 2013 年法改正の効果推計

1 推計方法

　2013年法改正によって、企業はどの程度高年齢労働者の雇用を維持、確保したのだろうか。ある政策の効果を推計するためには、政策の影響を受けるグループ（以下、「影響あり G」と記す）と受けないグループ（以下、「影響なし G」と記す）に分け、政策実施前後の目的変数の変化を、両グループで比較すればよい。本章では、希望者全員に 65 歳までの継続雇用を義務化した 2013 年法改正の効果に注目するので、影響あり G は 65 歳までの雇用が制度的に義務化されていなかった企業、影響なし G は法改正の段階で既に従業員が希望すれば 65 歳まで働くことが制度的に可能だった企業となる。具体的には、図表 1-4 のようにまとめられる。影響あり G の企業数は

図表 1-4　影響あり G と影響なし G の定義

	定年制度		継続雇用制度		
	有無	年齢	有無	対象	年齢
影響あり G	あり	64 歳以下	なし	—	—
	あり	64 歳以下	あり	基準該当者のみ	—
	あり	64 歳以下	あり	希望者全員	64 歳以下
影響なし G	なし	—	—	—	—
	あり	65 歳以上	—	—	—
	あり	64 歳以下	あり	希望者全員	65 歳以上

71,820 社（51.2％）、影響なし G の企業数は 68,547 社（48.8％）である。

　目的変数は、各企業における 60〜64 歳の常用労働者数、および 64 歳までの常用労働者全体に占める 60〜64 歳の比率である。後者に関して、65 歳以上を含めた比率を用いると、60〜64 歳比率の増減が、65 歳以上の労働者数が変化したことによる影響か、60 歳未満の労働者数が変化したことによるものかが判別できない。そのため、ここでは 65 歳以上の常用労働者を除いた比率を用いることとした。

　これらの目的変数に対する 2013 年法改正の効果を推計するために、傾向スコアマッチング法（propensity score matching）と差分の差の推定（difference in differences）を組み合わせた手法（以下、「DID-PSM」と記す）を用いる。この手法は、法改正の影響を受けた企業が、もし影響を受けなかった場合にどのような結果が得られたかを仮想的に計算し、実際の結果との差を求めることで、効果の程度（平均処置効果）を推計するものである。ここで根本的な問題となるのは、影響を受けたグループが、仮に影響を受けなかった場合の結果が、現実には観察できないことである。仮に、法改正対象の割り当てをランダム化した比較実験ができれば、この観察不可能な結果を、政策の影響を受けない企業群の目的変数の平均で置き換えることができる。しかし各企業が 2013 年の法改正の対象になるか否かはランダムに割り当てられているわけではないので、この方法では推定値にバイアスが生じてしまう。

　この問題を回避するために用いられるのが、傾向スコアマッチング法である（Rosenbaum and Rubin 1983）。これは、影響なし G から企業属性が影

響あり G と同様の特徴を持つケース、つまり影響あり G となる確率ができるだけ近いケースを探し出して、両者をマッチングする手法である。この手法でマッチさせた影響なし G の目的変数の平均値は、影響あり G が仮に処置を受けなかった場合の期待値の推計値として代替可能と考えられている。

さらに、パネルデータが利用できる場合、差分の差の推定を組み合わせた手法（DID-PSM）で平均処置効果の一致推定量を求めることが可能である（Heckman et al. 1997; Smith and Todd 2005）。この手法の利点は、企業の観察不可能な要因と処置変数（2013 年法改正の影響を受ける企業か否か）との相関を考慮し、セレクションバイアスを修正した上で平均処置効果を推定できることである[9]。

2 推計の手順

次に、推計の手順と説明変数について説明する。推計は、3 段階に分けて行う。第 1 に、2013 年法改正の 1 年前である 2012 年をベースラインとし、影響あり G に入る確率（傾向スコア）を二項ロジスティック回帰分析で計算する[10]。

説明変数には、2012 年時の業種、従業員規模、地域、労働組合の有無、定年到達者の有無を採用する。業種は 17 カテゴリ、従業員規模は 6 カテゴリ、地域は 8 カテゴリにそれぞれ区分した[11]。労働組合の有無は、組合が組織されている場合を 1 とするダミー変数である。また、企業の年齢構成による影響を統制するため、2012 年時に定年到達者がいた場合を 1 とするダミー変数を投入した。これらの説明変数の記述統計量は、図表 1-5 の通りで

---

9 DID-PSM のより詳しい説明は、労働政策研究・研修機構（2021）第 2 章を参照していただきたい。

10 二項ロジスティック回帰分析の簡単な説明は、序章第 5 節 -5（2）を参照。

11 業種の区分は、「農林漁業」、「鉱業、建設業」、「製造業」、「電気・ガス・熱供給・水道業」、「情報通信業」、「運輸業、郵便業」、「卸売、小売業」、「金融、保険業」、「不動産業、物品賃貸業」、「学術研究、専門・技術サービス業」、「宿泊業、飲食サービス業」、「生活関連サービス業、娯楽業」、「教育、学習支援業」、「医療、福祉」、「複合サービス事業等（複合サービス事業とサービス業（他に分類されないもの））」、「公務」、「分類不能」の 17 カテゴリとした。また、従業員規模の区分は、「31～50 人」、「51～100 人」、「101～300 人」、「301～500 人」、「501～1,000 人」、「1,001 人以上」の 6 カテゴリ、地域の区分は、「北海道」、「東北」、「関東」、「中部」、「近畿」、「中国」、「四国」、「九州」の 8 カテゴリとした。

図表 1-5　説明変数の記述統計量（N＝140,177）

変数名	平均	標準偏差	変数名	平均	標準偏差
影響ありダミー	0.512	0.500	従業員規模		
業種			31～50 人	0.331	0.470
農林漁業	0.004	0.067	51～100 人	0.320	0.467
鉱業、建設業	0.056	0.230	101～300 人	0.245	0.430
製造業	0.255	0.436	301～500 人	0.047	0.213
電気・ガス・熱供給・水道業	0.002	0.049	501～1,000 人	0.032	0.177
情報通信業	0.042	0.200	1,001 人以上	0.024	0.155
運輸業、郵便業	0.091	0.288	組合あり	0.164	0.371
卸売、小売業	0.159	0.366	地域		
金融、保険業	0.012	0.109	北海道	0.039	0.193
不動産業、物品賃貸業	0.016	0.127	東北	0.073	0.260
学術研究、専門・技術サービス業	0.026	0.160	関東	0.318	0.466
宿泊業、飲食サービス業	0.029	0.169	中部	0.189	0.391
生活関連サービス業、娯楽業	0.033	0.178	近畿	0.169	0.375
教育、学習支援業	0.022	0.146	中国	0.065	0.247
医療、福祉	0.149	0.356	四国	0.032	0.176
複合サービス事業等	0.102	0.302	九州	0.115	0.319
公務	0.000	0.011	定年到達者あり	0.584	0.493
分類不能	0.001	0.030			

ある。

　第 2 に、二項ロジスティック回帰分析から得られた傾向スコアを基に、影響あり G と影響なし G をマッチさせる。マッチングの方法は様々あるが、本章では Nearest Neighbor マッチング（以下、「NN マッチング」と記す）を使用する。これは、影響あり G の傾向スコアとの差が最も小さい確率を持つ影響なし G の企業を 1 つだけマッチさせる方法である[12]。そして、マッチングの成否、つまり 2013 年法改正の施行前の時点で、影響あり G とマッチされた影響なし G が同様の特徴を持っているかを確認するため、マッチング前後で影響あり G と影響なし G の共変量の差がどれほど縮まったかをチェックする（バランスチェック）。確認には、標準化バイアスの絶対値の平均値と中央値を利用し、マッチング後の値が 3％ ないし 5％ 以下になっていれば、バランス条件を満たしていると判断される（Caliendo and

---

12　NN マッチングの閾値（caliper）は 0.05 とした。

Kopeing 2008）。

第3に、マッチングが成功したケースのみを用いて、DID-PSM による平均処置効果の一致推定量を求める。ここで、平均処置効果の推計のためには、コモンサポートと呼ばれる仮定を満たす必要があるため、影響あり G と影響なし G における共変量にオーバーラップが存在しないケースを除外して効果を計測しなければならない。平均処置効果は、法改正前の 2012 年を基準とし、1 年後（2013 年）から 8 年後（2020 年）までの 60～64 歳の常用労働者数の差分と、常用労働者比率の差分を用いて計算することとした。推計は、2012 年から 2020 年までの年齢層別常用労働者数が全て揃っている 94,140 社のみを用いて行った[13]。また、60～64 歳の常用労働者数には企業全体の労働者数が当然影響するので、共変量として各年の 64 歳以下の全常用労働者数を分析に投入した。

3 分析結果

まず、影響あり G と影響なし G における 60～64 歳の常用労働者数と比率の平均の推移から確認しておきたい（図表 1-6）。2013 年法改正の影響を受けた影響あり G の 60～64 歳常用労働者数の平均は、2012 年の 17.5 人から 2020 年には 21.4 人に、比率は 2012 年の 7.7％ から 2020 年には 8.8％ に増えている。それに対して、影響なし G の同年齢層の常用労働者数と比率の平均は、2012 年が 12.7 人（10.8％）、2020 年が 12.8 人（11.0％）でほぼ横ばいである。

次に、第 4 節 2 項で述べた手順に沿って、結果を見ていこう。図表 1-7 は、ベースラインである 2012 年の企業属性を説明変数とし、法改正の「影響あり G＝1」の 2 値変数について二項ロジスティック回帰分析を行った結果である。影響あり G に入る確率が製造業に比べて高い業種は、金融・保険業、情報通信業、電気・ガス・熱供給・水道業、学術研究、専門・技術

13　したがって、2013 年以降に何らかの理由で調査から外れた企業や新規創業等で新たに調査対象となった企業、または 2012 年から 2020 年の調査の中で 1 回以上回答しなかった企業は推計の対象から除かれている。このことが推計結果に何らかの偏りをもたらしている可能性は否定できない。

図表 1-6　影響ありGと影響なしGにおける60〜64歳の常用労働者数と比率

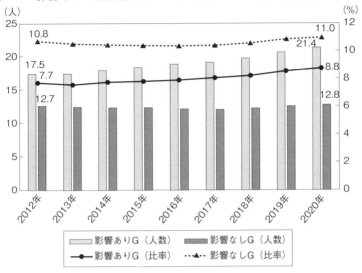

サービス業である。オッズ比[14]を計算すると、製造業よりも金融・保険業は 2.43 倍（$exp(0.89)$）、情報通信業は 1.92 倍（$exp(0.65)$）、電気・ガス・熱供給・水道業は 1.83 倍（$exp(0.61)$）、学術研究、専門・技術サービス業は 1.53 倍（$exp(0.43)$）多い。反対に確率が低い業種は、運輸業、郵便業、宿泊業、飲食サービス業、医療、福祉、複合サービス事業等である。製造業に対するオッズ比は、運輸業、郵便業が 0.63 倍（$exp(-0.46)$）、宿泊業、飲食サービス業が 0.68 倍（$exp(-0.39)$）、医療、福祉が 0.70 倍（$exp(-0.34)$）、複合サービス事業等が 0.81 倍（$exp(-0.21)$）である。

　また、常用労働者数が多い企業ほど影響ありGに入る確率が高い。さらに、労働組合がある企業が影響ありGに属するオッズ比は、組合がない企業の 1.96 倍（$exp(0.67)$）である。これは、組合のある企業の方が 65 歳までの雇用を制度的に義務化していなかったことを意味しており、山田（2010）と整合的である。

　次に、この二項ロジスティック回帰分析から算出された傾向スコアを基

14　オッズ比とは、偏回帰係数（B）を指数変換（$exp(B)$）した値であり、説明変数が基準カテゴリに比べて各カテゴリに何倍の効果を持っているかを表している。

図表 1-7　影響あり G に入る企業の特徴（二項ロジスティック回帰分析）

	B	S.E.	z
業種（ref. 製造業）			
農林漁業	-0.303	0.08	-3.61
鉱業、建設業	-0.026	0.03	-1.02
電気・ガス・熱供給・水道業	0.605	0.12	4.88
情報通信業	0.650	0.03	20.77
運輸業、郵便業	-0.460	0.02	-21.13
卸売、小売業	0.194	0.02	10.84
金融、保険業	0.887	0.06	14.27
不動産業、物品賃貸業	0.359	0.05	7.93
学術研究、専門・技術サービス業	0.425	0.04	11.62
宿泊業、飲食サービス業	-0.388	0.03	-11.22
生活関連サービス業、娯楽業	-0.224	0.03	-6.86
教育、学習支援業	-0.147	0.04	-3.70
医療、福祉	-0.358	0.02	-19.42
複合サービス事業等	-0.212	0.02	-10.22
公務	-0.628	0.52	-1.21
分類不能	-0.068	0.19	-0.37
従業員規模（ref. 31〜50 人）			
51〜100 人	0.306	0.01	22.28
101〜300 人	0.653	0.02	42.46
301〜500 人	1.117	0.03	37.04
501〜1,000 人	1.249	0.04	33.16
1,001 人以上	1.386	0.05	29.34
組合あり	0.673	0.02	39.43
地域（ref. 北海道）			
東北	-0.202	0.03	-5.79
関東	-0.044	0.03	-1.48
中部	-0.270	0.03	-8.69
近畿	-0.106	0.03	-3.38
中国	-0.215	0.04	-6.03
四国	-0.021	0.04	-0.50
九州	-0.030	0.03	-0.93
定年到達者あり	0.204	0.01	17.03
切片	-0.378	0.03	-11.87
N		140177	
-2 対数尤度		182238.7	
疑似決定係数		0.062	

注：B は非標準化係数、S.E. は標準誤差、z は Z 値を表す。

図表1-8　マッチング前後の共変量のバランスチェック

	mean bias（%）	median bias（%）	LR chi2	p＞chi2
マッチング前	8.7	6.1	11993.20	0.000
マッチング後	0.3	0.2	23.64	0.788

に、NN マッチングによって、影響あり G と影響なし G のマッチングを行った。図表1-8 はバランスチェックの結果を表している。マッチング前には、影響あり G と影響なし G で平均して 8.7% 存在していたバイアスが、マッチング後は 0.3% に減少している。また、中央値で見ても、マッチング前の 6.1% から 0.2% に減少している。前述の通り、マッチング後のバイアスが 3% 以下であればバランス条件を満たしているとされるため、傾向スコアによるマッチングはうまくいっていると考えてよいだろう。

　図表1-9 は、2013 年法改正が企業の 60〜64 歳の常用労働者数と常用労働者比率の変動にどれくらい影響を与えたかについて、DID-PSM による平均処置効果の推計結果を示したものである。前述の通り、平均処置効果の推計には、コモンサポートの仮定を満たす必要があるため、オーバーラップが存在しないケースを除外して計算を行った。

　上の表は、60〜64 歳の常用労働者数を目的変数とし、64 歳までの全常用労働者数を統制して推定した結果である。ここでの平均処置効果の単位は「人」なので、平均処置効果のそれぞれの推計値は、影響あり G（2013 年法改正の影響を受けた企業）において、法改正が仮になかった場合と比べて、60〜64 歳の常用労働者数が平均的に何人増加したかを表している。よって、2012 年から 2013 年の 1 年間では、60〜64 歳の常用労働者が、法改正により平均 0.404 人増加している。そして、平均処置効果の推計値は年々値が高くなり、2020 年は 2012 年に比べて、平均で 2.971 人増加している。

　同様に、64 歳までの常用労働者に占める 60〜64 歳の常用労働者比率も増加している（下表）。単位は「%」なので、2012 年に比べると、法改正によって 2013 年は平均で 0.139%、2020 年は平均で 0.919% 上昇している。

図表 1-9　60〜64 歳の常用労働者数、常用労働者比率に対する 2013 年法改正の効果

60〜64 歳の常用労働者数

	N （影響あり G）	N （影響なし G）	平均処置 効果	標準誤差	t
2012 年 vs 2013 年			0.404	0.155	2.62
2012 年 vs 2014 年			0.689	0.244	2.82
2012 年 vs 2015 年			0.940	0.278	3.38
2012 年 vs 2016 年	49964	44176	1.759	0.358	4.91
2012 年 vs 2017 年			2.183	0.415	5.26
2012 年 vs 2018 年			2.381	0.441	5.39
2012 年 vs 2019 年			2.631	0.494	5.32
2012 年 vs 2020 年			2.971	0.525	5.66

60〜64 歳の常用労働者比率（64 歳までの常用労働者に占める比率）

	N （影響あり G）	N （影響なし G）	平均処置 効果	標準誤差	t
2012 年 vs 2013 年			0.139	0.021	6.56
2012 年 vs 2014 年			0.334	0.028	12.13
2012 年 vs 2015 年			0.448	0.033	13.70
2012 年 vs 2016 年	49964	44176	0.594	0.037	15.99
2012 年 vs 2017 年			0.741	0.041	17.96
2012 年 vs 2018 年			0.769	0.044	17.51
2012 年 vs 2019 年			0.829	0.046	18.03
2012 年 vs 2020 年			0.919	0.048	18.97

4　考察

　以上から、2013 年法改正によって、そのターゲット層である 60〜64 歳の常用労働者数や比率が増加していることがわかった。8 年間で平均約 3.0 人、0.9％ の増加を、増えていると捉えるか、ほぼ変化がないと捉えるかは議論が分かれるところだろう。しかし、60〜64 歳において、短期的な契約を締結している労働者でもなく、また 1 週間の労働時間が 20 時間を切る短時間労働者でもない常用労働者が、この法改正の効果として着実に増えているという評価はできる。

　ただし、この結果は留意しなければならない点がいくつかある。1 つに、『高年齢者の雇用状況』は 31 人以上の常用労働者を雇用している企業のみを調査対象としているため、常用労働者 30 人以下の企業における法改正の効

果が、今回の結果には反映されていない。

　2 つ目は、平均処置効果の推計値を、2012 年をベースラインに算出している点である。2012 年よりも前に、2013 年法改正に向けた準備を整えた企業は、少なからず存在しただろう。したがって、希望者全員に 65 歳までの継続雇用の場を提供するという 2006 年、あるいはその前からの流れから見ると、今回の推計値はその一部であると解釈すべきだろう。

　3 つ目は、年金をはじめとする高年齢期の社会保障の影響を考慮に入れていない点が挙げられる。高年齢期の稼得賃金以外の収入は、高年齢者個人の就業決定や賃金を左右する[15]だけでなく、企業の行動にも影響しうる。理論的には、在職老齢年金や高年齢雇用継続給付[16]は留保賃金を低めるため、高年齢者の労働供給曲線の下方シフトを引き起こすと同時に、企業の需要曲線の下方シフトも引き起こすとされる。しかし、この理論的予測を労働政策研究・研修機構が行った『高齢者の雇用・採用に関する調査』データで検証した浜田（2010）によると、企業の賃金は継続雇用率に負の影響を与えていたものの、あまり大きな影響ではなかった。したがって、在職老齢年金や高年齢雇用継続給付によって高年齢者がより低い賃金でも働くという労働供給側への効果を超えて企業が賃金を引き下げているとは言えないと述べている。同じデータを使った山田（2010）も、企業の 60 歳以上の継続雇用率にこれらの公的給付は有意な影響を与えていないとしている。これらの結果は、本章の分析から得られた 60〜64 歳の常用労働者数や比率の増加分は、2013 年法改正による影響が主であり、公的給付はあまり影響していないことを示唆する。他方、山田（2010）では、企業年金と継続雇用率の関係も分析しており、両者に有意な負の関連を確認している。つまり、企業年金を継続雇用時の年収保障に組み込むことは、継続雇用率を低下させる効果がある。

15　年金受給状況や金額、支給開始年齢が個人の就業に与える影響は、研究蓄積が非常に多い。在職老齢年金と就業の関係も高年齢期就業に関する労働経済学の主要テーマの一つであり、清家・山田（2004）や田村（2017）にまとめられている。それらの多くは、在職老齢年金は 60 代前半層の就業を抑制する効果があるものの、2000 年以降は抑制効果が逓減していることを明らかにしている。

16　高年齢雇用継続基本給付金と高年齢再就職給付金がある。

　次に、2010 年代に労働者数、比率が急増している 65 歳以上に注目したい。65 歳以上の労働者は 2013 年法改正の対象ではなかったが、2021 年 4 月に施行された法改正では、70 歳までの就業確保を努力義務とする規定が組み込まれている。この流れは、65 歳までの雇用確保を義務化した時と同様であり、現在も 70 歳までの就業機会の確保を義務化する方向で進められている。そこで、どのような特徴を持った企業が 2010 年代に 65 歳以上の雇用を伸ばしたのかを分析し、今後の影響を考察したい。

　図表 1-10 は、各企業の 65 歳以上の常用労働者数、および常用労働者全体に占める比率について、2012 年から 2020 年の変化を目的変数にとり、最小二乗法で分析した結果である。説明変数には、2012 年の業種、従業員規模、地域、組合の有無、定年到達者の有無、定年制度、継続雇用制度に関する情報を用いた。その結果、従業員規模以外の変数の影響は、人数の変化にも比率の変化にも同様の傾向を示していた。

　業種で見ると、サービス業（その他）、不動産業、物品賃貸業、宿泊業、飲食サービス業、運輸業、郵便業、複合サービス事業、医療、福祉、建設業は、製造業に比べて、65 歳以上の常用労働者数、比率の増加幅が大きい。例えばサービス業（その他）は製造業に比べて、8 年間で約 15.6 人、比率で約 5.2% 増加している。また、制度面では、継続雇用制度、特に希望者全員が 65 歳以上まで働くことができる制度が整備されていた企業は、制度がない企業に比べて、労働者数（約 1.7 人）も比率（約 1.8%）も増加している。

　反対に、金融・保険業や情報通信業、電気・ガス・熱供給・水道業は製造業に比べて、65 歳以上の労働者数や比率の増加幅が小さい。金融・保険業の 8 年間の増加幅は製造業よりも、労働者数で約 6.5 人、比率で 1.3% 少ない。また、2012 年時点で定年年齢を 64 歳以下に定めていた企業の 65 歳以上の労働者数の増加幅は、定年制度がなかった企業よりも約 1.8 人、比率で約 3.5% 小さい。さらに、労働組合のある企業はない企業よりも、65 歳以上の労働者数の増加幅が 1.9 人、比率が約 0.2% 小さい。従業員規模については、労働者数は正相関、比率とは負の相関が見られる。つまり、常用労働者数が多い企業ほど、2012 年から 2020 年にかけて 65 歳以上の常用労働者数

図表 1-10　どのような企業で 65 歳以上の常用労働者数、比率が増えたか
（最小二乗法）

	常用労働者数			常用労働者比率		
	B	S.E.	t	B	S.E.	t
業種（ref. 製造業）						
農林漁業	3.83	2.23	1.71	1.79	0.34	5.33
鉱業	1.64	4.72	0.35	1.56	0.71	2.19
建設業	4.19	0.68	6.19	2.07	0.10	20.32
電気・ガス・熱供給・水道業	-2.29	2.89	-0.79	-0.24	0.43	-0.55
情報通信業	-2.76	0.82	-3.35	-1.60	0.12	-12.96
運輸業、郵便業	5.56	0.57	9.83	5.01	0.08	58.90
卸売、小売業	4.12	0.48	8.67	0.44	0.07	6.15
金融、保険業	-6.45	1.38	-4.67	-1.30	0.21	-6.28
不動産業、物品賃貸業	11.89	1.21	9.86	1.18	0.18	6.52
学術研究、専門・技術サービス業	2.14	0.98	2.19	0.26	0.15	1.78
宿泊業、飲食サービス業	9.17	0.96	9.51	4.02	0.14	27.78
生活関連サービス業、娯楽業	3.81	0.94	4.07	2.80	0.14	19.92
教育、学習支援業	-1.82	0.98	-1.85	-1.10	0.15	-7.44
医療、福祉	4.74	0.47	10.17	1.46	0.07	20.82
複合サービス事業	5.27	1.55	3.39	1.04	0.23	4.45
サービス業（その他）	15.55	0.58	26.98	5.23	0.09	60.47
公務	3.39	15.94	0.21	1.03	2.39	0.43
分類不能	3.19	5.32	0.60	0.59	0.80	0.74
従業員規模（ref. 31～50 人）						
51～100 人	1.33	0.38	3.52	-0.05	0.06	-0.84
101～300 人	5.26	0.42	12.69	-0.75	0.06	-12.01
301～500 人	13.47	0.73	18.56	-1.46	0.11	-13.40
501～1,000 人	24.02	0.86	27.89	-1.69	0.13	-13.09
1,001 人以上	77.75	1.01	77.08	-2.19	0.15	-14.43
地域（ref. 北海道）						
東北	-0.44	0.91	-0.48	-0.17	0.14	-1.24
関東	-1.40	0.79	-1.78	-1.71	0.12	-14.50
中部	-1.58	0.81	-1.96	-1.11	0.12	-9.14
近畿	-1.39	0.82	-1.69	-1.42	0.12	-11.54
中国	-1.05	0.92	-1.14	-0.58	0.14	-4.17
四国	-0.34	1.08	-0.31	-0.58	0.16	-3.59
九州	0.25	0.85	0.30	0.52	0.13	4.05
組合あり	-1.85	0.42	-4.37	-0.16	0.06	-2.48
定年制度（ref. なし）						
あり（定年年齢 64 歳以下）	-1.81	1.25	-1.44	-3.46	0.19	-18.38
あり（定年年齢 65 歳以上）	1.76	1.14	1.55	-0.17	0.17	-1.02
継続雇用制度（ref. なし）						
あり（基準該当者のみ）	0.14	0.72	0.19	0.57	0.11	5.27
あり（希望者全員、64 歳以下）	1.47	1.23	1.20	1.05	0.18	5.68
あり（希望者全員、65 歳以上）	1.66	0.73	2.26	1.76	0.11	15.95
定年到達者あり	2.29	0.33	7.01	1.87	0.05	38.15
切片	-0.44	1.30	-0.34	5.70	0.19	29.22
N	107768			107768		
調整済み決定係数	0.071			0.127		

注：B は非標準化係数、S.E. は標準誤差、t は t 値を表す。

が増加している。ただし、企業全体の常用労働者に占める比率は、小規模企業ほど増加幅が大きい。

　これらの結果は、60代前半の分析（図表1-7）において、2013年法改正の影響ありGに入る確率が低い企業で、65歳以上の労働者数や比率がより増加していることを示している。すなわち、サービス業（その他）、運輸業、郵便業、飲食サービスなどの対人サービスを中心とするサービス業、組合が組織化されていない企業、中小企業を中心に、65歳以上の常用労働者の雇用は既に進んでいる。その主要因は、需要に対する労働力の供給不足だろう。また、人口の多い団塊世代の中で、年金だけでは十分な生活が賄えない一定数の高年齢者と、人手不足の企業とがマッチした結果、特定の業種等で65歳以上の雇用が伸びたとも解釈できる。

　将来的に70歳までの就業機会確保の義務化がさらに進んだ場合も、65歳までの雇用が義務化された時と同様の展開を見せることが予想される。つまり、義務化政策が施行されるかどうかにかかわらず、人手不足の産業や中小企業では、希望すれば70歳あるいはそれ以上の年齢まで働き続けられる体制が自ずと築かれていくだろう。そして義務化政策が施行されれば、制度的にそのような体制を採っていない大企業や組合のある企業等でも、何らかの方法で、70歳までの就業機会確保のための環境を整備するようになるだろう。

第5節　結果のまとめ、政策的インプリケーション

　本章では、2010年から2020年の『高年齢者の雇用状況』データを用い、2013年に施行された高齢法の改正が、企業の60代前半層の雇用に対して与えた影響を分析した。具体的には、この改正によって企業の60～64歳の常用労働者数と比率がどの程度変化したかを、傾向スコアマッチング法と差分の差の推定を合わせた手法（DID-PSM）によって推計した。

　まず、2013年法改正の影響を受けた企業の傾向を分析すると、金融・保険業、情報通信、電気・ガス・熱供給・水道業、学術研究、専門・技術サービス業、そして常用労働者数が多い企業や労働組合がある企業という特

徴が挙げられた。次に、DID-PSM の結果、2013 年法改正の影響を受けた企業グループでは、法改正が行われなかったと仮定した場合に比べて、60〜64 歳の常用労働者数が 2012 年からの 8 年間で平均約 3.0 人、64 歳までの全常用労働者に占める比率が約 0.9% 増加したことがわかった。すなわち、2013 年法改正によって、それまで高年齢者雇用に比較的消極的だった企業も、常用労働者としての就業の場を提供していることが明らかになった。1 年以上（見込みを含む）かつ所定労働時間が 1 週間で 20 時間以上という、短期間でも短時間でもない常用労働者の雇用が着実に増えている点は、本研究の大きな発見と言えよう。

　さらに、今後の法改正の対象である 65 歳以上の労働者層についても、2010 年から 2020 年にかけて、どのような企業で常用労働者比率が増加したのかを分析した。その結果、サービス業（その他）、運輸業、郵便業、飲食サービスなどの対人サービス業、組合が組織化されていない企業、そして中小企業で増加率が高いことがわかった。

　以上の結果を基に、70 歳までの就業機会確保を義務化した場合の影響を考察しよう。法律による 70 歳までの就業確保の影響は、65 歳までの義務化時と同様に、金融・保険業等や中堅・大企業、組合が組織化されている企業の行動に大きく影響することが予想される。そのため、これらの企業を中心に、組織全体の年齢構成や賃金、人材の配置等を考慮しながら高年齢者の就業機会の確保を実現するという難易度の高い課題に再度取り組むこととなる。ただし、65 歳時の義務化を進めた時とは状況が異なるので、その点を考慮しなければならない。一つは、義務化の影響を受ける世代、つまり人口規模が異なる。団塊世代は 2006 年で 57〜60 歳、2013 年で 64〜66 歳なので、65 歳時の義務化を進めた時とこの世代が 60 代を過ごした 10 年間はちょうど重なっていた。それに対して、総務省統計局の『人口推計』によると、2021 年に 65 歳を迎える世代の人口は約 151 万人[17]で、これは最も人口が多い世代（2014 年に 65 歳だった世代の約 221 万人）の 68.2% にあたる。当然ながら、70 歳までの就業確保義務化の動きが制度的に進めば、その後

17　約 151 万人というのは、正確には 2019 年に 63 歳だった世代の人口である。

の世代にも影響が及ぶため、現時点で企業が採る行動を断定するのは難しい。しかし、長期的には人口が減少[18]していくことを考えると、仮に65歳までの義務化時よりも考慮すべき人件費総額が低く見込まれるとすれば、企業にとって導入の障壁は低いとも考えられる。

　他方、70歳までの就業確保の義務化は、65歳までの義務化時よりも就業構造全体に大きな変化をもたらす可能性もある。というのも、2020年の段階で、70歳まで希望すれば働ける企業[19]は、全体の約11.3%（2020年『高年齢者の雇用状況報告』の調査対象企業163,914社のうち18,551社）しかないためだ。つまり、70歳までの就業機会の確保を義務づける改正法が施行されると、約9割もの企業がその影響を受けることになる。本来であれば、この数値と65歳までの雇用の努力義務を定めた1990年の比率を比較したいが、公表されている情報から1990年時点で義務化の影響を受ける企業の比率を算出することはできない。よって、65歳までの義務化と70歳までの義務化で影響を受ける企業の数にどの程度の違いがあるかは正確にはわからないが、相当数の企業が70歳までの継続雇用等に伴う賃金・人事制度の見直しを迫られると予想される。

　最後に、本章では、2013年法改正による60代前半層の継続雇用への影響を見てきたが、企業がどのように継続雇用を実現しているかを詳細に分析したわけではない。当然、高年齢者を継続して雇用すれば、人件費負担も増す可能性があるため、各企業は賃金や仕事内容、仕事上の責任の重さなどを工夫することで、増加分に対応していると予想される。これらの研究課題については、次章以降で詳細な分析が行われているため、そちらを参照していただきたい。また、使用データの制約のため、常用労働者を対象とした分析を行ったが、実際の雇用状況を踏まえると、どの雇用形態が法改正によって伸びたのかを分析する必要がある。この点は、今後の課題である。

18　2021年時点では、60代前半〜50代まで年齢が下がるにつれて人口は減少し、40代中頃〜後半で再び人口が多い世代（いわゆる団塊ジュニア世代）がある。40代前半からは年齢が下がるにつれて、人口も減少する。

19　「定年制度なし」、「定年制度があり、定年年齢が70歳以上」、「定年制度があり、定年年齢は69歳以下。かつ継続雇用制度があり、その対象が希望者全員で70歳以上まで雇用」の3パターンが含まれる。

　さらには、高年齢者を継続雇用することによる企業全体の採用や賃金への影響を検証することも、今後の重要な研究課題である。高年齢者の雇用維持・確保が、若年層の採用抑制につながるのではないかという視点からの研究はこれまでも行われてきたが、そのような影響を示す証拠は得られていない（周 2012; Kondo 2016）。他方、2019年の「JILPT企業調査」では、回答企業の2割弱が、60代前半の雇用確保における課題として、「若年層が採用できず、年齢構成がいびつになる」点を挙げている（労働政策研究・研修機構 2020a）。高年齢層の雇用が現役層の雇用に与える因果関係を厳密に検証することは難しいが、高年齢者だけでなく、現役層も意欲を持って働くことができる社会について考えるためには、解明が待たれるテーマである。

謝辞

　本章の作成にあたり、厚生労働省から『高年齢者の雇用状況』の個票データの提供を受けた。作成した集計表等は提供を受けた調査票情報を独自集計したものであり、ありうべき誤りは全て著者の責任である。

第2章　65歳までの継続雇用体制の要因と その影響

第1節　はじめに～多様な「65歳までの継続雇用体制」

　本章では 65 歳までの継続雇用体制について企業間の多様性を明らかにしていくとともに、そうした多様性がもたらす影響や、企業ごとの特徴につながる要因について分析・検討する。

　少子高齢化の下で公的年金制度の継続可能性を高めることと、シニア労働者の高い就業意欲を活かすことを目的として行われてきた、内部労働市場（企業内）を活用する継続雇用政策は、2006 年 4 月施行の改正高齢法による「雇用確保措置の義務化」から本格的に進み、約 15 年が経過した現在、「65 歳までの継続雇用」はほとんどの企業で達成されている。2020 年（令和 2 年）の厚生労働省『高年齢者の雇用状況』によれば、2020 年 6 月 1 日時点で、従業員 31 人以上の企業 164,033 社のうち 99.9％ にあたる 161,117 社が 65 歳までの雇用確保措置を実施済みで、65 歳を上限として希望者全員を継続雇用するという企業は 67.0％[1] に達している。

　もっとも一口に「65 歳までの継続雇用」と言っても、企業によって実施されている人事管理の内容は多様である。雇用確保措置義務化後の 60 歳以降の従業員を対象とした人事労務管理に関する調査・研究は、これまでも様々な事項に着目して、65 歳までの継続雇用体制の多様性を明らかにしてきた。藤波・大木（2011）は、企業アンケート調査の結果を用いて、60 歳前の正社員を対象とした人事労務管理と 60 代前半層を対象とした人事労務管理との間の継続性の有無が、60 代前半層の企業における活用とどのような関係を持つかを分析した。また、藤波（2013）は、企業アンケート調査の

1　希望者全員が 65 歳以上で勤務できる継続雇用制度の実施企業の比率（74.5％）から、希望者全員が 66 歳以上も勤務できる継続雇用制度を実施している企業の比率（7.5％）を引いて算出した。

58

回答から、60 代前半層の活用方針を形作る基礎的な項目として、定年前からの仕事内容の変化の有無と、労働時間の変化の有無という 2 項目を導き出し、それぞれにおける変化の有無により回答企業を 4 つの類型に分類し、60 代前半層の賃金管理や働きぶりなどにおける、類型間の異同を明らかにしている。藤本（2017）は、60 歳定年制企業における定年前後の仕事内容の継続性に着目して継続性の異なる 3 つの企業類型を設け、賃金管理や 60 代前半層の継続雇用における課題とどのように関連するかといった点や、60 代後半層の雇用への影響といった点から各類型の特徴を示そうとした。さらに藤波・鹿生（2020）は、60 代前半層の賃金設定を従業員の過去の状況に基づいて行うか、それとも現在の状況に基づくかという違いと、60 代前半層の「戦力化」の度合いの違いが、60 代前半層の労働意欲にどのような影響を与えているかを分析している。

　以上の調査・研究の概観からも、65 歳までの継続雇用を行う企業における 60 代前半層を対象とした人事管理が、60 歳定年までの仕事や処遇と継続雇用後の仕事や処遇との連続性や、労働時間や賃金の設定、戦力化に対する考え方など様々な点に沿って、多様化していることがわかる。加えて、65 歳までの継続雇用体制が多様化していく動きとして、65 歳定年制の広がりを挙げることができる。厚生労働省『就労条件総合調査』によれば、65 歳定年制を実施する企業の割合は、徐々にではあるが上昇し続けている。常用雇用者 30 人以上の企業に占める 65 歳定年制企業の割合は 2009 年には 10.5 ％ であったが、2017 年には 16.0％[2] にまで上昇している。70 歳までの就業機会確保を企業の努力義務とするなどの内容を含めた、改正高齢法が 2020 年 3 月に成立し、2021 年 4 月から施行されたことや、2025 年 3 月に継続雇用制度にかかる経過措置の期限が到来し、全ての企業が希望者全員を 65 歳まで継続雇用しなければならなくなること、少子高齢化に伴う若年労働力不足が続くことなどを踏まえると、65 歳定年制を採用する企業の割合は、これからも上昇することが予想される。

　本章では、これまでの調査研究の内容を踏まえて、定年あるいは 60 歳前

2　上述した 2020 年の厚生労働省『高年齢者の雇用状況』によれば、31 人以上の企業における 65 歳定年制企業の割合は 18.4% であり、前年に比べ 1.2% 増加している。

後における仕事の継続性の有無から、65歳までの継続雇用体制の多様性を捉えていくとともに、近年の定年制の動向を踏まえて、定年年齢を、多様性を捉えていく視点として加える。その上で、65歳までの継続雇用体制における企業の特徴が、60代前半を対象とする人事労務管理の状況とどのように関連しているのかを明らかにしていく。具体的には、JILPTが2019年に企業を対象に実施した「JILPT企業調査」に回答した企業を、定年年齢と60歳前後における仕事の変化についての回答を基にいくつかのタイプに分け、それぞれのタイプに該当する企業において、60代前半の人事労務管理においてどのような課題が生じているのかについて[3]、分析していく。

さらに本章では、65歳までの継続雇用体制における多様性の要因を探ることを試みる。これまでの調査研究では、65歳までの継続雇用体制における多様性と60代前半層を対象とした人事管理との関連や、65歳までの継続雇用体制における特徴がもたらす帰結については明らかにしてきたが、どのようにしてそうした特徴が生じるのかについては、さほど分析・検討が行われてこなかった。65歳までの継続雇用体制における特徴と、人事労務管理上のメリット・デメリットが結びつくのであれば、そうしたメリット・デメリットを制御していくためにも、特徴を生み出す要因について検討を行う必要があるだろう。本章では、JILPT企業調査で企業に尋ねている、高年齢者の仕事や賃金についての考え方や評価に、65歳までの継続雇用体制のあり方を左右する要因を見出せないかを、分析・検討していく。

以下、本章は次のような構成をとる。第2節では、既存の調査研究を参照しながら、65歳までの継続雇用体制のあり方を左右する要因と65歳までの継続雇用体制との関係、さらには65歳までの継続雇用体制と60代前半の人事労務管理における課題との関係について考察を行い、本章における分析の枠組みを示す。第3節では、65歳までの継続雇用体制の多様性を、本章でどのように捉えていくかについて説明し、65歳までの継続雇用体制の特徴を示す、いくつかのタイプを提示する。第4節では、継続雇用体制のあり方

3　65歳までの継続雇用体制のあり方を含め、60歳以降の従業員をどのように雇用していくかという点と、60代前半層の賃金との関連については、本書第3章で分析が行われているので、そちらを参照されたい。

を左右する要因を探る試みとして、高年齢者の仕事や賃金についての考え方や評価と、65 歳までの継続雇用体制との関連について分析を行う。第 5 節では、65 歳までの継続雇用体制のあり方が、60 代前半層の人事労務管理においてどのような課題を発生させているのかについて、分析・検討する。最終節の第 6 節では、第 5 節までの分析・検討の結果を踏まえて、人事労務管理のあり方をはじめとした、60 代前半層の就業環境に関連して今後求められる取組みについて考察する。

第 2 節　本章での分析に関する論理的考察

1　高年齢者に対する評価と 65 歳までの継続雇用体制のあり方

　本章では企業における 65 歳までの継続雇用体制の多様性を捉える上で、60 歳前後の仕事の継続性を観点の一つとしていくが、この仕事の継続性には、企業の人事労務管理活動のうち、配置に関わる活動が関係してくる。従業員の配置には、企業のその時々の人材ニーズや人材育成の意図のほか、従業員に対する評価が反映される。特に従来から雇用し続けている従業員の配置（従来からの仕事の継続・別の仕事への異動）にあたっては、その従業員に対する評価が反映されやすい。

　評価が配置に反映される場合、基本的には従業員個々人に対する評価が反映されるものと考えられるが、その従業員が該当する「集団」が企業の人事労務管理の取組みの中で設定され、そうした集団に対する評価が反映されることも少なくない。この集団は、例えば、性別、職種などに基づく社員区分、勤続年数などによって設定され、年齢もまた、企業の人事労務管理における集団設定の際の主要な基準の一つである。各企業の 65 歳までの継続雇用体制のあり方は、個々の高年齢従業員に対する評価から配置に至る事例の蓄積に基づいて形成されてきたと考えることができると同時に、60 歳以上の高年齢従業員という「集団」に対する評価が反映されている可能性も否めない。

　以上を踏まえて、本章では、各企業の 60 代前半の従業員に対する評価の内容が、65 歳までの継続雇用体制のあり方を左右していると仮定し、分析

を行う。上述のように、本章では65歳までの継続雇用体制のあり方を配置に関わる側面から捉えていくので、60代前半の従業員に対する評価も、配置に関連すると思われる事項を中心に分析の対象としていく。具体的には、①60代前半の従業員が担う仕事・役割に関わる考え方・配慮と、②60代前半の従業員を対象とした賃金制度についての考え方を取り上げる。①は60代前半の従業員に担ってほしい、あるいは担うべきと考える仕事・役割について、企業の評価が反映されているものと考えられる。②は60代前半の従業員に対する報酬の扱いに関する事項であり、報酬に対応する仕事や役割についての企業の評価が反映されているものとして捉える。

２ 65歳までの継続雇用体制のあり方の影響

　前節で述べた通り、本章では65歳までの継続雇用体制と、60代前半の人事労務管理における課題との関連を分析していく。この「課題」は、65歳までの継続雇用体制の「効果」に関わる見解として捉えることができる。

　では、「効果」として捉えるべき内容としては、どういったものが考えられるか。人事労務管理の効果に関する研究をサーベイした、Pecci et al.（2013）によると、人事労務管理の効果を捉える上で多くの研究が着目してきたのは、'employee well-being（ウェルビーイング）' と 'organizational performance（組織業績）' であるという。ウェルビーイングは、個々の従業員の主観的な経験や職場での働きぶりの質として定義され、仕事に対する満足度や、労働に関連した肯定的・否定的な感情、組織へのコミットメント等が該当する。

　一方、組織業績は、組織が実施する人事労務管理と直接的に結びつく 'proximal outcome' と、組織全体のパフォーマンスに反映される 'distal outcome' に大別される。前者に該当するのは、欠勤率、離職率、生産性、組織から提供される財やサービスの質などであり、後者に該当するのは、財・サービス市場における成果（売上高、シェアなど）や、財務・経理上の成果である。

　本章では、Pecciらが挙げたウェルビーイングに該当する事項に焦点を当てる。また、組織業績のうち 'distal outcome' についてはJILPT企業調査に

図表 2-1　本章における分析のフレームワーク

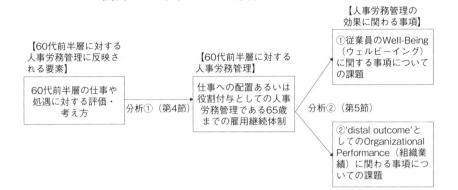

おける質問への回答から推し量ることが難しいため分析対象とはしないで、
'proximal outcome' に該当する事項を分析の対象とする。これらの事項に関
して、企業がどのような課題を感じているのかという点と、65 歳までの継
続雇用体制という企業の人事労務管理のあり方との関係を分析していく。

　本節の 1 で述べた内容と、このセクションで述べた内容をまとめ、本章に
おける分析のフレームワークを示すと、図表 2-1 のようになる。

第 3 節　65 歳までの継続雇用体制

1　65 歳までの継続雇用体制のタイプ

　JILPT 企業調査に回答している企業 5,891 社のうち、94.7％ にあたる
5,578 社には定年制が設けられていた。定年制が設けられている企業に、最
も多くの従業員が該当する定年年齢を尋ねたところ、60 歳と回答した企業
が 4,218 社（回答企業の 71.6％）、65 歳と回答した企業が 1,033 社（同・17.5
％）で、両者合計で回答企業の 89.1％ を占める。なお、定年年齢が 61〜64
歳の企業は 189 社（同・3.2％）、66 歳以上の企業は 108 社（同・1.8％）で
あった。

　次に、回答企業の大半を占める 60 歳定年制企業および 65 歳定年制企業に
おいて、60 代前半の従業員の仕事について、どのような状況が最も多いか

図表 2-2　60 歳定年制企業・65 歳定年制企業での 60 代前半の従業員の仕事

（単位：%）

	n	定年前（60 歳頃）とまったく同じ仕事	定年前（60 歳頃）と同じ仕事であるが、責任の重さが軽くなる	定年前（60 歳頃）と同じ仕事であるが、責任の重さが重くなる	定年前（60 歳頃）と一部異なる仕事	定年前（60 歳頃）とまったく異なる仕事	その他	無回答
60 歳定年制企業	4218	36.5	46.1	0.4	6.4	0.6	0.7	9.3
65 歳定年制企業	1033	68.0	14.4	0.4	3.6	0.2	0.4	13.1

を整理した。ここでは 60 代前半の従業員の仕事を、60 歳頃と比べて、①まったく同じ仕事、②同じ仕事であるが、責任の重さが軽くなる、③同じ仕事であるが、責任の重さが重くなる、④一部異なる仕事、⑤まったく異なる仕事、⑥その他、の 6 つのタイプとして表している。図表 2-2 に、60 歳定年制企業および 65 歳定年制企業における 6 つのタイプの分布を示した。

　60 歳定年制企業では「定年前（60 歳頃）と同じ仕事であるが、責任の重さが軽くなる」という回答が 46.1％ で最も多く、「定年前（60 歳頃）とまったく同じ仕事」が 36.5％ でこれに次ぐ。この 2 つで 60 歳定年制企業の 82.7％ を占めている。「定年前（60 歳頃）と一部異なる仕事」、「定年前（60 歳頃）とまったく異なる仕事」といった、60 歳頃と異なる仕事になるというケースが最も多いと言う企業は合わせて 7％、「定年前（60 歳頃）と同じ仕事であるが、責任の重さが重くなる」という企業の比率は 1％ 未満である。つまり 60 歳定年制企業の継続雇用後の従業員の仕事については、定年前（60 歳頃）とまったく変えないという企業と、定年前（60 歳頃）とは責任や内容の面で変えるという企業に大別される。ただ、定年前（60 歳頃）とは責任や内容の面で変えるという企業のうち、定年前（60 歳頃）と同じ仕事であるが責任の重さが重くなるという企業は、定年前までの仕事を継続する従業員に、さらに責任を付与するという企業と考えられ、他の責任や仕事の内容を変えるという企業とは、性格が異なると見られる。また、60 歳定年制企業に占める比率もごくわずかであることから、以下の分析では対象から除外する。本章では、60 歳定年制企業の 65 歳までの継続雇用体制のあり方として、定年後も仕事を変えないタイプ（60 歳定年制＋無変化型）と、定年後、仕事の責任が軽くなったり、内容が変わったりするタイプ（60 歳定

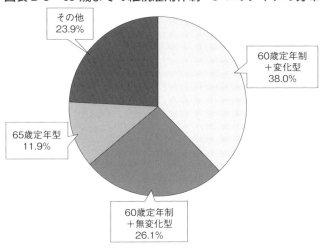

図表 2-3　65 歳までの継続雇用体制：3 つのタイプの分布

年制＋変化型）の 2 つを設定する。

　一方、65 歳定年制企業では、60 歳頃とまったく同じ仕事という回答が約7 割を占める。60 歳頃とは責任や内容の面で変えるという企業は 2 割弱（192 社）で、回答企業全体（5,891 社）における比率は 3.3％ とごくわずかなので、本章の分析の対象からは除外する。65 歳定年制企業の継続雇用体制のあり方としては、60 代前半も 60 歳頃とまったく同じ仕事をしているというタイプ 1 つを、「65 歳定年型」として設定する。

　以上、「60 歳定年制＋無変化型」、「60 歳定年制＋変化型」、「65 歳定年型」の 3 タイプが、本章で分析の対象とする、65 歳までの継続雇用体制となる。回答企業中、「60 歳定年制＋無変化型」は 1,540 社（26.1％）、「60 歳定年制＋変化型」は 2,240 社（38.0％）、「65 歳定年型」は 702 社（11.9％）で、3つのタイプを合わせると、回答企業全体の 76.1％ を占める（図表 2-3）。

2　業種・規模・平均年齢と 3 タイプとの関連

　65 歳までの継続雇用体制の各類型と、企業の基本的な属性との関連を確認しておく。図表 2-4 に、業種ごと、従業員規模ごと、正社員の平均年齢別ごとに、3 タイプの分布状況をまとめた。

図表 2-4　業種別・従業員規模別・正社員の年齢別に見た各類型の分布

（単位：%）

	n	60歳定年制＋変化型	60歳定年制＋無変化型	65歳定年型
回答企業計	5891	38.0	26.1	11.9
【業種】				
建設業	382	34.8	32.2	13.9
一般機械器具製造業	188	50.0	24.5	*6.9*
輸送用機械器具製造業	151	47.0	29.1	*4.6*
精密機械器具製造業	117	50.4	28.2	7.7
電気機械器具製造業	152	53.3	27.6	*5.3*
その他の製造業	739	54.4	24.4	*6.4*
電気・ガス・熱供給・水道業	24	54.2	*16.7*	*0.0*
情報通信業	170	*27.1*	21.2	7.1
運輸業	468	*22.2*	29.3	18.6
卸売・小売業	843	47.7	25.6	7.2
金融・保険業	56	57.1	*12.5*	8.9
不動産業	60	*28.3*	25.0	13.3
飲食業・宿泊業	235	*30.6*	*18.3*	14.9
医療・福祉	1140	*29.4*	31.2	16.8
教育・学習支援業	241	37.8	22.4	18.3
サービス業	706	*31.7*	21.1	13.5
【従業員規模】				
100人未満	2771	33.2	27.1	12.7
100～299人	2131	41.7	27.4	11.5
300～999人	694	46.5	21.6	10.4
1,000人以上	167	49.1	*17.4*	10.2
【正社員の平均年齢】				
30歳未満	448	*26.6*	25.7	12.1
30代	1632	41.2	23.4	8.0
40代	3291	41.9	27.1	11.8
50代	464	*14.7*	30.4	23.7
60歳以上	56	*1.8*	*17.9*	35.7

注1：記載した3タイプに該当しない企業や、65歳までの継続雇用体制が不明な企業は除いてあるので、3タイプの比率の合計は100%にはならない。
注2：網掛けをしている数字は、回答企業全体の比率より5%以上高いもの。斜字で下線を引いている数字は、回答企業全体の比率より5%以上低いもの。

　図表 2-4 によれば、製造業に該当する業種や電気・ガス・熱供給・水道業、卸売・小売業、金融・保険業は、回答企業全体よりも 60 歳定年制＋変化型の比率が 5 ポイント以上高い。とりわけ金融・保険業は 20 ポイント近く高く、また製造業に該当する業種も輸送用機械器具製造業を除けば、いずれも 10 ポイント以上高くなっている。逆に回答企業全体よりも 5 ポイント以上比率が低い業種は、情報通信業、運輸業、不動産業、飲食業・宿泊業、医療・福祉業、サービス業で、特に運輸業は約 16 ポイントと、回答企業全体における比率との開きが大きい。

　一方、60 歳定年制＋無変化型は、建設業や医療・福祉で、該当する企業の比率が回答企業全体の比率より 5 ポイント以上高く、3 割を超えている。また、65 歳定年制は運輸業や教育・学習支援業で回答企業全体の比率より 5 ポイント以上高く、2 割近い比率となっているが、製造業に該当する各業種は軒並み回答企業全体の比率よりも 5 ポイント以上比率が低く、5% 前後にとどまる。

　従業員規模別の分布状況を見ると、60 歳定年制＋変化型に該当する企業の比率は、従業員規模が大きいほど高くなる。逆に、60 歳定年制＋無変化型に該当する企業の比率は、規模が大きくなるほど低くなる傾向にある。65 歳定年型に該当する企業の比率は、規模が大きいほど低くはなるが、集計グループ間で大きな差異は見られない。

　正社員の平均年齢も、組織の人的構成における特徴を示す要素であるとともに、65 歳までの継続雇用体制をはじめとする、高年齢従業員を対象とした人事労務管理のあり方に大きな影響を与えうる。平均年齢別の集計の結果によると、平均年齢が 30 代以上の集計グループに関しては、平均年齢が高い集計グループほど、60 歳定年制＋無変化型に該当する企業と 65 歳定年型に該当する企業の比率が高くなっていく。平均年齢 30 代の企業では両タイプに該当する企業の比率が 31.4% であるのに対し、平均年齢 50 代の企業では 54.1%、60 歳以上の企業では 53.6% に達する。また、平均年齢がより高い集計グループほど、65 歳定年型に該当する企業の比率が高まっていく傾向にあり、特に平均年齢 50 代以上の集計グループではその傾向が顕著である。平均年齢 40 代以下の集計グループでは、65 歳定年型に該当する企業の

比率は 10% 前後であるが、50 代の集計グループでは 23.7%、60 歳以上の集計グループでは 35.7% となっている。

正社員の平均年齢が 50 歳以上で、中高年正社員の比重が高いと見られる企業では、①業務遂行に必要な人材を確保するために、正社員が定年（60歳）に到達した後も同様の仕事を継続させている、②定年（60 歳）に到達した正社員の責任や業務の内容を変更する際、その責任や業務を引き継ぐより若い年齢の正社員が不足している、といった事態が生じているために、60歳定年制＋無変化型や、65 歳定年型が多数を占めているものと推測される。あるいは 60 歳以降の仕事が変わらない継続雇用体制を採る企業では、60 歳以降も勤務し続ける正社員が多いため、正社員の平均年齢が高くなっているとも考えられる。

第 4 節　高年齢者の仕事・役割や賃金に対する企業の考えと 65 歳までの継続雇用体制

仕事への配置あるいは役割付与としての人事労務管理活動として捉えることができる、各社の 65 歳までの継続雇用体制に反映される要素として、既に述べた通り、本章では、60 代前半の従業員の仕事や役割に対する各企業の評価と、高年齢従業員の賃金についての各企業の考え方に着目する。

JILPT 企業調査の中では、60 代前半の従業員を仕事に配置する上で配慮する点を、複数回答可の形で各企業に尋ねている。本章ではこの設問で選択肢として挙げられている事項のうち、選択／非選択が、60 代前半の従業員を配置する仕事や担うべき役割についての各企業の評価・考え方を反映すると考えられる、「慣れている仕事に継続して配置すること」、「肉体的に負担の少ない仕事に配置すること」、「労働力が不足している部署に優先的に配置すること」、「技能やノウハウの継承が円滑に進むようにすること」、「特に配慮することはない」の 5 つの事項への回答状況を取り上げる。

また、高年齢従業員の賃金に対する考え方は、賃金の見返りとして高年齢従業員に期待する仕事や役割についての企業の考え方・評価を反映しているものと捉えて、65 歳までの継続雇用体制に反映される要素と考える。

JILPT 企業調査の中では、60 歳以上のフルタイム勤務者に対する賃金制度についての考え方を示す 8 つの事項を挙げ、各事項に同意する程度を 5 段階尺度で尋ねている。本章では、高年齢者の賃金そのものに焦点を当てている「定年後の高年齢者も、評価制度に基づき賃金を決めるのが望ましい」、「定年後でも仕事が同じなら原則、賃金は下げるべきではない」、「会社は雇用確保のために再雇用するのだから、賃金が低下しても構わない」、「賃金の原資が限られており、高年齢者の賃金が高いままだと現役世代の賃金が下がるので、高年齢者の賃金を下げても構わない」という 4 つの事項への回答状況を、分析の対象とする。

　以下では、多項ロジスティック回帰分析[4]を用いて、60 代前半の従業員の仕事・役割や賃金に対する企業の考えが、65 歳までの継続雇用体制のあり方を左右するかについての検証を行う。具体的には、60 歳定年制＋変化型を基準として、60 歳定年制＋無変化型および 65 歳定年型へと該当することに、60 代前半の従業員の仕事・役割や賃金に対する企業の考え方を示した各変数が、どのような影響を及ぼすかを分析する。

　説明変数のうち、60 代前半の従業員の仕事や役割に対する各企業の評価に関わる事項については、60 代前半の従業員を仕事に配置する上で配慮する点のうち、「慣れている仕事に継続して配置すること」、「肉体的に負担の少ない仕事に配置すること」、「労働力が不足している部署に優先的に配置すること」、「技能やノウハウの継承が円滑に進むようにすること」、「特に配慮することはない」の各選択肢に対する回答の有無を、ダミー変数（選択している場合には 1、選択していない場合には 0 をとる）として取り扱う。もう 1 つの説明変数群である、高年齢従業員の賃金についての各企業の考え方については、「定年後の高年齢者も、評価制度に基づき賃金を決めるのが望ましい」、「定年後でも仕事が同じなら原則、賃金は下げるべきではない」、「会社は雇用確保のために再雇用するのだから、賃金が低下しても構わない」、「賃金の原資が限られており、高年齢者の賃金が高いままだと現役世代の賃金が下がるので、高年齢者の賃金を下げても構わない」の各事項への回答

4　二項ロジスティック回帰分析など、本章で用いている分析手法の簡単な説明は、序章第 5 節 -5(2)を参照。

を、「そう思う」＝5点、「ややそう思う」＝4点、「どちらとも言えない」＝3点、「あまりそう思わない」＝2点、「そう思わない」＝1点として得点化し、変数とした。

　また、前節で見た通り、65歳までの継続雇用体制は、業種や従業員規模、各企業の正社員の平均年齢によって左右されると考えられる。そこでこれらの事項を統制変数としてモデルに加えた。業種はサービス業をリファレンス・グループとして、各業種に該当する場合に1をとるダミー変数として、従業員規模は100人未満の企業をリファレンス・グループとし、100〜299人、300〜999人、1,000人以上のそれぞれに該当する場合に1をとるダミー変数として設定した。また正社員の平均年齢は、各企業からの回答をそのまま値とする変数とした。

　その他、65歳までの継続雇用体制に影響を与えうる要因と考えることができる、「労使協議機関の有無」と「60歳直前での給与」も統制変数として扱う。従業員側の意見を集約・代表する労使協議機関は、従業員の雇用機会に関わる65歳までの継続雇用体制のあり方に関心を寄せ、発言などを通じて何らかの影響を及ぼしていることが予想される。また、「60歳直前の給与」のレベルがより高水準であると、60歳以上の従業員に高い賃金を支払うのを避けるために、60歳を挟んで仕事や役割を変える傾向がより強くなるものと考えられる。「労使協議機関の有無」は、ある場合に1、ない場合に0をとるダミー変数として、「60歳直前の給与」については、JILPT企業調査の中で、正社員の初任給を100とした場合の指数として回答を得ているので、その回答をそのまま値とする変数として取り扱う。

　図表2-5に、分析結果を示した。60歳定年制＋無変化型への該当に関する結果を見ると、高年齢者の仕事に対する考え方を示す5項目中、「肉体的に負担の少ない仕事に配置すること」、「労働力が不足している部署に優先的に配置すること」、「技能やノウハウの継承が円滑に進むようにすること」とは統計的に負の相関が、「特に配慮することはない」とは正の相関が認められる。すなわち、「肉体的に負担の少ない仕事に配置すること」、「労働力が不足している部署に優先的に配置すること」、「技能やノウハウの継承が円滑に進むようにすること」といった配慮を行う企業は、60歳定年制＋無変化

図表 2-5 「60歳定年型＋無変化型」「65歳定年型」への該当に関する分析（多項ロジスティック回帰分析）

	60歳定年制＋無変化型			65歳定年型		
	B	S.E.	Exp(B)	B	S.E.	Exp(B)
【高齢者の仕事に対する考え方】						
慣れている仕事に継続して配置	0.027	0.136	1.027	-0.490	0.169	0.613**
肉体的に負担の少ない仕事に配置	-0.869	0.113	0.419***	-0.536	0.154	0.585**
労働力不足の部署に配置	-0.472	0.229	0.624*	0.242	0.270	1.274
技能やノウハウの円滑な継承に配慮	-0.606	0.106	0.546***	-0.798	0.165	0.450***
特に配慮することはない	1.103	0.347	3.013**	1.980	0.355	7.242***
【高齢者の賃金に対する考え方】						
高齢者の賃金は評価に基づくべき	0.020	0.047	1.020	0.168	0.066	1.183*
仕事が同じなら定年後も下げるべきではない	0.227	0.043	1.255***	0.253	0.060	1.287***
雇用確保のため賃金を下げても構わない	-0.009	0.057	0.991	-0.086	0.080	0.918
現役世代に配慮して賃金を下げても構わない	-0.168	0.057	0.845**	-0.243	0.079	0.784**
【従業員規模 (ref.100人未満)】						
100〜299人	-0.167	0.103	0.846	-0.404	0.144	0.668**
300〜999人	-0.408	0.161	0.665*	-0.265	0.215	0.767
1,000人以上	-0.296	0.301	0.744	-0.097	0.434	0.908
【業種 (ref.サービス業)】						
建設業	0.470	0.220	1.600*	0.259	0.290	1.296
機械・金属	0.057	0.191	1.059	-0.573	0.294	0.564+
製造業（機械・金属以外）	-0.048	0.186	0.953	-0.533	0.270	0.587*
電気・ガス・水道・熱供給	-0.141	0.655	0.869	-19.225	0.000	0.000
情報通信	0.310	0.362	1.363	0.043	0.556	1.044
運輸	0.613	0.230	1.846**	0.561	0.282	1.752*
卸売・小売	-0.053	0.183	0.949	-0.659	0.271	0.517*
金融・保険・不動産	-0.144	0.381	0.866	-0.112	0.512	0.894
飲食・宿泊	0.142	0.284	1.152	0.260	0.363	1.297
医療・福祉	0.421	0.175	1.524*	0.506	0.219	1.659*
教育・学習支援	-0.148	0.294	0.863	0.685	0.326	1.983*
労使協議機関あり	-0.350	0.115	0.705**	-0.777	0.177	0.460***
正社員の平均年齢	0.039	0.010	1.039***	0.080	0.013	1.083***
60歳直前の給与月額（指数）	-0.004	0.001	0.996*	-0.005	0.001	0.995**
定数	-1.202	0.540	*	-3.410	0.718	***
-2 対数尤度			4485.559			
Nagelkerke R2 乗			0.267			
N			2611			

注 1：＊：p＜0.05、＊＊：p＜0.01、＊＊＊：p＜0.001。B は非標準化係数、S.E. は標準誤差、Exp(B) はオッズ比を表す。
注 2：目的変数の基準カテゴリは「60歳定年制＋変化型」。
注 3：「業種」について「その他」と回答した企業は、分析の対象から除外している。

型に該当する可能性が低下し、「特に配慮することはない」という企業で、該当する可能性が上がる。

　また、高年齢者の賃金に関する考え方を示す項目のうち、60歳定年制＋無変化型に該当することと統計的に有意な関係を持っているのは、「定年後も仕事が同じなら原則、賃金は下げるべきではない」、「賃金の原資が限られ

ており、高年齢者の賃金が高いままだと現役世代の賃金が下がるので、高年齢者の賃金を下げても構わない」の２項目で、「定年後でも仕事が同じなら原則、賃金は下げるべきではない」と考える傾向が強い企業ほど、また、現役世代のことを考えて、高年齢者の賃金を下げても構わないと考える傾向が弱い企業ほど、60歳定年制＋無変化型に該当する可能性がより高くなる。

　一方、65歳定年型に該当することと統計的に有意な関係を持つ、高年齢者の仕事に対する考え方に関わる項目は、「慣れている仕事に継続して配置すること」、「肉体的に負担の少ない仕事に配置すること」、「技能やノウハウの継承が円滑に進むようにすること」、「特に配慮することはない」である。「特に配慮することはない」とは正の相関、それ以外の項目とは負の相関が見られた。

　高年齢者の賃金に対する考え方に関する項目では、「定年後の高年齢者も、評価制度に基づき賃金を決めるのが望ましい」、「定年後でも仕事が同じなら原則、賃金は下げるべきではない」、「賃金の原資が限られており、高年齢者の賃金が高いままだと現役世代の賃金が下がるので、高年齢者の賃金を下げても構わない」の３項目が、65歳定年型に該当することと統計的に有意な関係を持っていた。「定年後の高年齢者も、評価制度に基づき賃金を決めるのが望ましい」や「定年後でも仕事が同じなら原則、賃金は下げるべきではない」という考え方が強いほどタイプに該当する可能性が高まり、逆に現役世代に配慮して高年齢者の賃金を下げても構わないと考える傾向が強いほど該当する可能性が低くなる。

　60歳以上の従業員の仕事・役割・賃金に対する考え方と、65歳までの継続雇用体制における３タイプとの関係の分析からは、60歳定年制＋無変化型、65歳定年型に該当する可能性が高い企業は、60歳以上の従業員の仕事に対し、何らかの配慮をする傾向が弱いことがわかる。とりわけ、技能やノウハウの継承に対しては、配慮しない企業の方が、60歳定年制＋無変化型、65歳定年型に該当する可能性が高い。60歳定年制＋無変化型、65歳定年型の企業が、年齢や世代が下の従業員に対する教育担当としての役割よりも、自らの仕事に従事することによる企業への貢献を、60代前半層の従業員に期待していることがうかがえる。こうした姿勢・方針を裏づけるかのよう

に、60歳定年制＋無変化型、65歳定年型に該当する可能性が高い企業は、60歳以降の従業員の賃金を、担当する仕事の内容に基づいて決めようとする傾向が強く、60歳未満（定年前）の従業員への賃金原資の配分次第であると考える傾向は弱い。

　ただ、60歳定年制＋変化型とは対照的で似たような特徴を持つ、60歳定年制＋無変化型と65歳定年型との間にも、違いは見られる。まず仕事についての考え方に関する項目の中で、「慣れている仕事に継続して配置すること」は、65歳定年型に該当することとの間には統計的に有意な負の相関が見られるが、60歳定年制＋無変化型に該当することとの間には、統計的に有意な関係は見られない。また、65歳定年型に該当する可能性が高いのは、「定年後の高年齢者も、評価制度に基づき賃金を決めるのが望ましい」と考える傾向がより強い企業であるが、60歳定年制＋無変化型に該当することと、評価に基づく定年後の賃金設定に対する意向との間には、統計的に有意な関係は認められない。65歳定年型の企業は、60代前半の従業員に対しても、これまで経験してきた仕事に捉われることなく、企業にとって必要と考えられる仕事・役割を付与して、働きぶりを評価し、処遇に反映していこうとする傾向がより強いことをうかがうことができる。

第5節　65歳までの継続雇用体制と60代前半層の雇用における課題

　本章では、既に述べたように、65歳までの継続雇用体制という企業の人事労務管理上の取組みの「効果」を、60代前半層の雇用において企業が抱えている課題から推し量ることとする。JILPT企業調査では、60代前半層の雇用において企業が抱える課題として14の選択肢を挙げ、複数回答可で企業に回答してもらう形式を採っているが、ここでは第2節で行った人事労務管理上の「効果」に関わる検討を踏まえて、次の通り5つの事項に関する各企業の回答を分析の対象とする。

　第2節では、人事労務管理の「効果」の有無を検討する際に既存の研究で着目されてきた事項として、まず従業員の'well-being（ウェルビーイング）'

を挙げた。ウェルビーイングは、仕事に関わる従業員の主観的な経験や働きぶりの質を示す概念であり、この概念に対応する、課題に関する選択肢の中から、「（60代前半層の従業員の）労働意欲が低い」、「若・壮年層のモラールが低下する」の2つを取り上げる。

　また第2節では、人事労務管理の「効果」の有無を検討する際に、既存の研究で着目されてきたもう1つの事項として、'organizational performance（組織業績）' を挙げた。この組織業績はさらに、組織が実施する人事労務管理と直接的に結びつく 'proximal outcome' と、組織全体のパフォーマンスに反映される 'distal outcome' に大別される。先述したように JILPT 企業調査における60代前半層の雇用に関し企業が抱えている課題についての回答からは、後者を推し量ることは難しく、前者に対応する選択肢への回答状況を分析の対象とする。'proximal outcome' に対応する選択肢としては、「若年層が採用できず、年齢構成がいびつになる」、「人件費負担が増える」、「生産性が低い」の3つを挙げることができる。

　以下では、60代前半層の雇用におけるこれら5つの課題の有無を目的変数として、65歳までの継続雇用体制のあり方が、それぞれの課題の発生と結びついているかを、二項ロジスティック回帰分析を用いて分析する。この分析では、65歳までの継続雇用体制の3タイプのいずれかに該当する企業を対象とし、60歳定年制＋変化型の企業をリファレンス・グループとして、60歳定年制＋無変化型または65歳定年型の継続雇用体制を採ることと、各課題の指摘との関連を明らかにしていく。

　目的変数となる5つの課題の有無は、それぞれ回答があった場合を1、なかった場合を0とするダミー変数である。説明変数は、65歳までの継続雇用体制の3タイプのうち、60歳定年制＋無変化型、65歳定年型のいずれかに該当するか否かであり、該当する場合を1、該当しない場合を0とする。また統制変数として、業種と従業員規模を加えている。業種と従業員規模の変数としての扱いは、図表2-5に示した、60歳定年制＋無変化型、65歳定年型への該当の有無に関する、多項ロジスティック回帰分析における扱いと同様である。

　図表2-6が分析結果となる。ウェルビーイングに関する課題のうち「若・

図表 2-6　65 歳までの継続雇用体制と 60 代前半層の雇用における諸課題（二項ロジスティック回帰分析）

| | 従業員の Well-Being（ウェルビーイング）に関わるもの | | | | | | Organization Performance（組織業績）に関わるもの | | | | | | | | |
| | 若・壮年層のモラールが低下する | | | 高齢者の労働意欲が低い | | | 若年者が採用できず年齢構成がいびつになる | | | 人件費負担が増す | | | 高齢従業員の生産性が低い | | |
	B	S.E.	Exp(B)	B	S.E.	Exp(B)	B	S.E.	Exp(B)	B	S.E.	Exp(B)	B	S.E.	Exp(B)
【60 代前半の雇用体制 (ref. 60 歳定年制＋変化)】															
60 歳定年制＋無変化	-0.232	0.169	0.793	-0.589	0.113	0.555***	-0.086	0.084	0.918	-0.022	0.109	0.979	-0.157	0.121	0.855
65 歳定年制	-0.621	0.271	0.538*	-0.794	0.168	0.452***	-0.344	0.118	0.709***	0.098	0.138	1.104	-0.143	0.163	0.866
【従業員規模 (ref. 100 人未満)】															
100～299 人	0.041	0.170	1.042	-0.016	0.109	0.984	-0.027	0.082	0.974	-0.088	0.106	0.916	-0.004	0.117	0.996
300～999 人	0.244	0.233	1.276	0.390	0.144	1.477**	-0.378	0.131	0.685**	-0.049	0.156	0.952	-0.055	0.174	0.946
1,000 人以上	0.553	0.370	1.739	0.443	0.250	1.557†	-0.297	0.243	0.743	0.039	0.288	1.040	-0.243	0.343	0.785
【業種 (ref. サービス業)】															
建設業	0.476	0.354	1.610	0.452	0.247	1.572†	-0.100	0.184	0.905	0.163	0.253	1.177	-0.457	0.274	0.633†
機械・金属	0.594	0.306	1.811†	0.525	0.213	1.691*	0.176	0.155	1.192	0.332	0.218	1.394	-0.025	0.213	0.975
製造業（機械・金属以外）	-0.242	0.343	0.785	0.522	0.206	1.686†	-0.048	0.152	0.953	0.090	0.217	1.094	0.030	0.202	1.030
電気・ガス・水道・熱供給	0.441	1.063	1.554	1.135	0.600	3.110†	-0.822	0.762	0.440	-0.387	1.045	0.679	-0.667	1.043	0.513
情報通信	0.594	0.491	1.811	-0.095	0.429	0.910	-0.964	0.369	0.381**	0.800	0.321	2.226*	-0.366	0.422	0.694
運輸	0.246	0.370	1.279	0.351	0.251	1.420	0.319	0.170	1.376†	-0.013	0.258	0.987	-0.077	0.244	0.926
卸売・小売	0.508	0.296	1.663†	0.540	0.202	1.716**	-0.094	0.150	0.910	0.260	0.208	1.297	-0.149	0.204	0.862
金融・保険・不動産	-0.065	0.639	0.937	0.333	0.379	1.395	-0.490	0.333	0.613	0.472	0.364	1.604	-0.101	0.402	0.904
飲食・宿泊	0.238	0.462	1.268	0.396	0.305	1.487	-0.048	0.238	0.953	0.107	0.326	1.113	0.485	0.274	1.623†
医療・福祉	-0.402	0.333	0.669	0.193	0.205	1.213	-0.074	0.143	0.928	0.624	0.191	1.866***	-0.371	0.201	0.690†
教育・学習支援	-0.105	0.484	0.900	0.375	0.288	1.455	0.078	0.210	1.081	1.069	0.244	2.913***	-1.083	0.415	0.339**
定数	-3.182	0.278	0.042***	-2.184	0.185	0.113***	-1.161	0.130	0.313***	-2.340	0.184	0.096***	-2.069	0.177	0.126***
-2 対数尤度	1503.439			3033.694			4405.697			3055.673			2601.790		
Nagelkerke R2 乗	0.028			0.037			0.015			0.018			0.014		
N	4321			4321			4321			4321			4321		

注 1：†：p<0.10，*：p<0.05，**：p<0.01。B は非標準化係数、S.E. は標準誤差、Exp(B) はオッズ比を表す。
注 2：65 歳までの継続雇用体制に関する 3 タイプ（60 歳定年制＋変化型、60 歳定年制＋無変化型、65 歳定年型）に該当する企業を分析対象としている。
注 3：「業種」について「その他」と回答した企業は、分析の対象から除外している。

壮年層のモラールが低下する」という課題の指摘は、65歳定年型であることと統計的に有意な負の関係があり、60歳定年制＋変化型の企業に比べて、指摘される可能性が低くなることがわかる。65歳定年制企業は、高年齢従業員が60歳前後で仕事や役割が変わることがないため、より若い従業員のモラールを低下させるという可能性もあるが、むしろより高年齢に至るまで仕事や役割が変わらないという体制が、若・壮年層のモラールの低下を防いでいるのかもしれない。

　また、「高齢者の労働意欲が低い」という課題の指摘と、60歳定年制＋無変化型、および65歳定年型の継続雇用体制を採ることとは負の関係がある。60歳前後で仕事や役割が変わる60歳定年制＋変化型タイプに比べて、60歳前後で仕事や役割が変わらない60歳定年制＋無変化型や65歳定年型は、60代前半の従業員の労働意欲の低下を防ぐ可能性が高いことを確認できる。

　一方、組織業績に関わる課題の中では、「若年者が採用できず年齢構成がいびつになる」という課題の指摘と、65歳定年型であることとの間に、統計的に有意な負の関係が認められる。65歳定年制企業では60歳前後で仕事や役割が変わることなく、従来と同様に働く60代前半の従業員が多いために、企業が年齢構成のいびつさを感じにくい、あるいはいびつさを感じるような問題が生じにくいのかもしれない。また若年者を採用しており、年齢構成がいびつになるという懸念のない企業だからこそ、65歳定年制を採用しているとも考えられる。

　組織業績に関わる課題のうち「人件費負担が増す」、「高齢従業員の生産性が低い」という課題の指摘については、60歳定年制＋無変化型、65歳定年型であることとの間に統計的に有意な関係は見られなかった。60歳定年制＋無変化型、65歳定年型は、60歳前後で仕事や役割が変わらないため、60歳時点（定年時点）からの賃金の変化（下げ幅）も小さいと考えられるが、そうした体制を採る企業で人件費負担増の課題の指摘が増えるわけではない点は、留意しておいてよいと思われる。

76

第6節　結論

本章では、現在ほとんどの企業に普及・定着した「65歳までの継続雇用体制」について、その多様性に着目し、3タイプのあり方として整理した上で、タイプを分ける要因と考えられる、60歳以上の従業員の仕事・役割や賃金について企業が持つ評価・考え方との関連を分析した。また、60代前半層の雇用において各社が感じている課題を通じ、65歳までの継続雇用体制のあり方が、どのような効果・影響を生じさせているのかについて解明しようと試みた。

分析の結果、60歳定年を境に仕事上の責任や仕事の内容が変わる60歳定年制＋変化型の企業に比べ、60歳定年を境に仕事上の責任や仕事の内容が変わらない60歳定年制＋無変化型や、65歳定年型の企業では、60代以上の高年齢従業員の労働意欲の低下という課題が指摘されにくいことがわかった。また、若・壮年層のモラール低下という課題も、65歳定年型の企業では、60歳定年制＋変化型の企業に比べ、指摘されにくかった。

JILPT企業調査に回答した企業の中で最も多かったのは、60歳定年制＋変化型の企業であり、日本で活動する企業全体においてもおそらくこのタイプの企業が最も多いと考えられる。しかし、上記の分析結果は、企業内における60歳以上の従業員の増加や、若・壮年層が60歳以降の就業をより一層意識するようになることが予想される状況の下、従業員の 'well-being（ウェルビーイング）' という観点を踏まえると、60歳定年を境に仕事上の責任や仕事の内容が変わらない、60歳定年制＋無変化型や65歳定年型を採用する必要性が高まることを示唆している。

65歳までの継続雇用体制として、60歳定年制＋無変化型や65歳定年型を採用する必要性が高まっているのだとすれば、本章で行った、65歳までの継続雇用体制としての各タイプへの該当を左右する要因についての分析結果は、60歳定年制＋無変化型や65歳定年型を採用する際の要件につながると思われる。この分析において、60代前半の従業員が担当する仕事・役割についての企業の考え方の面で、60歳定年制＋変化型と、それ以外の2タイプとを分けていたのは、技能やノウハウの継承に対する姿勢であった。60

歳定年制＋無変化型や 65 歳定年型に該当する可能性は、技能やノウハウの継承に対し、特に配慮はしないという企業でより高くなった。

　60 歳以上の従業員の役割として多くの企業で指摘されることが多い、技能やノウハウの継承は、企業の事業継続を考えた場合にもちろん重要な事項ではあるが、この役割の強調により、60 歳以上の高年齢従業員が、定年（60 歳）を挟んで同じ仕事内容・役割を継続し、長く働く機会が狭められている可能性があることを、上記の分析結果は示している。そして、継承する価値のある技能やノウハウが求められる仕事・役割であれば、より若い世代へ継承していくための取組み・体制と共に、その仕事・役割を担当してきた従業員が、より長く、60 歳以降もそうした仕事・役割を担い続けられる取組みや体制もまた必要なのではないかという、問題提起へとつながっていく。例としては、技術環境・社会環境の変化に適応するためのスキルアップやリスキリング（職業能力の再開発）を実現するための能力開発の取組みや体制の整備を挙げることができる。

　また、60 歳定年制＋無変化型、65 歳定年型へとつながっていく、賃金面についての企業の考え方は、60 歳以上の従業員の賃金は、その従業員自身の仕事や役割、あるいは働きぶりについての評価に基づくべきで、賃金原資の年齢層間・世代間配分といった企業の都合に左右されるべきものではないというものであった。この分析結果を踏まえると、60 歳定年制＋無変化型や、65 歳定年型の実施においては、60 歳以上の従業員の賃金を、仕事内容や評価に即して決定していくための制度や人事管理上の姿勢が必要になると考えられる。また、このことは日本国内の多くの企業で今も続けられていると推測される、定年を境とした評価・処遇制度の「一国二制度」（今野 2014）状態を解消し、「シームレス」な評価・処遇制度を構築・運営していく必要性を高めているとも言えるだろう。

　ただ、60 歳以上の従業員の仕事や責任を変えることなくより長期にわたる活躍を期待し、そのための取組みや体制の推進により、60 代前半層を対象とした人的資源管理における課題はより軽減されることが見込まれるが、高年齢従業員の加齢に伴う、より若い従業員へのスキル・知識などの「継承」や、高年齢従業員自身の仕事・役割の「縮小」、仕事からの「引退」に、

勤務先企業が対処していく必要は残り続ける。60 代前半層の位置づけの変化や、70 歳までの就業継続を念頭に置いた時、これらの問題に対処していくための、60 歳定年制＋変化型にかわる体制・取組みを模索・検討していく必要性が高まっていると言える。

第3章

65 歳までの継続雇用体制と雇用ポートフォリオ
―高年齢者の賃金に対する仕事と雇用形態の影響―

第1節　問題意識

　人口減少を背景として年齢にかかわらず就業を継続できる生涯現役社会の構築が進められている。高齢法の改正により、2006 年より 65 歳までの雇用確保措置が義務化され、2013 年には原則希望者全員が継続雇用の対象となった。総務省『労働力調査』によれば、60〜64 歳の就業率は、2006 年の52.6% から 2020 年の 71.0% へ大幅に上昇しており、2006 年の法改正が 60代前半の就業率を上昇させたことが認められる（近藤 2014a）。2021 年 4 月より 65 歳から 70 歳までの就業機会の確保が努力義務となっている。

　公的年金の支給開始年齢が段階的に引き上げられ、高年齢期の生活保障における就業の役割が高まる中で、高年齢従業員の従事する仕事や賃金を企業がどのように配分するのかということが大きな課題となっている。日本企業の多くで定年は労働条件を変える区切りになっており、企業内における仕事や賃金の配分への影響が大きい。今野（2014）によれば、現役社員の賃金管理は長期雇用の中で成果と賃金が均衡する長期決済型になるが、長期的な育成対象ではない高年齢社員の賃金管理は、短期間で成果と賃金を均衡させる短期決済型になると考えられ、高年齢社員の賃金は仕事の現在価値で決定することが合理的になると指摘している。他方、実際の継続雇用者の基本給の決め方を見ると、60 歳時点の（＝過去の）基本給や職能資格・職位を基準とする企業の方が、現在の職種や仕事内容に応じて決める企業よりも多い（藤波・鹿生 2020）。

　藤波・大木（2011）によると、定年前の正社員と定年後の再雇用者では、仕事内容や労働時間の継続性は高いが、報酬管理の継続性が低い傾向にある。山田（2009）も継続雇用後の賃金を最高時の 4 割以上削減している企業が半数にのぼることを指摘している。藤本（2017）は、労働政策研究・研修

機構が 2015 年に実施した『高齢者の雇用に関する調査』のデータから、60歳定年制を採用する企業において、継続雇用者の仕事内容で最も多く見られるケースを集計し、「定年前（60 歳頃）とまったく同じ仕事」と回答した無変化型、「定年前（60 歳頃）と同じ仕事であるが、責任の重さが変わる」責任変化型、「定年前（60 歳頃）と一部異なる仕事」および「定年前（60 歳頃）とまったく異なる仕事」（0.8％）と回答した業務変化型に類型化している。その上で藤本（2017）は 60 代前半の給与額（平均的水準）が無変化型、責任変化型、業務変化型の順に高いことを見出している。

　以上の先行研究から、高年齢者の賃金を考える上でポイントの一つとなるのは、定年年齢と定年前後の仕事の継続性であることが示唆される。本章では、両者を要素とする高年齢者の継続雇用体制の類型を構築し、高年齢者の賃金との関連を検討することにしたい。

　報酬管理の継続性の低さを説明する要因は定年前後の仕事の継続性のほかに何が考えられるだろうか。例えば生産性の低い労働者が定年後に増加するという構成効果（compositional effect）による説明が考えられる。Kondo（2016）は 2006 年の高齢法の改正後に 60 歳に到達した高年齢者の賃金が減少したことを明らかにし、この賃金減少には、生産性が等しい労働者の真の賃金減少に加えて、法改正前には雇用されなかった生産性の低い労働者が継続雇用の義務化によって雇用されるようになったことが反映されている可能性を指摘している。

　本章で着目したいのは、定年に伴い雇用形態を正規雇用から非正規雇用に切り替えて再雇用する慣行により、非正規雇用の労働者が定年後に増加するという構成効果である。高齢法では、企業に「定年制の廃止」「65 歳までの定年の引上げ」「65 歳までの継続雇用制度の導入」のいずれかの雇用確保措置を講じるよう義務づけている。厚生労働省『高年齢者の雇用状況』によると、2020 年における従業員 31 人以上の企業が実施している 65 歳までの雇用確保措置は「継続雇用制度の導入」が 76.4％、「定年の引上げ」が 20.9％、「定年制の廃止」が 2.7％ となっており、多くの企業が継続雇用制度の導入によって高年齢者の雇用を確保している。継続雇用制度の主流は定年でいったん退職して新たな雇用契約を結ぶ再雇用制度である。

定年制の廃止や定年年齢の延長ではなく、継続雇用制度の導入によって高年齢者の雇用を確保する企業が多い理由として、定年制の廃止や定年年齢の延長が生産性を上回る賃金の負担を企業に課すため、新たに雇用契約を結び直すことで、定年到達者の雇用形態や仕事内容、賃金を柔軟に再設定することが可能になることが考えられる。その一方、高年齢者を戦力化する企業においては、高年齢者を正規雇用として継続雇用する企業が多いだろう。仕事の継続性に加えてこうした高年齢者の「雇用ポートフォリオ」も高年齢者の賃金に影響している可能性がある。

　以上の問題意識から、本章では 2019 年に実施された「JILPT 企業調査」を用いて、定年前後における仕事や雇用形態の継続性が高年齢者の賃金に与える影響を検討する。2 節で定年制や継続雇用体制、組織の柔軟性などの理論および先行研究を整理する。3 節では継続雇用体制と雇用ポートフォリオに関する類型を構築し、その特徴を把握する。4 節ではこれらの類型と高年齢者の賃金の関連を多変量解析で分析し、5 節で結論を述べる。

第 2 節　先行研究と理論

　日本企業のように年齢が上がるほど賃金が高くなる賃金プロファイルと定年制が存在する理由を整合的に説明する理論として Lazear（1979）が提示した後払い賃金モデルがある。このモデルでは、労働者の働きぶりを事後的に把握して解雇することができるという仮定の下で、勤続年数が短い時は生産性を下回る賃金を支払い、勤続年数が長くなると生産性を上回る賃金を支払うことで、労働者に長期勤続するインセンティブを与えることができることが示される。生産性を上回る賃金をいつまでも支払うことはできないので、企業はある年齢で雇用契約を打ち切る必要があり、これが定年制の存在する理由となる。定年制の廃止や定年年齢の引き上げは生産性を上回る賃金を支払う時期を延ばすため、こうした取組みを実施する企業は損失が生じないように賃金プロファイルを見直す必要に迫られると予想される。

　定年年齢と賃金に関する実証研究にはこうした理論的予測を支持するものが多い。Clark and Ogawa（1992）は定年年齢が高い企業の方が勤続に伴う

賃金上昇が緩やかになっていることを指摘している。また、Kimura, Kura-chi and Sugo（2019）によれば、定年延長には賃金プロファイルをフラットにする効果がある。山田（2019）は定年年齢が60歳の企業と61歳以上の企業の賃金プロファイルを比較し、定年年齢が61歳以上の企業では賃金プロファイルの傾きが緩やかであり、60代前半の賃金下落率が小さいことを指摘している。

　定年前後の仕事の継続性が高いほど賃金が高くなる傾向（藤本 2017）については Becker（1975）の人的資本理論によって説明することが可能である。定年まで会社で積み上げた企業特殊人的資本を活用するのであれば、同じ会社で同じ仕事を継続させるのが合理的である。山田（2000）の研究によれば、再雇用・勤務延長されずに別会社に再就職した場合、定年後も同じ会社で再雇用される場合や出向・転籍から戻り元の会社で働いている場合と比べて約19%の賃金減少となる。再就職によって賃金が減少する理由の一つは企業特殊人的資本が他社で評価されず失われたことであろう。梶谷（2021）も2015年に実施された企業調査である『高年齢者の雇用に関する調査』のデータを分析し、定年前後で仕事内容の変化が大きい企業ほど60代前半の賃金が低くなることを明らかにしている。

　定年前後の雇用形態の継続性が企業によって異なることを理解する際、参考になるのは柔軟な企業（flexible firm）モデルである（Atkinson 1984; Atkinson and Meager 1986; 島貫 2017）。柔軟な企業モデルは労働者を中核グループ、周縁グループ、外部グループに分けて内部・外部労働市場に配置し、各グループに異なる柔軟性を求める人材活用戦略のことである。機能的柔軟性（functional flexibility）は中核的な従業員を迅速かつ円滑に様々な業務に配置することであり、環境変化への質的な対応力を意味する。日本の文脈では職務や勤務地、労働時間を柔軟に変更する正規雇用（無限定正社員）の働き方が該当する。数量的柔軟性（numerical flexibility）は短期的な労働需要の変化に雇用量や労働時間を対応させることであり、量的対応力を意味する。有期雇用やパート・アルバイト、労働者派遣、請負などの活用が挙げられよう。金銭的柔軟性（financial flexibility）は支払能力と労働費用の連動性を強化することであり、業績に連動した報酬体系を通じて従業員間の賃

金に格差を設けるといった方法がある。

　柔軟な企業モデルからは、企業における高年齢者の雇用形態の違いは、企業が高年齢者に求める柔軟性の違いを反映していると考えることができよう。嘱託・契約社員など非正規雇用として再雇用される従業員が多い企業では、高年齢者に機能的柔軟性を求めているわけではない。一般に非正社員は仕事内容や期待役割、責任の範囲などが異なることを理由に、正社員とは異なる報酬体系の下で処遇されており、定年到達者を非正社員にすることで賃金総額を抑えることが可能である。この場合の賃金減少は定年到達者の雇用形態の変更によって達成されるため賃金制度を抜本的に見直す必要性は低いと考えられる。

　定年制を維持する継続雇用制度では採用・配置・異動の仕組みを大きく変更する必要がない。この点も利用する企業が多い理由であろう。日本の企業は新卒者を正社員として採用し、能力の伸長に応じて仕事や報酬を企業内で配分する。こうした内部労働市場（Doeringer and Piore 1985＝2007）では、退職や異動で発生した仕事の空席（vacancy）を別の従業員が引き継ぎ、新たに生じた仕事の空席をさらに別の従業員が引き継いでいく（White 1970; Sørensen 1983; Granovetter 1992）。定年退職は仕事の空席を発生させる起点であり、定期的な採用や配置・異動の維持に不可欠である。

　これまで日本企業は正社員と非正社員を組み合わせて活用する人材活用戦略を推し進めてきた。そうした人材活用戦略が広く知られるようになったきっかけは、1995年に日本経済団体連合会（日経連）が発表した「新時代の『日本的経営』」という報告書である。日経連はこの報告書の中で、長期蓄積能力活用型、高度専門能力活用型、雇用柔軟型という3つのグループに労働者を分ける「雇用ポートフォリオ」を提起した。雇用ポートフォリオが提起された背景の一つには、従業員構成の高年齢化によって給与や賞与、退職金、厚生年金などの労働費用が増加していたことがある（連合総研 2014）。日経連の雇用ポートフォリオ論の射程は高年齢者の雇用調整にとどまるものではないが、その背景に従業員の高年齢化と労働費用の増加があったことは、高年齢者の賃金を雇用ポートフォリオの観点から検討することの意義を示しているだろう。

第3節　継続雇用体制と雇用ポートフォリオ

　本章では65歳までの継続雇用体制の多様性を定年前後における仕事・責任の継続性と定年年齢によって整理した本書第2章の分類に依拠して分析を進める。図表3-1は定年年齢が60歳と回答した企業と65歳と回答した企業において60代前半の従業員の仕事内容で最も多いケースを整理したものである。60歳定年企業で最も多い回答は「定年前（60歳頃）と同じ仕事であるが、責任の重さが軽くなる」で46.1％を占めている。これは役職から外れて定年前と同じ業務を行うケースであろう。次に多いのが「定年前（60歳頃）とまったく同じ仕事」であり36.5％を占めている。「定年前（60歳頃）と一部異なる仕事」や「定年前（60歳頃）とまったく異なる仕事」のように、定年後に仕事が変わるケースは合わせて7％と少数にとどまる。65歳定年企業で最も多いケースは「定年前（60歳頃）とまったく同じ仕事」であり68.0％を占めている。定年年齢を65歳に延長した企業では60歳頃から仕事内容や責任を変えない企業が多いことがわかる。

　以上の定年年齢と仕事の継続性を組み合わせることで、回答企業の継続雇用体制を3つのタイプに分類する。60歳定年企業で「定年前（60歳頃）とまったく同じ仕事」と回答したケースを60歳定年制＋無変化型とする。60歳定年企業で「定年前（60歳頃）と同じ仕事であるが、責任の重さが軽くなる」「定年前（60歳頃）と一部異なる仕事」「定年前（60歳頃）とまったく異なる仕事」と回答したケースは60歳定年制＋変化型と呼ぶ。65歳定年企業では「定年前（60歳頃）とまったく同じ仕事」が7割を占めることから、これを65歳定年型とする。

図表3-1　定年年齢と定年前後の仕事の継続性

（単位：%）

	N	定年前(60歳頃)とまったく同じ仕事	定年前(60歳頃)と同じ仕事であるが、責任の重さが軽くなる	定年前(60歳頃)と同じ仕事であるが、責任の重さが重くなる	定年前(60歳頃)と一部異なる仕事	定年前(60歳頃)とまったく異なる仕事	その他	無回答
60歳定年制企業	4,213	36.5	46.1	0.4	6.4	0.6	0.7	9.3
65歳定年制企業	1,033	68.0	14.4	0.4	3.6	0.2	0.4	13.1

高年齢者の雇用ポートフォリオに関しては、高年齢者を中核グループとして内部労働市場に配置している程度と考え、60代前半の継続雇用者全体に占める正社員のおおよその割合（以下、正社員割合）を用いて回答企業を4つのタイプに分類した。図表3-2は、正社員、嘱託・契約社員、パート・アルバイトが、60代前半の継続雇用者全体に占めるおおよその割合を示したものである。まず、正社員不在型（0%）は60.9%と過半数を占めている。典型的なケースは定年到達者を一律に嘱託・契約社員として再雇用するケースであろう。次に、正社員が半数未満のタイプ（1%〜49%）は7.1%、半数以上のタイプ（50%〜99%）は10.2%となっている。これらの企業では正社員として働く高年齢者と非正社員として働く高年齢者が混在しており、高年齢者における雇用形態の異質性が高い。積極的に雇用ポートフォリオを導入している企業だと考えられる。最後に全員が正社員のタイプ（100%）は21.9%となっている。60代前半の高年齢者を中核グループとして位置づけている企業だと考えられ、65歳定年企業に多いタイプであろう。

図表3-3からは継続雇用体制と雇用ポートフォリオの関連がうかがえる。正社員不在型は60歳定年制＋変化型で最も多く、65歳定年型で最も少ない。60歳定年制＋無変化型は中間に位置する。また、全員正社員型は60歳

図表 3-2　60 代前半の継続雇用者に各雇用形態が占めるおおよその割合

（単位：%）

	N	0%	1%〜49%	50%〜99%	100%
正社員	4,860	60.9	7.1	10.2	21.9
嘱託・契約社員	4,852	40.5	6.8	13.2	39.5
パート・アルバイト	5,017	78.3	13.1	6.2	2.4

注：それぞれの雇用形態を非選択とした企業の割合を 0% としている。

図表 3-3　継続雇用体制別の正社員割合

（単位：%）

	正社員不在	半数未満	半数以上	全員正社員	合計
60 歳定年制＋変化型	80.2	6.5	4.8	8.5	2,125
60 歳定年制＋無変化型	60.0	6.1	10.4	23.5	1,408
65 歳定年型	10.8	8.9	22.5	57.9	548
合計	63.9	6.7	9.1	20.3	4,081

定年制＋変化型で最も少なく、65歳定年型で最も多い。60歳定年制＋無変化型はここでも中間的な位置にある。正社員が半数未満・半数以上のタイプは、65歳定年型、60歳定年制＋無変化型、60歳定年制＋変化型の順に高くなっており、65歳定年型の中に高年齢者の雇用形態を多様化させている企業が多いことがわかる。

　上記の継続雇用体制や雇用ポートフォリオの類型はどのような企業にあてはまるのか。業種や企業規模との関係を確認しておくことにしよう。図表3-4は継続雇用体制と正社員割合を組み合わせた類型の構成比を業種・企業規模別に集計したものである。集計の際に正社員が半数未満のタイプと半数以上のタイプはまとめている。

　どの業種でも、60歳定年制＋変化型かつ正社員不在型の比率が最も高く、全ての業界においてマジョリティとなっている。このタイプで、集計企業全体より5％ポイント以上高い比率の業種は、輸送用機械器具製造業、電気機械器具製造業、その他の製造業、電気・ガス・熱供給・水道業、卸売小売業、金融・不動産業などである。反対に5％ポイント以上低い比率の業種は建設業、運輸業、医療福祉である。建設業や運輸業は60歳定年制＋変化型かつ全員正社員型や65歳定年型かつ全員正社員型の比率が高い業種でもある。これらの業種では定年年齢にこだわらず高年齢者を中核グループとして位置づける企業が多いと言える。

　企業規模との関連を見ると、いずれの規模でも、60歳定年制＋変化型かつ正社員不在型の比率が最も高く、大企業ほど比率が高くなる傾向がある。また、どのような継続雇用体制のタイプであっても、全員正社員型の比率は規模の低い企業ほど高い。中小企業では高年齢者を中核グループとして戦力化していることがわかる。

　定年年齢や仕事の継続性の違いによって企業の給与水準はどの程度異なっているだろうか。図表3-5は各年齢の平均給与月額（以下、平均月収）を算出し、継続雇用体制が異なる企業ごとの賃金プロファイルを示したものである。調査票のF5(2)①と②では初任給の平均月収の実額（単位：万円）と初任給を100とした時のおおよその指数を尋ねている。ここから各年齢の平均月収を算出し、平均月収分布の上位・下位1％を削除して用いている。

図表 3-4　業種・企業規模別に見た各類型の構成

（単位：%）

	60歳定年制＋変化型			60歳定年制＋無変化型			65歳定年型			N
	正社員不在	半数未満・半数以上	全員正社員	正社員不在	半数未満・半数以上	全員正社員	正社員不在	半数未満・半数以上	全員正社員	
建設業	_34.5_	2.5	7.4	20.1	6.7	14.8	1.1	1.8	11.3	284
一般機械器具製造業	46.5	11.8	6.3	16.7	3.5	9.0	0.7	2.1	3.5	144
輸送用機械器具製造業	52.6	3.5	2.6	27.2	2.6	7.0	0.0	0.9	3.5	114
精密機械器具製造業	43.0	7.5	8.6	19.4	3.2	10.8	0.0	1.1	6.5	93
電気機械器具製造業	53.5	6.3	3.2	19.7	7.1	5.5	0.0	1.6	3.2	127
その他の製造業	52.8	5.8	5.8	18.9	2.9	6.8	1.2	0.7	5.1	587
電気・ガス・熱供給・水道業	68.8	6.3	0.0	_6.3_	6.3	12.5	0.0	0.0	_0.0_	16
情報通信業	48.8	1.2	2.3	27.9	2.3	7.0	1.2	0.0	9.3	86
運輸業	_28.4_	2.0	3.7	21.1	8.4	13.0	1.7	6.7	15.1	299
卸売・小売業	50.5	5.5	4.7	21.1	3.2	7.6	1.6	1.9	3.9	634
金融・保険業	67.4	_0.0_	7.0	_9.3_	2.3	_2.3_	2.3	2.3	7.0	43
不動産業	_34.2_	7.9	2.6	23.7	7.9	7.9	2.6	5.3	7.9	38
飲食業・宿泊業	40.7	7.3	4.1	20.3	4.1	5.7	1.6	8.1	8.1	123
医療・福祉	_29.1_	7.9	3.1	23.1	8.8	8.7	1.2	8.6	9.7	784
教育・学習支援業	41.4	6.8	4.3	16.1	8.0	3.7	2.5	3.7	13.6	162
サービス業	40.6	6.0	3.3	20.1	6.2	5.0	2.4	7.6	8.8	419
その他	52.4	_0.0_	0.0	28.6	4.8	4.8	4.8	0.0	4.8	21
合計	42.0	5.8	4.4	20.7	5.6	8.1	1.4	4.2	7.8	3,974
100人未満	_36.5_	5.4	6.3	19.3	5.8	11.8	1.7	3.5	9.8	1,803
100～299人	44.7	5.2	3.3	23.0	5.1	6.5	1.2	4.3	6.7	1,583
300～999人	49.0	9.7	1.9	18.8	6.6	_2.1_	1.0	6.2	4.7	516
1,000人以上	55.7	6.5	3.2	17.7	4.8	_0.8_	1.6	4.8	4.8	124
合計	41.9	5.9	4.5	20.6	5.6	8.1	1.4	4.2	7.8	4,026

注：集計企業全体の比率（「合計」）より5%ポイント以上高い比率は網掛けし、5%ポイント以上低い比率は斜字にした上で下線を施している。

　60歳直前までは、変化型の傾きが大きく、60歳定年制＋無変化型と65歳定年型を上回っている。両者の差は40歳頃から拡大し、60歳直前において平均月収で約3万円の差がある。60代前半の下落幅は60歳定年制＋変化型が最も大きく、60歳直前と比べて10万円ほど平均月収が減少する。60歳定年制＋変化型ほどではないが60歳定年制＋無変化型も60歳直前から60代前半に平均月収が減少している。60代前半の平均月収は変化型が26.3万円、60歳定年制＋無変化型が27.6万円であり、それほど大きな差が生じているわけではない。65歳定年型に関しては、60代前半の平均月収は60歳直前と

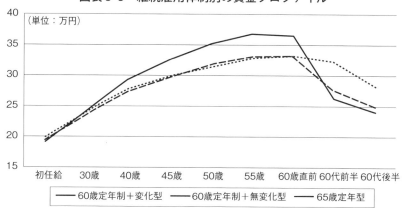

図表 3-5　継続雇用体制別の賃金プロファイル

図表 3-6　継続雇用体制別に見た高年齢者の賃金に対する考え方

(単位：%)

	高齢期だけでなく若年期も含めた全体としての賃金制度として考えるべき	雇用確保のために再雇用するのだから、賃金が低下しても構わない	現役世代の賃金が下がるので、高年齢者の賃金を下げても構わない
60 歳定年制＋変化型	58.4	25.0	35.1
60 歳定年制＋無変化型	65.3	18.9	26.2
65 歳定年型	73.8	14.3	21.8
合計	63.1	21.2	30.0

注：調査では各項目について「そう思う」「ややそう思う」「どちらともいえない」「あまりそう思わない」「そう思わない」から１つを選択させている。ここでは「そう思う」と「ややそう思う」と回答した割合を示している。

同水準であり、60 代後半に減少を見せる。

　本章で使用する調査では、フルタイムで定年前と同じ仕事をしている高年齢者の賃金に対する考え方（以下、高年齢者の賃金に対する考え方）を質問しているので、これを用いて賃金プロファイルの背景にある企業の考え方を把握しておく（図表3-6）。「高齢期だけでなく若年期も含めた全体としての賃金制度を考えるべき」という考え方を支持する企業の割合は 60 歳定年制＋変化型で最も低く、65 歳定年型で最も高くなっている。この結果は賃金プロファイルと整合的に理解することができる。すなわち、60 歳定年制＋変化型において定年到達後の賃金が大幅に減少するのは、このタイプには高

年齢者の賃金を他の年齢層の賃金体系と切り離して考える企業が多いためであり、逆に65歳定年企業で若年・壮年期の賃金の傾きが低い理由は、このタイプには定年延長を見越した賃金制度を構築している企業が多いためだと考えることができる。「雇用確保のために再雇用するのだから、賃金が低下しても構わない」および「現役世代の賃金が下がるので、高年齢者の賃金を下げても構わない」という考え方については60歳定年制＋変化型で支持する割合が最も高く、60歳定年制＋無変化型が続き、65歳定年型で最も低い。いずれも賃金プロファイルの傾向と矛盾しない結果だと言えよう。

　次に雇用ポートフォリオの違いによって企業の給与水準がどの程度異なるのかを確認しておこう。図表3-7は正社員割合別の賃金プロファイルを示している。60歳直前までは、正社員不在型と全員正社員型の傾きが大きく、半数未満と半数以上のタイプを上回っている。正社員不在型と半数未満型の差は60歳直前で約2万円である。60歳直前から60代前半にかけての下落幅は正社員不在型が最も大きく、60歳直前と比べて9万円ほど平均月収が減少している。半数未満型は約6万円、半数以上型と全員正社員型は約4万円の減少となっている。正社員割合が高いほど60代前半における平均月収の減少が少ないことがわかる。図表3-7からは雇用形態の継続性、ここではどの程度の高年齢者を正社員として雇用し続けているかということは、高年

図表 3-7　雇用ポートフォリオ別の賃金プロファイル

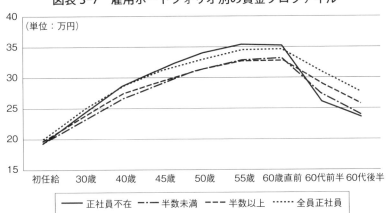

図表 3-8 雇用ポートフォリオ別に見た高年齢者の賃金に対する考え方

(単位：%)

	高齢期だけでなく若年期も含めた全体としての賃金制度として考えるべき	雇用確保のために再雇用するのだから、賃金が低下しても構わない	現役世代の賃金が下がるので、高年齢者の賃金を下げても構わない
正社員不在	59.5	23.9	33.3
半数未満	66.8	19.2	28.9
半数以上	69.3	18.4	26.4
全員正社員	68.6	15.6	24.0
合計	63.0	21.2	30.3

注：調査では各項目について「そう思う」「ややそう思う」「どちらともいえない」「あまりそう思わない」「そう思わない」から1つを選択させている。ここでは「そう思う」と「ややそう思う」と回答した割合を示している。

齢者の平均賃金の差を説明する可能性が示唆される。

　雇用ポートフォリオによる賃金プロファイルの違いについても高年齢者の賃金に対する考え方との対応を整理しておこう。図表3-8によると「高齢期だけでなく若年期も含めた全体としての賃金制度を考えるべき」という考え方は正社員割合が低いほど支持する割合が低くなっている。この結果は高年齢者を非正規雇用として再雇用することで賃金制度全体を見直す必要性が低くなると解釈することが可能であり、賃金プロファイルにおける60歳直前と60代前半の落差を説明している。「雇用確保のために再雇用するのだから、賃金が低下しても構わない」および「現役世代の賃金が下がるので、高年齢者の賃金を下げても構わない」という考え方に関しては、正社員割合が低いほど支持する割合が高い。正社員割合が低いタイプほど60代前半の賃金水準が低いことに対応する結果である。

第4節　継続雇用体制と雇用ポートフォリオが平均月収に与える影響

　前節での検討から、定年年齢を65歳に設定する企業や仕事の継続性が高い企業ほど、60代前半の平均月収が高い傾向が見出された。また、継続雇用者に占める正社員割合が高く、雇用形態の継続性が高い企業ほど60代前半の平均月収が高くなる傾向が明らかになった。ただし、これらの結果は業

種や企業規模など賃金に影響しうる企業属性を統制したものではない。本節では、様々な企業属性を統制した上でも継続雇用体制と雇用ポートフォリオが60代前半の平均月収と関連しているのかを検討する。

　図表3-9は前節で用いた60代前半の平均月収を対数変換したものを目的変数として最小二乗法[1]で推定した結果である。モデル1では、継続雇用体制に加えて、60代前半の継続雇用者の賃金水準を決定する際に最も重視している点、60代前半層に対する評価制度の導入状況、労働組合や常設的な労使協議機関の有無、正社員の中で最も多い学歴、正社員の平均勤続年数、企業規模、業種、立地地域の指標として平成30年度の地域別最低賃金ランクを説明変数として投入している。モデル2は正社員割合をモデル1に追加投入している。

　モデル1における継続雇用体制を見ると、60歳定年制＋無変化型は4.5％、65歳定年型は20.8％、60歳定年制＋変化型よりも平均月収が高くなっている。60歳定年企業より65歳定年企業の賃金水準が高いことは、定年年齢を延長した企業は60代前半の賃金減少が少ないという先行研究の指摘や賃金後払いモデルと整合的な結果である。その一方で、60歳定年制＋変化型に対する60歳定年制＋無変化型の回帰係数は65歳定年企業に比べるとかなり小さく、定年前後で同じ仕事を継続しているか否かが60代前半の賃金を大きく説明するわけではない。

　正社員割合を統制したモデル2では継続雇用体制の賃金への影響に興味深い変化が見られる。すなわち、60歳定年制＋変化型と65歳定年型の回帰係数が小さくなり、60歳定年制＋変化型と60歳定年制＋無変化型の差は統計的に有意ではなくなっている。これはモデル1で見られた継続雇用体制の効果の一部は、高年齢者の雇用形態の構成を反映したものであることを示している。この結果が示唆しているのは、同じ仕事を継続する高年齢者の雇用量より、正社員として雇用される高年齢者の雇用量の方が平均賃金の差を説明する可能性があるということである。

　正社員割合に関しては、正社員不在型と比べて、半数未満型は5.3％、半

1　最小二乗法の説明は、序章第5節 -5(2)を参照。

図表 3-9　60代前半の対数月収に対する最小二乗法の推定結果

	モデル1		モデル2	
	B	S.E.	B	S.E.
継続雇用体制（基準：60歳定年制＋変化型）				
60歳定年制＋無変化型	0.045	0.017**	0.026	0.017
65歳定年型	0.208	0.025**	0.135	0.028*
60代前半の継続雇用者に正社員が占める割合（基準：正社員不在）				
半数未満			0.053	0.030†
半数以上			0.072	0.028**
全員正社員			0.124	0.022**
賃金水準決定の際に最も重視している点（基準：60歳到達時の賃金水準）				
業界他社の状況	-0.121	0.036**	-0.120	0.036**
担当する職務の市場賃金・相場	-0.020	0.034	-0.023	0.033
自社の初任給水準	-0.120	0.053*	-0.121	0.053*
自社所在地域の最低賃金	-0.208	0.044**	-0.201	0.044**
個人の知識、技能、技術	-0.013	0.018	-0.015	0.018
退職金の受給状況	0.151	0.134	0.097	0.134
在職老齢年金の受給状況	-0.156	0.057*	-0.151	0.056**
高年齢雇用継続給付の受給状況	-0.121	0.043**	-0.125	0.043**
その他	-0.062	0.040	-0.063	0.040
60代前半層の評価制度の導入状況（基準：導入済）				
検討中	-0.026	0.020	-0.033	0.020
予定なし	-0.047	0.018**	-0.051	0.018**
労働組合・労使協議機関（基準：なし）				
あり	-0.036	0.019*	-0.034	0.019†
正社員の最多学歴（基準：高卒）				
大卒	0.119	0.019**	0.129	0.019**
その他	0.121	0.032**	0.124	0.032**
正社員の平均勤続年数	-0.001	0.002	-0.002	0.002
企業規模（基準：中小企業）				
大企業	0.012	0.021	0.020	0.021
地域別最低賃金額（平成30年度）（基準：A）				
B	-0.109	0.020**	-0.113	0.020**
C	-0.146	0.020**	-0.149	0.020**
D	-0.205	0.023**	-0.208	0.023**
業種（基準：建設業）				
一般機械器具製造業	-0.202	0.048**	-0.196	0.048**
輸送用機械器具製造業	-0.328	0.052**	-0.305	0.052**
精密機械器具製造業	-0.195	0.054**	-0.193	0.054**
電気機械器具製造業	-0.239	0.049**	-0.229	0.049**
その他の製造業	-0.214	0.034**	-0.201	0.034**
電気・ガス・熱供給・水道業	-0.283	0.127*	-0.281	0.126*
情報通信業	-0.109	0.063†	-0.098	0.063
運輸業	-0.172	0.040**	-0.164	0.039**
卸売・小売業	-0.182	0.034**	-0.172	0.033**
金融・保険業	-0.144	0.079†	-0.137	0.078†
不動産業	-0.144	0.085†	-0.142	0.084†
飲食業・宿泊業	-0.192	0.048**	-0.180	0.048**
医療・福祉	-0.245	0.035**	-0.241	0.034**
教育・学習支援業	-0.062	0.049†	-0.060	0.049
サービス業	-0.163	0.037**	-0.153	0.037**
その他	-0.093	0.119	-0.078	0.118
定数項	3.505	0.044**	3.484	0.043**
Number of Obs.	1903			
Adj R-squared	0.1764		0.1892	

注　†：p＜0.10、*：p＜0.05、**：p＜0.01。Bは非標準化係数、S.E.は標準誤差を表す。

数以上型は 7.2%、全員正社員型は 12.4%、平均賃金が高いという結果が得られており（半数未満タイプは 10% 水準の統計的有意性）、前節で確認した通り、高年齢者を正社員として中核グループに位置づける企業ほど平均賃金が高くなっている。

　その他の要因に関しては 60 代前半の継続雇用者の賃金水準を決定する際に最も重視している点について確認しておきたい。モデル 2 で見ると、60 歳到達時の賃金水準を最も重視すると回答した企業と比べた時、業界他社の状況は 12.0%、自社の初任給水準は 12.1%、自社所在地域の最低賃金は 20.1%、在職老齢年金の受給状況は 15.1%、高年齢雇用継続給付の受給状況は 12.5%、60 代前半の平均月収が低くなる。

　業界他社の賃金を最も重視する企業の平均月収が低くなる理由は何だろうか。業界他社の賃金が自社の賃金より低いとは限らないため解釈が難しいが、例えば、賃金の減少を正当化する理由として、賃金を減少させた同業他社のケースが利用されているのかもしれない。自社の初任給水準と自社所在地域の最低賃金を最も重視すると平均月収が低くなる理由に関しては、再雇用後の定年到達者を新入社員に準じて捉える企業は自社の初任給水準を適用し、外部労働力とみなす企業は最低賃金を参照しているものと推察される。

　在職老齢年金や高年齢雇用継続給付の受給状況を最も重視する企業でも平均月収が低下している。在職老齢年金の仕組みでは、65 歳未満で厚生年金の被保険者である場合、厚生年金の基本月額と給与・賞与の金額に応じて年金額の一部が支給停止となる。厚生年金の支給開始年齢は 65 歳へ段階的に引き上げられているため、引き上げが完了する 2025 年（女性は 2030 年）に在職老齢年金の対象者はいなくなる。高年齢雇用継続給付は、60 歳から 65 歳までの賃金が 60 歳時点の賃金の 75% 未満に低下した場合、賃金の低下率に応じて受け取ることができる。これらの仕組みがあることで企業は賃金の低下を高年齢者に受け入れさせやすくなる。上記の分析結果にはそのことが反映されていると考えられる。

　賃金水準を決定する際に最も重視している点は継続雇用体制や雇用ポートフォリオと関連しているだろうか。図表 3-10 はこれらの類型と賃金水準を決定する際に最も重視している点のクロス表であり、図表 3-9 で統計的に有

図表3-10　類型別に見た賃金水準を決定する際に最も重視している点の構成

(単位：%)

	60歳定年制＋変化型	60歳定年制＋無変化型	65歳定年型	継続雇用体制計	正社員不在	半数未満	半数以上	全員正社員	正社員割合計
業界他社の状況	5.0	5.8	7.0	5.6	5.3	3.6	7.6	6.4	5.6
担当する職務の市場賃金・相場	5.7	5.9	9.4	6.3	5.5	6.9	8.8	8.0	6.5
60歳到達時の賃金水準	38.3	41.2	24.9	37.5	39.4	33.9	31.3	32.9	36.9
自社の初任給水準	1.9	1.8	1.7	1.8	2.1	2.0	1.9	0.8	1.8
自社所在地域の最低賃金	3.3	3.3	5.9	3.7	3.6	4.3	5.0	3.2	3.7
個人の知識・技能・技術	34.4	35.2	44.7	36.1	33.6	41.8	37.9	40.3	36.0
退職金の受給状況	0.3	0.3	0.2	0.3	0.3	0.7	0.0	0.6	0.3
在職老齢年金の受給状況	1.7	1.8	1.5	1.7	2.1	1.0	1.0	1.7	1.8
高年齢雇用継続給付の受給状況	4.5	1.9	0.2	3.0	3.6	2.6	1.9	2.2	3.1
その他	4.9	2.7	4.5	4.1	4.6	3.3	4.7	3.8	4.4
合計	2,010	1,349	530	3,889	2,590	304	422	863	4,179

注：図表3-9で統計的に有意であった変数に網掛けをしている。

意であった変数に網掛けをしている。ここから高年齢雇用継続給付の受給状況を最も重視する企業は60歳定年制＋変化タイプや正社員不在タイプに多いことがわかる。ただし最も重視する企業は決して多くない。業界他社の状況、自社の初任給水準、自社所在地域の最低賃金、在職老齢年金の受給状況については、継続雇用体制や雇用形態の継続性との間に明確な傾向があるとは言い難い。

　企業計で見て回答企業が多いのは60歳到達時の賃金水準と個人の知識・技能・技術であり、それぞれ4割ほどを占めている。60歳到達時の賃金水準を最も重視する割合は、60歳定年企業や正社員割合の低い企業で高くなっており、個人の知識・技能・技術を最も重視する割合は反対に、60歳定年企業や正社員割合の低い企業で低くなっていることが読み取れる。

第5節　結論

本章では、定年年齢と定年前後の仕事の継続性および雇用形態の継続性に

着目し、60代前半の賃金とどのような関連が見られるかを分析した。定年年齢と仕事の継続性を組み合わせて①60歳定年制＋変化型、②60歳定年制＋無変化型、③65歳定年型という継続雇用体制の類型を設定し、雇用形態の継続性に関しては、継続雇用者に占める正社員割合を用いて①正社員不在型、②半数未満型、③半数以上型、④全員正社員型という雇用ポートフォリオの類型を設定した。

　分析の結果、60歳定年制＋変化型と比べて65歳定年型では60代前半の賃金が高く、定年年齢の延長が60代前半の賃金を増加させる可能性が示唆された。正社員割合を統制すると60歳定年制＋変化型と60歳定年制＋無変化型の差は見られず、定年前後に同じ仕事を継続することは60代前半の賃金上昇に結びつかない可能性がある。また、正社員割合が高い企業ほど60代前半の賃金が高く、高年齢者の雇用ポートフォリオと賃金の関連が示された。さらに、定年前後で仕事を変化させる企業や正社員割合が低い企業ほど、高年齢者の賃金低下に肯定的であり、若年期と高年齢期を統合的に捉える賃金制度の設計に消極的な考えを示していた。こうした類型間の考え方の違いは賃金プロファイルと整合的に理解することが可能である。

　分析で明らかになったことを踏まえ、最後に65歳以降の就業機会の拡大に向けた課題について述べたい。定年前と同じ仕事を継続することは人的資本活用の観点から合理的であり、希望すれば同じ仕事を継続できることは高年齢者の働く意欲を維持することにもつながるだろう。本章で提示した類型の60歳定年制＋無変化型や65歳定年型の継続雇用体制の普及が望まれる。

　ただし、現在の60歳定年制＋無変化型は正社員不在型の企業が最も多く、仕事の継続性の高さに対して雇用形態の継続性の低さが見られる。高齢法に継続雇用者の職務内容や労働時間、賃金に関する規定はないが、パートタイム・有期雇用労働法では、均等待遇を規定する9条において、職務内容や職務内容・配置の範囲が正社員と同じパートタイム労働者・有期労働者への差別的取扱いを禁止している。また8条（均衡待遇規定）では、職務内容（仕事内容・責任の範囲）、職務内容・配置の範囲、その他の事情を考慮して、正社員とパートタイム労働者・有期労働者との不合理な待遇差を禁止している。同じ仕事に対して異なる賃金を設定することは雇用形態を変更した場合

でも均等・均衡待遇の観点から依然として問題がある。差別や不合理な待遇差が生じるリスクは常に存在しており、今後も注視していく必要がある。

　高年齢雇用継続給付は育児・介護休業給付と同様に解雇や失業を防止する観点に基づき雇用保険から支出される給付金である。労働政策審議会では高齢法改正による65歳までの雇用確保の義務化などを踏まえ、段階的縮小や廃止を含めて制度のあり方が検討対象となっている（労働政策審議会雇用保険部会 2019）。もっとも、高年齢者の失業を防止し、65歳以降の雇用機会を確保する上では、給付対象を65歳から70歳に再設定した雇用継続給付の枠組みも検討に値する選択肢であろう。

　なお、2021年の高齢法改正では、65歳から70歳までの就業機会の確保が努力義務とされているが、そこでは、70歳まで継続的に業務委託契約を締結する制度の導入や、70歳まで継続的に①事業主が自ら実施する社会貢献事業、または②事業主が委託・出資等する団体が行う社会貢献事業に従事する制度の導入といった非雇用の就業確保措置（創業支援等措置）が新設されている。

　セカンドキャリアとして、専門性を活かした業務委託へ移行することや会社からNPO等へ活躍の場を移すことは、高年齢者、企業、地域社会にとって魅力的な選択肢になりうる。しかし、業務委託や有償ボランティアなどの雇用によらない働き方は原則として労働者性がなく、労働法の直接的な対象とならない。こうした就業確保措置に関しては、雇用によらない働き方に対する社会的保護のあり方の検討や、ボランティアを受け入れるNPOの経営環境の向上、労働条件の整備といったNPO政策との重複領域に位置づけるなど、高年齢者雇用政策と広義の社会政策との接続を構想していく必要があるだろう。

第4章　60代後半層の雇用についての分析と雇用機会拡大に向けての課題

第1節　はじめに～本章における分析の背景と分析課題～

　本章では60代後半層（65～69歳）の労働者を対象とした、企業の雇用体制および雇用の現状について分析・検討を行う。2019年に内閣府が発表した『経済財政運営と改革の基本方針2019』（以下、「骨太の方針2019」と記載）において、「全世代型社会保障への改革」の一環として、「70歳までの就業機会」の確保が政策目標として掲げられた[1]。高齢法の改正に基づく2006年からの年金受給開始年齢までの雇用確保措置の義務化により、「65歳までの継続雇用」が社会的に普及・定着する中、「骨太の方針2019」では、働く意欲のある高年齢者が、「人生100年時代」においてその能力を十分に発揮できる活躍の場を整備する必要性が唱えられるとともに、65歳までの雇用・就業機会の確保とは異なり、それぞれの高年齢者の特性に応じた活躍のため、取りうる選択肢を広げる必要があるという政府の考え方が示された（内閣府 2019：p.13）。

　「骨太の方針2019」ではさらに、70歳までの就業機会の確保実現に向けたスケジュールも打ち出された。同方針では、「第1段階の法制整備」として、70歳までの就業確保の方法として取りうる選択肢を法律に明示した上で、70歳までの就業確保を企業の努力義務とする規定を設けることが掲げられ、2020年の通常国会で法案の提出・成立を図るとされた（内閣府 2019：p14）。この「第1段階の法制整備」という構想に沿う形で、高齢法の改正が進められ、2020年2月に閣議決定、同年3月に国会で可決された。この

1　「骨太の方針2019」では、70歳までの就業機会の確保に向けた、より具体的な政策の工程表（ロードマップ）が示されたが、政府が70歳までの雇用・就業機会の確保を目指すこと自体は、2007年4月に発表された「高年齢者等職業安定対策基本方針」で、「70歳まで働ける企業」の普及・定着を目指すといった形などで、「骨太の方針2019」以前からも示されている。

改正高齢法は 2021 年 4 月 1 日より施行されている。

「骨太の方針 2019」に示されたように、改正高齢法は、「70 歳までの高年齢者就業確保措置」を、企業の努力義務として規定している。この「70 歳までの高年齢者就業確保措置」の内容は、①70 歳までの定年引上げ、②定年制の廃止、③70 歳までの継続雇用制度（再雇用制度・勤務延長制度）の導入、④70 歳まで継続的に業務委託契約を締結する制度の導入、⑤70 歳まで継続的に社会貢献事業に従事できる制度の導入となる。

上記のうち③については、65 歳までの雇用確保措置において認められていた「特殊関係事業主（子会社・関連会社等）」によるものに加え、特殊関係事業主以外の他社による継続雇用も可能となった。特殊関係事業主およびそれ以外の他社での継続雇用を実施する場合には、これらの事業主と継続雇用の対象となる高年齢者を雇用していた事業主との間で、高年齢者を継続して雇用する契約を結ぶ必要がある。④はいわゆる「フリーランス」として、高年齢者が勤続してきた企業・組織と新たに業務委託契約を結ぶことで就業継続を図るもの、⑤は高年齢者が勤続してきた企業や当該企業が委託・出資等を行う NPO などで、社会貢献事業に従事するという形で就業継続を図るものであり、いずれも雇用とは異なるため、「創業支援等措置」として規定されている。④⑤の「創業支援等措置」の導入にあたっては、事業主が計画を策定した上で、従業員の過半数を代表する労働組合・労働者代表の同意を得て周知する必要がある。

また「骨太の方針 2019」には、さらに「第 2 段階の法制整備」として、企業名公表による実施の担保や義務化に向けた法改正を検討すると記されている。この「第 2 段階の法制整備」の際は、2013 年の高齢法改正と同様に、健康状態が良くない、出勤率が低いなどで労使が合意した場合について、就業確保措置の適用除外とする規定を設けることも検討するとされている（内閣府 2019：p.14）。

「骨太の方針 2019」に示された構想や、高齢法の 2021 年改正の内容から、今後は 70 歳までの雇用・就業の継続が、政策的・社会的な課題として、徐々に大きく取り上げられるようになると予想される。ただ、70 歳までの高年齢者就業確保措置が努力義務化されたとはいえ、現状、65 歳以降の雇

用・就業については、60〜65歳までの継続雇用のように、強力に規制されているわけではない。この状況の下で、65歳以降の継続雇用について各企業がどのような体制を採っているのか。それぞれの体制の下で実際に65歳以上の従業員を雇用しているのか。また、65歳以降の継続雇用に関する体制や、65歳以上の従業員の雇用の有無を左右しているのは、どういった要因か。これらについて明らかにしていくことは、今後の「65歳までの継続雇用」から「70歳までの雇用・就業の継続」への移行に向けて、必要な取組み・体制についての検討に寄与すると考える。

　以下、本章では次のような構成で、企業における65歳以降の継続雇用体制と雇用の実態を分析していき、70歳までの雇用・就業継続の普及・定着に向けて必要な取組みや体制整備について考察する。第2節では65歳以上の雇用についての既存の調査研究や65歳以上の雇用に影響を与えうる現行の諸制度を概観し、65歳以降の継続雇用体制や、65歳以上の従業員の雇用を左右する要因について検討する。その上で第3節で、本章における分析の考え方・フレームワークを示す。分析においては、これまでの各章でも用いられてきた「JILPT企業調査」のデータセットを使い、第4節で65歳以降の継続雇用体制の現状と、各社の継続雇用体制を左右する要因について明らかにしていく。次いで第5節で、65歳以降の継続雇用体制やその他の事項が、実際の65歳以上の従業員の雇用の有無に影響を与えているのかについての分析を行う。第6節では分析結果から得られる、今後の取組みや体制整備に向けたインプリケーションについて検討していく。

第2節　65歳以降の雇用を左右する要因の探索

1 65歳以上を対象とした雇用と雇用体制に関わる先行研究

　2006年の雇用確保措置の義務化以降、企業で実施されてきた、65歳以上の従業員を対象とした雇用や人事労務管理については、次のような調査・研究成果がある。

　藤本（2010）は、2008年にJILPTが実施した企業アンケート調査の結果を基に、65歳より先の雇用確保を行っている企業について分析を行った。

アンケートでは、回答企業全体の約4分の1にあたる893社が「65歳より先の雇用確保措置を既に実施している」と答えていたが、その半数弱の417社は、定年年齢65歳以下かつ継続雇用制度の上限年齢も65歳以下であり、65歳より先の雇用確保措置を既に実施している企業の中ではこのケースが最も多かった。つまり、65歳から先の雇用確保措置を実施している企業の中では、65歳から先の雇用について定めた人事制度を特に設定していない企業が最も多かったこととなる。藤本は、65歳より先の雇用確保措置を既に実施している企業の多く（6～7割）が、措置を実施する理由として「高齢者でも十分活躍できる」、「戦力となる高齢者を活用する必要性」を挙げている点に着目し、65歳より先の雇用は、実際に自社に在籍している、65歳以降も戦力となる見込みの高い個々の高年齢者を雇用するために行われており、そのために制度的な措置を伴わないことが多いのではないかと推測している。また、65歳から先の雇用確保措置を検討している企業の半数近くが、定年制度や継続雇用制度に関わる仕組み以外で企業の実情に応じて働くことができる何らかの仕組みによって、65歳から先の雇用確保を実現しようとしているという調査結果から、65歳以上の従業員の雇用は、制度に従ってというよりは、個々の企業や従業員の状況に応じて実施されていくケースが多い点は変わらないのではないかという見通しを示している。

　鹿生・大木・藤波（2016）は、2013年に高齢・障害・求職者雇用支援機構が実施した企業アンケート調査を分析し、65歳を超えた雇用を推進する企業の人事労務管理における特徴を明らかにしている。分析によると、65歳を超えた雇用を推進するための制度を導入する企業は、65歳までの雇用確保措置を講じている企業に比べて、①高年齢者の能力向上を志向し、②役割や教育訓練は、高年齢者の自律性を尊重して決定する、といった特徴を持つ。65歳を超えた雇用を推進する企業の人事労務管理において、なぜこうした特徴が生じるのかについて、鹿生たちは定年後の雇用期間に着目して解釈している。65歳を超えて雇用する場合、65歳までの雇用確保措置をとる場合に比べて、定年後の雇用期間が長くなるため、企業側は戦力化を図る期間が長くなる。そのため能力向上に力を入れる。能力向上は、また就業意欲を高く維持するための施策でもある。一方で定年後の雇用期間が長くなるこ

とにより、能力や体力、キャリアの見通しにおける個人差が生じやすくなる。そこで一律に企業の要請に高年齢者を適合させる方法を採ると、高年齢者のニーズが充たされず、能力も活かされないということになりかねない。こうした事態を避けるために、企業は役割や教育訓練に関する高年齢者の要望を把握し、高年齢者の自主性を尊重しながら、交渉と調整を行いつつキャリア管理（「すりあわせのキャリア管理」）を進めていく。

　鎌倉（2016）は、2015年にJILPTが実施した企業アンケート調査に基づき、65歳以降の就業可否に関する企業の体制を左右する要因について分析を行った。この研究では、65歳以降の就業可否に関する企業の体制が、①65歳以降の就業は認めない（全員不可群）、②希望者のうち企業による基準に該当した者の就業を認める（該当者のみ群）、③希望者全員の65歳以降の就業を認める（全員可能群）の3つに分類され、該当者のみ群をリファレンス・グループとして、全員可能群および全員不可群への該当可能性を高くする/低くする要因について、多項ロジスティック回帰分析による検証がなされている。

　分析の結果、全員可能群への該当可能性を高める統計的に有意な要因は、定年がない、および定年年齢65歳以上の定年制が採用されていることであった。また、50歳の正社員が50代後半でどの程度会社に在籍し続けているかという「50代後半時残存率」がより高い企業は、全員可能群への該当可能性がより低くなった。一方、全員不可群への該当可能性を高める要因は、従業員数、全従業員に占める正社員率、平均的な従業員の60歳前後の賃金下落率で、これらはいずれもより大きい企業ほど、全員不可群への該当可能性が高まる。反面、全従業員に占める60〜64歳の比率がより高いこと、労働組合や労使協議機関が存在すること、全年齢で一貫した賃金制度を設けようとする意識がより高いこと、60代前半において60歳頃との仕事の同一性がより高いことは、全員不可群への該当可能性を有意に低下させていた。

２ 高年齢者の雇用に関連する制度の影響
〜在職老齢年金制度と高年齢雇用継続給付〜

　65歳以降の雇用および雇用体制に関する既存の調査研究は、企業の人員

構成や人事労務管理制度の状況に焦点を当てているが、60歳以上の高年齢者の雇用や雇用体制に影響を与えうる事項として看過できないのは、年金など高年齢者を対象とする公的給付制度の存在である。

　高年齢者の雇用・就業に関わる公的給付制度としては、雇用保険を財源とする高年齢雇用継続給付と、公的年金制度の一環である在職老齢年金制度を挙げることができる。このうち、60歳到達等時点に比べて賃金が一定割合以上低下した高年齢従業員に対して、高年齢者の就業意欲を維持、喚起する目的で給付される高年齢雇用継続給付は、60歳以上65歳未満を対象としており、65歳以上の雇用者に対しては給付されない。

　一方、60歳以上の雇用者が受け取ることができる老齢厚生年金の支給を、賃金と年金額に応じて、一部または全額停止するという在職老齢年金制度は、65歳以上にも適用される。年金の基本月額（＝月々に受け取る予定の年金額）と総報酬月額相当額（＝その月に受け取る賃金を基に決定された標準報酬月額＋その月以前の12か月に受け取った賞与を基に決定された「標準賞与額」÷12）の合計額が47万円を超えた場合に、47万円を超えた金額分の半分が、基本月額から差し引かれる。ただし、65歳以上で受け取ることができる老齢厚生年金の定額部分については、全額支給される。

　高年齢従業員を対象とした企業の人事労務管理に対する公的給付制度の影響について、山田（2007）は、2006年にJILPTが実施した企業アンケート調査のデータセットを用い、公的給付制度の活用による賃金・年収水準の調整が、定年後の継続雇用に与える影響を分析している。その結果、年収水準の保障のために企業が活用する公的給付の額が増加するほど、継続雇用を希望する従業員のうち企業が雇用する比率が高まることが明らかとなった。また浜田（2010）は、2008年にJILPTが実施した企業アンケート調査のデータセットを用い、企業による在職老齢年金、高年齢雇用継続給付の活用が、60代前半の賃金に与える影響について分析した。浜田の分析によれば、企業による在職老齢年金、高年齢雇用継続給付の活用は60代前半の実際の賃金を低下させるが、留保賃金（＝労働者が就業してもよいと考える賃金水準）を低下させるほどには低下させない。こうした結果から浜田は、在職老齢年金、高年齢雇用継続給付が企業による賃金引き下げによってその効果を

相殺されてしまうことはなく、小川（1998）や樋口・山本（2002b）が、雇用確保措置義務化の前のデータで確認した、支払賃金の低下によって労働需要の増加をもたらす雇用補助金としての効果があるとする。在職老齢年金制度の活用による支払賃金の減額は雇用者を対象とする調査からも確認でき、高山・白石（2017）は、2012年に実施した56〜69歳の男性1,253人を対象とするアンケート調査から、60〜64歳で厚生年金保険に加入していた在職者の80%前後が、総報酬月額＋年金受給月額の合計額を28万円以下[2]に調整し、減額なしで年金を受給していたという知見を得ている。

　以上の、高年齢従業員を対象とした企業の人事労務管理に対する公的給付制度の影響についての調査・研究成果は、いずれも60代前半層を対象とする人事労務管理への影響について明らかにしている。ただ、60代前半層を対象とする人事労務管理に及ぶ影響の内容は、60代後半層の雇用や雇用体制に及ぶ影響を考える上でも参考となる。例えば、65歳以上になると、前述の通り高年齢雇用継続給付の適用対象から外れ、また在職老齢年金制度による調整が行われるようになるのも、総報酬月額＋年金受給月額の合計額が47万円を超えてからと、調整実施の下限額が60〜64歳に比べてかなり上がるので、公的給付制度が企業による支払賃金を低下させる効果は薄れ、労働需要の増加をもたらすこともなくなるのではないかと考えられる。

第3節　本章における分析

　既存の調査研究の知見や公的給付制度の影響を検討していくと、60代後半層（65歳以降）の企業における雇用や雇用の体制を左右すると考えられる主な事項は、①人員構成に関する事項、特に従業員の年齢に関わるもの、②企業の人事労務管理に関する事項、③60代を対象とする公的給付制度への対応、の3つに分けられる。

　本章では、今後の企業における取組みや、あるいは政策上の取組みについ

2　ただし在職老齢年金制度の改定により、2022年4月からは、60歳以上65歳未満の在職老齢年金受給者についても、65歳以上の受給者と同様、基本月額と総報酬月額相当額との合計が47万円を超えた場合に、年金支給月額の調整が行われる。

ての検討を行うため、①の影響力をコントロールした上で、②や③がどのように、企業における60代後半層の雇用や雇用体制を左右しているのかについて、分析・考察を試みる。既存の調査研究成果を踏まえると、②に該当する事項としてはさらに詳しく、a. 定年制や継続雇用制度のあり方、b. 60代従業員の賃金の設定、c. 60代従業員の意向を把握したり、会社側の意向との調整を行ったりする機会の設定・運用、d. 60代の従業員または60歳になる（少し）前の従業員に対する能力開発（研修）、など、60代の従業員を対象とした各種施策を挙げることができるだろう。また、60代前半層の雇用や雇用体制を対象とした調査・研究ではしばしば影響が指摘される、e. 60歳到達前の従業員を対象とした賃金のあり方（年齢－賃金カーブなど）[3] も含めて検討すべきであると考える。

**図表 4-1　60代後半層の雇用体制と雇用の有無の分析
〜本章におけるフレームワーク〜**

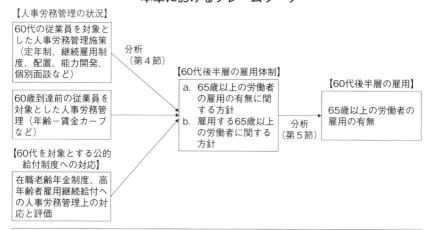

3　山田（2007）では、1歳ごとの賃金上昇率がより低い、つまり年齢－賃金カーブの傾斜がより緩いと、定年延長が実施される可能性がより高くなることが明らかにされており、藤本（2012）は、継続雇用後の賃金水準がより高い企業において、年齢－賃金カーブの傾斜がより緩くなっているという知見を得ている。また藤本（2017）は、60歳定年の後、従業員に60歳直前と同様の仕事を担当させている企業においては、60歳直前と責任や仕事の内容を変えている企業に比べて、年齢－賃金カーブの傾斜が緩くなっていることを示している。これらの知見を総合すると、60歳以降、従業員の仕事や処遇を維持しようとする企業においては、年齢－賃金カーブの傾斜が緩くなっていると言え、65歳以降の雇用体制や雇用の有無にも影響を与えている可能性がある。

図表 4-1 に本章における分析のフレームワークを示した。本章ではまず、上記の②や③に該当する事項のうちどの事項が、60 代後半層の雇用体制を左右しているのかについて分析・検討する。ここでいう「60 代後半層の雇用体制」とは、65 歳以降の従業員を雇用するか否かといった点や、雇用する場合にはどの程度の範囲の従業員を雇用するのかといった点についての、企業の方針を意味する。続いて、この 60 代後半層の雇用体制が、65 歳以上の従業員の実際の雇用の有無にどのようにつながっているのかについて、分析・検討していきたい。

第 4 節　60 代後半層の雇用体制を左右する要因

1　60 代後半層の雇用体制

　図表 4-2 は、JILPT 企業調査に回答した企業の、60 代後半層を対象とする雇用体制（雇用の有無および雇用の範囲に関する方針）について集計した結果である。JILPT 企業調査では 60 代後半層の雇用体制について、「65 歳以降は働くことができない」、「65 歳以降は希望者のうち基準に該当した者のみ働くことができる」、「65 歳以降も希望者全員が働くことができる」という 3 つの選択肢を挙げ、その中から 1 つを選ぶ形で企業から回答を得ている。

　回答企業全体で見ると、「65 歳以降は働くことができない」という企業は 17.3％ で、8 割以上の企業は雇用者が 65 歳以降も自社で働くことを認めている。ただ、自社で働くことを認めている企業の約 4 分の 3（回答企業全体の 58.0％）は、65 歳以上の希望者のうち、基準該当者が働くことができるとしている。この点は、2008 年の企業アンケート調査の分析を基に藤本（2010）が指摘した、65 歳より先の雇用は、実際に自社に在籍している、65 歳以降も戦力となる見込みの高い個々の高年齢者を雇用するために行うという、企業の基本的な傾向が、2019 年時点でも続いている可能性を示唆する。

　60 代後半層の雇用体制における傾向は、業種によって大きな違いがある。情報通信業や金融保険業は、「65 歳以降は働くことができない」という企業が半数を超え、他の業種に比べて、65 歳以降は自社で働くことを認めない

図表 4-2　60 代後半層を対象とする雇用体制

(単位：%)

	n	65 歳以降は働くことができない	65 歳以降は希望したら基準該当者は働くことができる	65 歳以降も希望者全員が働くことができる
回答企業計	5891	17.3	58.0	21.8
【業種】				
建設業	382	_7.1_	66.8	24.9
一般機械器具製造業	188	21.3	63.3	_14.4_
輸送用機械器具製造業	151	19.9	57.6	21.9
精密機械器具製造業	117	20.5	60.7	18.8
電気機械器具製造業	152	26.3	56.6	13.8
その他の製造業	739	21.5	59.0	17.6
電気・ガス・熱供給・水道業	24	29.2	_41.7_	29.2
情報通信業	170	50.0	_36.5_	_5.9_
運輸業	468	_8.5_	56.2	32.9
卸売・小売業	843	24.1	58.1	_14.9_
金融・保険業	56	60.7	_37.5_	_1.8_
不動産業	60	20.0	_48.3_	23.3
飲食業・宿泊業	235	_8.9_	57.9	30.6
医療・福祉	1140	_7.4_	62.7	27.6
教育・学習支援業	241	28.6	56.8	_13.3_
サービス業	706	16.4	54.8	25.4
【従業員規模】				
100 人未満	2771	16.5	55.5	24.8
100〜299 人	2131	16.5	61.3	20.5
300〜999 人	694	22.5	59.7	_16.4_
1,000 人以上	167	27.5	56.3	_13.2_
【正社員の平均年齢】				
30 歳未満	448	12.5	54.5	23.2
30 代	1632	24.8	55.8	15.7
40 代	3291	16.2	61.4	20.8
50 代	464	_5.8_	_48.5_	44.6
60 歳以上	56	_0.0_	_32.1_	62.5

注1：60 代後半層の雇用体制について無回答の企業の比率は記載していないため、各回答の比率の合計は 100% にはならない。

注2：網掛けをしている数字は、回答企業全体の比率より 5% 以上高いもの。斜字で下線を引いている数字は、回答企業全体の比率より 5% 以上低いもの。

傾向が目立って強い。これとは対照的なのが建設業、運輸業、飲食業・宿泊業、医療・福祉といった業種で、「65歳以降は働くことができない」という企業は1割未満にとどまる。一方で、「65歳以降も希望者全員が働くことができる」という回答の比率は、「65歳以降は働くことができない」という企業の比率がとりわけ低い運輸業、飲食・宿泊業、医療・福祉で他業種に比べて高くなっており、3割前後に達している。

　従業員規模との関係を見ると、「65歳以降は働くことができない」という回答の比率は、従業員規模がより大きい企業ほど高まる傾向にある。反面、「65歳以降も希望者全員が働くことができる」という企業の比率は、より規模の大きい企業ほど低下する。

　正社員の平均年齢の高低による傾向の相違は、平均年齢30歳未満から40代までの集計グループ間でははっきりとしないが、平均年齢50代以上の集計グループでは非常に顕著となる。平均年齢50代および60歳以上の企業では、「65歳以降は働くことができない」および「65歳以降は希望者のうち基準に該当した者のみ働くことができる」という企業の比率が、平均年齢40代までの企業に比べて大きく低下し、「65歳以降も希望者全員が働くことができる」企業の比率が大きく上昇する。65歳以上の希望者全員が働くことができる企業の比率は、平均年齢50代の企業では回答企業全体における比率の約2倍（44.6％）、平均年齢60歳以上の企業では同じく約3倍（62.5％）に達する。

２　60代後半層の雇用体制を左右する要因についての分析

　60代後半層の雇用体制を左右する要因については、既に述べた通り、①企業の人事労務管理の状況、②60代を対象とする公的給付制度への企業の対応・評価が、どのように影響を及ぼしているのかに着目して、分析・検討を行う。

　60代後半層の雇用体制に影響を及ぼすと考えられる企業の人事労務管理の状況は、さらに、a. 60代の従業員を対象とした人事労務管理の状況と、b. 60歳に到達する前の従業員を対象とした人事労務管理の状況に分けることができる。60代の従業員を対象とした人事労務管理の状況としては、ま

ず、本書第2章で分析の対象とした65歳までの継続雇用体制の3タイプ（「60歳定年制＋変化型」、「60歳定年制＋無変化型」、「65歳定年型」[4]）を取り上げる。第2章で説明した通り、この3タイプは定年制の状況と、60歳前後での仕事の変化の有無を基に構成されており、鎌倉（2016）でも明らかにされたように、60代後半層の雇用体制に影響することが考えられるからである。以下の分析では、この3タイプのいずれかに該当する企業（JILPT企業調査に回答した企業の76.0％に相当）を対象とし、3タイプの中で最も多い「60歳定年制＋変化型」と比べて、「60歳定年制＋無変化型」または「65歳定年型」の継続雇用体制を採ることが、60代後半層の雇用体制にどのような影響を及ぼしているのかを見ていく。

　また、60代の従業員を対象とした人事労務管理としてさらに、個別面談等の機会設定の有無、60代前半の従業員に対する評価制度導入の有無、60代での継続雇用を円滑に進めるための能力開発（研修）実施の有無も分析の対象とする。能力開発については、JILPT企業調査では、60歳になる前に実施しているか否かを尋ねているが、60歳以降の継続雇用に関わるものとして尋ねているので、ここでは60代の従業員を対象とした人事労務管理の一環として取り扱う。これらは鹿生・大木・藤波（2016）が、65歳以降の雇用推進を図る上で、言い換えると定年（60歳）以降の雇用期間がより長くなることを念頭に置いた際に、必要性が増すと捉えた、能力開発の推進や戦力化、働く高年齢者と企業との意向との「すり合わせ」に向けての人事管理施策である。

　60歳に到達する前の従業員を対象とした事項としては、既に述べたように各企業の年齢−賃金カーブの状況を示す事項、具体的には、60歳直前での平均的な月額給与を初任給と比べた場合の指数を取り上げる。指数の値がより低く、年齢−賃金カーブの傾斜がより緩やかであれば、60歳以降に大きな賃金や仕事内容の変更を行う必要がなくなり、より長期の、あるいはよ

4　「60歳定年制＋変化型」は60歳定年制を採用し、定年前後で従業員の責任や仕事が変化するというケースが最も多い企業であり、「60歳定年制＋無変化型」は、60歳定年制を採用し、定年前後で従業員の仕事が変わらないというケースが最も多い企業である。「65歳定年型」は、65歳定年制を採用し、60代前半の従業員の仕事の内容が、60歳時点と仕事が変わらないケースが最も多いという企業である。

り多くの従業員を対象とした雇用期間の延長が可能になると考えられる。また、60 歳に到達する前の従業員を対象とした事項としてはもう 1 つ、60 代前半の継続雇用のために、若年者・中年者の賃金水準を全体的に低下させるよう変更したか否かを分析の対象とする。JILPT 企業調査で尋ねているのは、60 代前半の継続雇用に向けての取組みとしての若・中年者の賃金水準の変更であるが、この取組みは、60 代後半の雇用まで視野に入れた取組みとしても捉えることができるからである。

　60 代を対象とする公的給付制度への企業の対応として、JILPT 企業調査では、在職老齢年金および高年齢雇用継続給付の支給対象者の賃金を調整しているか否かを尋ねており、60 代後半層の雇用体制を左右する要因についての分析では、この質問への回答結果を変数として組み入れる。在職老齢年金および高年齢雇用継続給付の支給対象者の賃金調整を行うことは、既存の調査・研究が明らかにしてきたように、60 代前半層に対する労働需要や雇用を拡大する効果はあると推測されるが、60 代後半層については必ずしもそうした効果があるとは言えないだろう。既に述べたように、65 歳以降は在職老齢年金の支給停止の対象となる、総報酬月額＋年金受給月額の合計額の下限がかなり上がるため（28 万円→47 万円）、65 歳以降従業員の実際の賃金や留保賃金を押し下げる効果はあまりないと考えられる。ただ、60 代前半層を対象として、在職老齢年金に関わる賃金調整が行われている企業では、60 代前半層の賃金がより抑えられる可能性があり、65 歳以降にその賃金が大幅に上昇するという事態は想定し難いため、結果として、65 歳以上の従業員を企業がより雇いやすくなることはありうるだろう。

　一方、高年齢雇用継続給付は 60～64 歳の雇用者を対象とした給付であり、この給付を受給する従業員の賃金を調整していた企業は、給付の対象から外れる 65 歳以上の労働者の雇用にはより消極的になるのではないかと仮定することができる。また高年齢雇用継続給付が 60 代前半層の雇用において果たしてきた機能がなくなることを企業が大きく評価し、その評価が 60 代後半の雇用体制に反映される可能性がある。JILPT 企業調査では、65 歳以上の労働者の雇用が高年齢雇用継続給付の対象から外れることについての評価を各企業に尋ねているので、その回答結果を、支給対象者の賃金調整とは別

に、変数として分析に加えた。

　ここまで説明した、企業の人事労務管理に関する事項、および 60 代を対象とする公的給付制度への企業への対応に関する事項は、分析においては全て説明変数として取り扱う。各変数の設定は図表 4-3 の通りである。

　また、前節で見た通り、60 代後半層の雇用体制における傾向は、業種や従業員規模、各企業の正社員の平均年齢によって大きく異なっており、これ

図表 4-3　60 代後半の雇用体制の要因に関する分析〜説明変数の扱い

変数の カテゴリー	変数	変数の設定方法
60 代の従業員を対象・念頭においた人事労務管理	65 歳までの雇用継続体制	各企業の 65 歳までの雇用継続体制を示す 3 タイプのうち、「60 歳定年制＋無変化型」、「65 歳定年型」に該当する場合には 1 を付与
	60 歳以上の従業員を対象とした個別面談等の実施	60 歳以降の雇用に関して、従業員との個別面談等の機会を設けている企業は 1、設けていない企業は 0
	60 代前半の従業員に対する評価制度の導入	60 代前半層を対象に評価制度を導入済みの企業は 1、導入済みでない企業は 0
	能力開発（研修）の実施	継続雇用を円滑に進めるため、60 歳になる前の従業員に能力開発（研修）を行っている企業は 1、行っていない企業は 0
60 歳到達前の従業員を対象とした人事労務管理	60 歳直前の平均的な給与月額の指数	60 歳直前の正社員の平均的な給与月額を、初任給を 100 として指数化した数値。各企業の回答をそのまま値とする。
	60 代前半の継続雇用を目的とした若・中年層の賃金水準の変更	60 代の継続雇用を目的として、近年、若・中年層の賃金水準を全体的に低下させたという企業は 1、それ以外の企業は 0
60 代の従業員を対象とした公的給付制度への対応・評価	在職老齢年金支給対象者の賃金を調整する度合い	支給額と同額を賃金で調整している企業は 2 点、支給額の一部を賃金で調整している企業は 1 点、調整はしていない企業は 0 点
	高年齢継続雇用給付支給対象者の賃金を調整する度合い	支給額と同額を賃金で調整している企業は 2 点、支給額の一部を賃金で調整している企業は 1 点、調整はしていない企業は 0 点
	65 歳以上は高年齢者雇用継続給付の対象ではないことが自社の 65 歳以上の雇用継続を阻害する度合い	「65 歳以降の雇用継続を阻害する大きな要因となった」と回答した企業は 2 点、「65 歳以降の雇用継続を阻害する要因の一つとなった」と回答した企業は 1 点、「影響はなかった」と回答した企業は 0 点

らの事項が60代後半層の雇用体制に大きく影響すると推測される。そこで
これらの事項については統制変数としてモデルに加えた。業種はサービス業
をリファレンス・グループとして、各業種に該当する場合に1をとるダミー
変数として、従業員規模は100人未満の企業をリファレンス・グループとし、100～299人、300～999人、1,000人以上のそれぞれに該当する場合に1
をとるダミー変数として設定した。正社員の平均年齢は、各企業からの回答
をそのまま値とする変数とした。さらに、従業員側の意見を集約・代表する
労使協議機関は、従業員の雇用機会に関わる65歳以降の雇用体制のあり方
に関心を寄せ、発言などを通じて何らかの影響を及ぼしていることが予想さ
れるため、「労使協議機関の有無」も統制変数とした。

　以下ではまず、雇用者が65歳以降働くことができるか否かを目的変数
（働くことができる＝1、働くことができない＝0）とした二項ロジスティッ
ク回帰分析[5]を行う。

　図表4-4に分析結果を示した。65歳までの継続雇用体制のタイプのうち、
60歳定年制＋変化型の企業と比べると、60歳定年制＋無変化型の企業であ
ること、また65歳定年型の企業であることは、65歳以降働くことができる
との間には0.1％有意水準で統計的に有意な正の相関があった。つまり、60
歳定年制＋無変化型および65歳定年型の企業では、60歳定年制＋変化型
の企業におけるよりも、65歳以降も働くことができる可能性が高くなる。

　また、60代従業員を対象としたり念頭に置いたりしている人事労務管理
施策には、65歳以降働くことができることと統計的に有意な関係を持つも
のはなく、60歳到達前の従業員を対象とした人事労務管理の中では、60代
前半の継続雇用のために若・中年の賃金水準を引き下げたことが、統計的に
有意な負の関係を持つ。60代前半の継続雇用のために若・中年の賃金水準
を引き下げることによって60歳以上の継続雇用がやりやすくなり、65歳以
降働くことができることとの間にも正の関係があるのではないかとも考えら
れたが、60代前半の継続雇用のために若・中年の賃金水準を引き下げる必
要があるということは、賃金原資に余裕がない、あるいは総額人件費管理が

5　二項ロジスティック回帰分析など、本章で用いている分析手法の簡単な説明は、序章第5節
　-5(2)を参照。

図表 4-4　65 歳以降働き続けることができることを左右する要因 （二項ロジスティック回帰分析）

	B	S.E.	Exp(B)
【65 歳までの雇用継続体制（ref.60 歳定年制＋変化タイプ）】			
60 歳定年制＋無変化タイプ	0.389	0.109	1.475***
65 歳定年制タイプ	1.270	0.218	3.560***
【60 代従業員を念頭・対象に置く人事労務管理】			
継続雇用のための研修の実施	-0.318	0.327	0.728
60 代従業員を対象とする個別面談等の実施	0.005	0.138	1.005
60 代前半層を対象とする評価制度の導入	-0.120	0.104	0.887
【60 歳到達前の従業員を対象とした人事労務管理】			
60 歳直前の給与月額（指数）	0.000	0.000	1.000
60 代前半の継続雇用のために若・中年の賃金水準を引き下げた	-1.032	0.573	0.356†
【60 代の従業員を対象とした公的給付制度への対応・評価】			
在職老齢年金支給対象者の賃金を調整する度合い	0.108	0.137	1.115
高年齢継続雇用給付支給対象者の賃金を調整する度合い	0.277	0.152	1.319†
65 歳以上は高年齢者雇用継続給付の対象ではないことが自社の 65 歳以上の雇用継続を阻害する度合い	-0.356	0.107	0.701**
【従業員規模（ref.100 人未満）】			
100〜299 人	-0.068	0.109	0.934
300〜999 人	-0.404	0.150	0.668**
1,000 人以上	-0.434	0.252	0.648†
【業種（ref. サービス業）】			
建設業	0.720	0.290	2.054*
機械・金属	-0.298	0.193	0.742
製造業（機械・金属以外）	-0.362	0.187	0.696†
電気・ガス・水道・熱供給	-0.509	0.610	0.601
情報通信	-1.570	0.302	0.208***
運輸	0.474	0.266	1.607†
卸売・小売	-0.376	0.184	0.686*
金融・保険・不動産	-1.059	0.294	0.347***
飲食・宿泊	0.682	0.356	1.979†
医療・福祉	0.913	0.215	2.491***
教育・学習支援	-0.885	0.245	0.413***
正社員の平均年齢	0.007	0.005	1.007
労使協議機関あり	-0.365	0.110	0.694**
定数	1.389	0.295	4.013***
-2 対数尤度		2785.891	
Nagelkerke R2 乗		0.149	
N		3317	

注 1：†：$p<0.10$、*：$p<0.05$、**：$p<0.01$。B は非標準化係数、S.E. は標準誤差、Exp(B) はオッズ比を表す。
注 2：定年年齢が 65 歳以下の定年制を採用している企業を分析対象とした。
注 3：「業種」について「その他」と回答した企業は、分析対象から除外した。

厳格といった状況であり、むしろ65歳以上の従業員を雇い続けることが難しいのかもしれない。

　60代の従業員を対象とした公的給付制度への対応・評価に関する事項の中では、高年齢雇用継続給付受給者の賃金の調整と、65歳以上が高年齢雇用継続給付の対象とならないことの評価が、65歳以降も働くことができることと統計的に有意な関係を持っていた。前者は正の関係で、調整の度合いが大きい企業ほど、65歳以降も働くことができる可能性が高いこととなる。高年齢雇用継続給付の受給に関連して60〜64歳層の賃金を調整している企業は、65歳以降の賃金も抑えられて雇用の意向が高まると考えられる。一方で後者は負の関係であり、65歳以上が高年齢雇用継続給付の対象とならないことが65歳以降の雇用に影響を与えていると考える度合いが強い企業ほど、65歳以降の雇用可能性が低下する。

　次に、65歳以降も働くことができるという企業を対象として、65歳以降働くことができる従業員の範囲を左右する要因についての分析を行った（図表4-5）。目的変数は、希望者全員を雇用するかどうか（希望者全員を雇用する場合に1、そうでない場合に0となるダミー変数）であり、図表4-4と同じく、二項ロジスティック回帰分析となる。

　こちらも65歳以降働くことができるか否かを目的変数とする分析同様、60歳定年制＋変化型と比べた場合に、60歳定年制＋無変化型、または65歳定年型であることと、65歳以上の希望者全員を雇用することとの間に統計的に有意な正の相関が認められる。特に65歳定年制との相関は有意水準0.1％で認められ、蓋然性が非常に高い。

　一方、60代従業員を念頭に置いたり対象としたりする人事労務管理施策のうち、60代従業員を対象とする個別面談等の実施と、60代前半層を対象とする評価制度の導入は、65歳以上の希望者全員を雇用することとは負の関係が認められた。これらの施策は、企業と従業員の意向を「すり合わせる」ための施策、あるいは戦力化のための施策として、65歳以降の雇用機会の拡大に貢献することが予想されたが、予想とは逆の分析結果となっている。「すり合わせ」の機会や評価の機会が、65歳以降も雇用し続ける従業員を評価・選抜する機会として機能しているのではないかと考えられる。また

図表 4-5　65歳以降雇用する従業員の範囲を左右する要因
（二項ロジスティック回帰分析）

	B	S.E.	Exp(B)
【65歳までの雇用継続体制（ref.60歳定年制＋変化タイプ）】			
60歳定年制＋無変化タイプ	0.215	0.107	1.240*
65歳定年制タイプ	0.601	0.135	1.824***
【60代従業員を念頭・対象に置く人事労務管理】			
継続雇用のための研修の実施	0.592	0.357	1.808†
60代従業員を対象とする個別面談等の実施	-0.557	0.111	0.573***
60代前半層を対象とする評価制度の導入	-0.199	0.105	0.819†
【60歳到達前の従業員を対象とした人事労務管理】			
60歳直前の給与月額（指数）	-0.001	0.000	0.999
60代前半の継続雇用のために若・中年の賃金水準を引き下げた	-0.964	1.079	0.381
【60代の従業員を対象とした公的給付制度への対応・評価】			
在職老齢年金支給対象者の賃金を調整する度合い	0.229	0.118	1.258†
高年齢継続雇用給付支給対象者の賃金を調整する度合い	-0.199	0.160	0.820
65歳以上は高年齢者雇用継続給付の対象ではないことが自社の65歳以上の雇用継続を阻害する度合い	-0.102	0.127	0.903
【従業員規模（ref.100人未満）】			
100～299人	-0.251	0.102	0.778*
300～999人	-0.389	0.163	0.678*
1,000人以上	-1.092	0.415	0.335**
【業種（ref. サービス業）】			
建設業	0.089	0.208	1.093
機械・金属	-0.033	0.196	0.967
製造業（機械・金属以外）	-0.056	0.187	0.945
電気・ガス・水道・熱供給	1.041	0.633	2.832
情報通信	-1.240	0.630	0.289*
運輸	0.159	0.202	1.173
卸売・小売	-0.348	0.193	0.706
金融・保険・不動産	-0.277	0.405	0.758
飲食・宿泊	0.101	0.272	1.106
医療・福祉	0.095	0.164	1.099
教育・学習支援	-0.362	0.301	0.697
正社員の平均年齢	0.005	0.005	1.005
労使協議機関あり	-0.135	0.121	0.874
定数	-0.758	0.274	0.469**
-2対数尤度		2883.124	
Nagelkerke R2乗		0.079	
N		2729	

注1：†：p＜0.10、*：p＜0.05、**：p＜0.01。Bは非標準化係数、S.E.は標準誤差、Exp(B)はオッズ比を表す。
注2：定年年齢が65歳以下の定年制があり、かつ65歳以降の従業員が働くことができる企業を分析の対象としている。

こうした分析結果は、藤本（2010）が指摘する、戦力として見込まれる個々の従業員に対して 65 歳以降雇用される機会を提供するという企業の考え方が、現在も継続していることを表していると思われる。

公的年金給付に関わる取組みでは、在職老齢年金受給者の賃金調整をより進めていることと、65 歳以上の希望者全員を雇用することとの間に統計的に有意な正の相関がある。在職老齢年金に関わる賃金調整が行われることにより、60 代前半層の従業員の賃金がより抑えられ、65 歳以降の雇用に対する負担感がより軽減しているものと考えられる。

第 5 節　60 代後半層の雇用体制と 65 歳以上の高年齢者の雇用

前節で要因について分析・検討してきた 60 代後半層の雇用体制は、65 歳以上の従業員を雇用するかどうかや、雇用の対象とする従業員の範囲についての方針として捉えることができる。この方針は、実際の 65 歳以上の労働者の雇用を左右しているだろうか。

JILPT 企業調査では、65 歳以降働くことを認めていない企業には、実際の 65 歳以上の労働者の雇用の有無を尋ねていないので、以下では 65 歳以降も働くことができる企業を対象に、65 歳以降働くことができる従業員の範囲の相違が、実際に 65 歳以上の労働者の雇用に影響を及ぼしているかを分析する。

図表 4-6 は、従業員規模、業種、正社員の平均年齢、労使協議機関の有無を統制変数とし、65 歳以降も希望者全員が働くことができることを説明変数として、実際に 65 歳以上の高年齢者が雇用されているか否かを目的変数とする、二項ロジスティック回帰分析を行った結果である。65 歳以降の希望者が全員働くことができることは、65 歳以上の高年齢者が雇用されることと 1% 水準で統計的に有意な正の関係があり、65 歳以上で雇用する従業員の範囲を絞ることなく、希望者全員を雇用する体制を持つことは、実際に 65 歳以上の労働者が雇用される可能性を上げている。

図表 4-6　60代後半層の雇用体制と 65 歳以上の高年齢者の雇用

	B	S.E.	Exp(B)
65歳以降の希望者が全員働くことができる	0.400	0.116	1.492**
【従業員規模（ref.100人未満）】			
100～299人	0.292	0.100	1.339**
300～999人	0.678	0.166	1.969***
1,000人以上	0.668	0.325	1.951*
【業種（ref. サービス業）】			
建設業	0.705	0.218	2.024**
機械・金属	0.345	0.183	1.411†
製造業（機械・金属以外）	0.623	0.182	1.865**
電気・ガス・水道・熱供給	0.330	0.781	1.391
情報通信	-1.017	0.291	0.362***
運輸	0.808	0.227	2.244***
卸売・小売	0.238	0.167	1.269
金融・保険・不動産	-0.491	0.317	0.612
飲食・宿泊	-0.138	0.227	0.871
医療・福祉	0.447	0.156	1.564**
教育・学習支援	0.583	0.278	1.791*
正社員の平均年齢	0.017	0.004	1.017***
労使協議機関あり	-0.025	0.116	0.975
定数	0.361	0.193	1.435†
-2 対数尤度	3147.078		
Nagelkerke R2 乗	0.054		
N	3671		

注1：†：p<0.10、＊：p<0.05、＊＊：p<0.01。B は非標準化係数、S.E. は標準誤差、Exp(B) はオッズ比を表す。
注2：定年年齢が 65 歳以下の定年制があり、かつ 65 歳以降の従業員が働くことができる企業を分析の対象としている。

第6節　結論

　本章では、65 歳以降の雇用や、60 歳以上を対象とする公的給付制度の影響に関する既存の調査・研究成果を踏まえて、65 歳以上の労働者の雇用についての企業の体制（65 歳以上の労働者を雇用するかどうかや、雇用する場合にはどのくらいの範囲の労働者を雇用するかといった点についての方針）を左右しうる要因について検討し、分析を行った。また、そうした企業の方針が、実際の 65 歳以上の労働者の雇用に影響を与えているのかについても検証した。

分析の結果、65 歳以上の労働者を雇用するか否かについての方針は、65歳までの継続雇用体制のあり方に左右されることがわかった。JILPT 企業調査で最も多くを占める、60 歳定年制を採用し、定年後に仕事上の責任や仕事の内容を変化させているタイプの企業（60 歳定年制 + 変化型）に比べ、60 歳定年制を採用し、定年後も仕事上の責任や仕事の内容が変わらないタイプの企業（60 歳定年制 + 無変化型）や、65 歳定年制を採用し、60 歳前後で仕事の内容や責任が変化しないタイプの企業（65 歳定年型）では、65 歳以降も働くことができる体制が採られる可能性が高い。

　60 歳以上を対象とする公的給付制度への対応・評価については、高年齢雇用継続給付を受給する従業員の賃金を調整する度合いがより高い企業ほど、65 歳以降も働くことができる確率が高くなった。また、高年齢雇用継続給付が 65 歳以上を対象としないことを、65 歳以上の労働者の雇用を行うにあたってより重く評価している企業ほど、65 歳以降の働くことができる可能性は低下した。

　65 歳以降も働くことができるという方針を持つ企業において、働くことができる従業員の範囲を希望者全員としていることに対しても、65 歳までの継続雇用体制のあり方が影響を与えており、60 歳定年制 + 変化型の企業に比べ、60 歳定年制 + 無変化型の企業および 65 歳定年型の企業は、希望者全員を対象とする可能性が有意に高くなる。一方、60 代従業員を対象とする個別面談等の実施と、60 代前半層を対象とする評価制度の導入は、働くことができる従業員の範囲を希望者全員としていることとの間に負の相関が認められた。これらの人事管理施策が、65 歳以降も雇用し続けたい従業員の選抜につながっていることをうかがわせる。公的給付に関する取組みでは、在職老齢年金支給に伴う賃金の調整が、65 歳以降働くことができる従業員の範囲についての企業の意向に影響しており、調整の度合いが大きい企業ほど、希望者全員が働くことができるとする傾向が高かった。

　65 歳以降雇用し続ける従業員を希望者全員とするか否かについての企業の方針は、実際の 65 歳以上の労働者の雇用にも反映されていた。希望者全員を雇用するという企業の方が、基準の該当者のみを雇用する企業に比べて、実際に 65 歳以上の労働者を雇用している確率が高まった。

　以上の分析結果を踏まえると、65歳以降の雇用機会の一層の拡大を目標に、65歳以降の雇用機会を設ける企業を増やしていこうとした場合に、あるいは65歳以降雇用され続ける従業員の範囲を拡大していこうとした場合に、まず着目すべきであるのは、65歳までの継続雇用体制であるという点である。65歳までの継続雇用体制が、60歳定年の後、仕事の内容や仕事上の責任を変えるという、60歳定年制＋変化型の企業では、65歳以降働き続けることができる体制は生まれにくいというのが本章における分析結果であるが、上述した通り、JILPT企業調査で最も多かったのは60歳定年制＋変化型に該当する企業であり、おそらく大企業を中心に、日本全体で見てもこのタイプの企業が最も多いのではないかと推測される。もしそうだとすれば、このタイプの企業の65歳までの継続雇用のあり方を、60歳定年後も仕事の内容を変えないという60歳定年制＋無変化型や、65歳定年制を採用し、60歳前後で仕事の内容を変えないという65歳定年型の継続雇用のあり方へと変えていくことが、65歳以降の雇用・就業機会の拡大に寄与するのではないかと考えられる。

　60歳定年制＋変化型から、60歳定年制＋無変化型および65歳定年型への移行への促進に必要な取組みを検討する上では、本書第2章の、各タイプへの該当を左右する要因についての分析から得られる示唆が多い。60歳定年制＋変化型と、それ以外の2タイプとを分けていたのは、60代従業員の担当する仕事・役割についての考え方の点では技能やノウハウの継承に対する配慮の有無であり、分析結果からは、60歳定年制＋無変化型および65歳定年型の継続雇用体制の実現に向けては、より若い世代への技能・ノウハウの継承よりも、高年齢従業員がそうした価値ある技能・ノウハウを発揮してより長く活躍できる体制・環境の整備が提起された。

　また、60代従業員の処遇についての考え方の点では、60歳以上の従業員の賃金は、その従業員自身の仕事や役割、あるいは働きぶりについての評価に基づくべきで、賃金原資の年齢層間・世代間配分といった企業の都合に左右されるべきものではないと考える傾向の強い企業が、60歳定年制＋無変化型および65歳定年型の継続雇用体制を採る傾向がより強かった。60歳のような節目の年齢を意識し、その年齢を反映することのない、従事する仕事

や役割、能力や実績の評価に基づいての処遇を、60代以上の従業員の処遇においても奨励し、定着させていくことが、65歳以降の雇用・就業機会の拡大にもつながっていくと考えられる。

　もう1つ、本章における分析結果で、65歳以降の雇用機会の一層の拡大を意図した場合に留意すべき点は、60代を対象とする公的給付制度の効果である。本章の分析では、高年齢雇用継続給付による賃金調整の度合いがより大きい企業ほど、65歳以降も働くことのできる体制を採っている可能性が高かった。また在職老齢年金受給者の賃金調整をより進めていることと、65歳以上の希望者全員を雇用することとの間には、統計的に有意な正の相関が見られた。これらの分析結果からは、65歳以降の雇用・就業機会を創設・維持・拡大するという観点からも、高年齢雇用継続給付など、高年齢従業員の賃金の節約につながる公的給付制度が今後も必要という結論も導かれうる。

　ただ、そうした公的給付制度の活用により拡大する65歳以降の雇用・就業体制がどのような性格を帯びるかを考えてみる必要がある。おそらく、公的給付制度の活用により拡大する雇用・就業体制は、より高い生産性を実現するための人的資源管理の考え方を基盤とするよりは、年金の支給開始までいかに高年齢者の生計の途を絶やさないようにするかという点に重きが置かれる「福祉的雇用」（今野 2014）の性格を強く持つと考えられる。こうした「福祉的雇用」が、今後日本で構築される社会的な福祉体制の一環として、広く社会に受け入れられるというならば、65歳以降を対象とした公的給付制度の新設・充実が求められる。しかし労働力人口の減少など日本全体の人的資源に関わる状況を踏まえると、「福祉型雇用」の対象としてではなく、雇用する企業の事業運営や付加価値の向上に欠かせない人材として、65歳以上の高年齢者の雇用拡大を図っていく必要があろう。

就労継続が促進される中の60代前半の就業理由
―55歳時に正社員であった男性に注目して―

第1節　はじめに

　少子高齢化に伴い、高年齢者の就労継続を促すための制度改革が行われている。一つは年金制度改革である。本章でも扱う「JILPT個人調査」の対象である2019年に70歳以下の男性（65歳以下の女性）では、老齢厚生年金の特別支給（60代前半での支給）の定額部分がなくなり、報酬比例部分も段階的に給付年齢が引き上げられている。また、定年制度改革もその一つである。2013年に改正法が施行された「高齢法」により、従来の定年の見直しや継続雇用制度の見直しが企業に求められるようになった。『労働力調査』によると、2019年の60～64歳、65～69歳、70～74歳の就業率は、2009年と比べそれぞれ13.3ポイント、12.2ポイント、10.4ポイント上昇している（内閣府 2020: p.23）。近年の高年齢者の就業率の上昇の一部は、これら年金制度改革や改正法の施行と無関係ではない。

　多くの高年齢者にとっては、制度改革により「生活のため」の就業の必然性は高まる。一方、高年齢者の就業には、社会保障の担い手としての「社会参加」と医療費抑制につながる「健康維持」が期待されているという（高年齢者雇用開発協会 2003）。本章の目的は、制度改革により従来と比べ就労継続の必然性が高まった60代前半（60～64歳）の高年齢者自身が、就業に何を求めているのか。どのような高年齢者が、就業に「生活のため」だけでなく「社会参加」や「健康維持」を見出すのかを2019年に実施された「JILPT個人調査」の就業理由の分析を通して明らかにすることである。

　第2節では、高年齢者の就業理由の計量分析に関する先行研究を概観する。第3節では、分析対象を55歳時に企業の正社員であり調査時点で就業している60代前半の男性とし、彼らの調査時点の就業理由の分布を紹介する。第4節では、潜在クラス分析により複数選択可能な就業理由の選択パ

ターンを要約し、それらと他の変数との関連を調べることで、どのような高年齢者がどのような就業理由を持ちやすいのかを明らかにする。第5節では、本章の分析結果をうけて、高年齢者の就労支援と資産格差について議論する。

第2節　先行研究

　本節では、高年齢者の就業理由について現在までにわかっていることをまとめる。渡辺（2017）は、ドイツやスウェーデンと比べ、日本やアメリカは経済的理由（収入が欲しいから）を就業理由に挙げる高年齢者（60歳以上の男女）の割合が高いことを国際比較データより紹介している。そして日本やアメリカでは、相対的に低い月収の高年齢者が多く、貧困に陥ることを回避するために働いている高年齢者が多いと推察されている。浅尾（2017）は、2014年「JILPT個人調査」のデータを用いて60代の高年齢者の就業理由を分析している。浅尾によると、60〜64歳・65〜69歳で男女ともに「経済上の理由」が就業理由として最も多いという。そして、65〜69歳の男性の集計では、貯蓄・年金額が多いほど「経済上の理由」を挙げる割合が減り、働く理由として「いきがい・社会参加」を挙げる割合が増えることが明らかにされている。以上より、日本で就業する高年齢者は、月収や年金などのフロー・貯蓄などのストックが少なければ就業理由として経済的理由を挙げやすいと言える。また、フローやストックの経済的要因とは別の要因と、高年齢者の就業理由との関連を分析している先行研究もある。小池（2021）は、働く理由として「生きがい」を挙げる高年齢者（60〜74歳の男女）ほど、今後も同じ業種・職種で変わらず働きたいと回答しやすいことを明らかにしている。

　就業理由の計量分析で注意を要するのは、本章で用いる「JILPT個人調査」も含め多くの調査票で就業理由は複数選択項目である点である。つまり就業理由として「経済上の理由」を選んでいる回答者が必ずしも「生きがい」を選んでいないわけではなく、これらを両方選んでいる回答者もいることを考慮しなければならない。Nemoto et al.（2020）は、経済的理由3つと

非経済的理由 3 つの計 6 つある就業理由の項目を選択パターンごとに、only financial（経済的理由のみ選択）、only non-financial（非経済的理由のみ選択）、both（両方選択）の 3 つに分けて分析を行っている。多変量解析の結果、65 歳以上の高年齢者で働く理由が "only financial" であれば、健康度が良好でないことが明らかにされた。本章でも「JILPT 個人調査」の就業理由（複数選択項目）を用いるが、回答者の選択パターンを考慮した分析を行う。

第 3 節　分析対象と就業理由の分布

1　分析対象

60 代前半の就業理由を分析する本章では、60〜64 歳の就業している高年齢者が分析対象となる。ただし本章では、年金制度改革や関連法の改正により継続が促された就労の意味を明らかにすることを目的としているため、60 代までに企業で正社員として雇用されていた者に限定する。具体的には調査票の回答から判断できる 55 歳時に正社員として雇用されていた者であり、厚生年金の受給や企業の定年を迎える可能性が高い、すなわち年金制度改革や改正法の影響を受けうる人々である。55 歳時に自営業や非正社員であったと回答した人々は、本章の分析からは除いた。また、このあと説明する分析に必要な全ての変数に欠損値のなかった女性で、55 歳時正社員であった者は 100 ケース未満であり、多変量解析に耐えうるケースサイズではなかったので、本章では分析から女性を除いた。

2　就業理由の分布

2019 年「JILPT 個人調査」には「2019 年 6 月に働いていた理由は何ですか。（あてはまるものすべてに〇）」という質問（問 2 (6)）がある。この質問の選択肢は「経済上の理由」「健康上の理由（健康に良いなど）」「いきがい、社会参加のため」「頼まれたから」「時間に余裕があるから」「その他」の 6 つである。「経済上の理由」を回答した場合は、さらに問 2 (7)で具体的な理由が尋ねられ、「自分と家族の生活を維持するため」「生活水準を上げるた

図表 5-1　現在の就業理由の各選択肢の選択率
　　　　（複数回答）

健康上の理由（健康に良いなど）	21.0%
いきがい、社会参加のため	32.5%
頼まれたから	11.3%
時間に余裕があるから	15.3%
自分と家族の生活を維持するため	79.2%
選択なし	6.8%

対象：55歳に正社員であり現在就業している男性（424名）

め」「その他」の3つから最も近いものを1つだけ選択する。「経済上の理
由」を選んだ370名におけるそれぞれの選択率は、「自分と家族の生活を維
持するため」が90.8%、「生活水準を上げるため」が7.3%、「その他」が1.9
%であった。本章では、「経済上の理由」の中でも、生活に必要だから働い
ているという意味合いを含む「自分と家族の生活を維持するため」を経済的
理由として分析に使用する。つまり、問2(6)(7)より、「健康上の理由」「いき
がい、社会参加」「頼まれたから」「時間に余裕があるから」そして「自分と
家族の生活を維持するため」に対する選択の有無を扱う。これら5つの選択
肢（複数選択可）の選択パターンを見ることで、高年齢者が就業に何を求め
ているのか。どのような高年齢者が、就業に「生活のため」だけでなく「社
会参加」や「健康維持」を見出すのかを明らかにする。

　図表5-1より、最も選択されている理由は「自分と家族の生活を維持する
ため」である。この経済的理由は、2番目に多い「いきがい、社会参加」の
倍近い選択率である。多くの60代前半の高年齢男性にとって、就業の意味
は、自分や家族の生活を維持するためであると言える。3番目以降は、「健
康上の理由（健康に良いなど）」「時間に余裕があるから」「頼まれたから」
と続く。この5つのどれも選択していない者も数%存在する（その大半は
問2(6)の「その他」のみを選択している者であり、問2(7)の「生活水準を上
げるため」または「その他」のみを選択している数名もこのカテゴリに含ま
れる）。これら就業理由は、複数選択可能な質問である。次に就業理由の選
択パターンを見ていく。

第 4 節　分析

就業理由の潜在クラス分析

　複数選択可能な 5 つの選択肢について、考えられる選択パターンは 32（2の 5 乗）＋1（選択なし）通りある。ここではその 33 パターンごとに該当者数を示すという煩雑な作業は避け、潜在クラス分析により要約された選択パターンを示す。

　潜在クラス分析は、複数のカテゴリカルな変数に対する異なるパターンの反応を、潜在クラスとして抽出する方法である（藤原ほか 2012）。因子分析が複数の量的変数から因子得点という潜在変数をケースに与えるのに対し、潜在クラス分析は複数のカテゴリカルな変数から潜在クラスという潜在変数をケースに割り当てる。本章が注目する 5 つの就業理由も「選択する」「選択しない」の 2 値のカテゴリカルな変数である。従来のクラスター分析のように抽出されるクラス数の決定を恣意的に行うのではなく検定によって行うことができる点が、潜在クラス分析の科学的メリットである。潜在クラス分析には統計ソフト Mplus を用いた。

　潜在クラスの個数についての適合度検定の結果、4 クラスモデルが選択された[1]。個人を各クラスに割り当てる際の誤差の指標である Entropy は 0.8以上であれば割り当ての精度が高いとされるが、4 クラスモデルの Entropyは 0.957 であり、精度の高いモデルと言える。

　図表 5-2 には、各クラスがどのような就業理由のパターンを持つのかを解釈するために、各選択肢の条件付き応答確率を示している。条件付き応答確率とは、各クラスで潜在クラス分析に使用した就業理由の選択確率と考えればよい。図表 5-2 では、この確率が 0.600 以上の場合、そのクラスの就業理由を代表するものとして数値を強調して示している。

1　1 つ少ないクラス数のモデルとの適合度比較の検定、すなわち尤度比 X^2 の差（$\varDelta G^2$）の検定の結果を以下に示す。なお、検定には Bootstrap 法を用いた。$\varDelta G^2$ が統計的に有意であれば、そのクラス数のモデルが 1 つ少ないクラス数のモデルよりも適合度が改善していると判断できる。2 クラスモデルで $\varDelta G^2 = 39.699$（1% 水準で有意）、3 クラスモデルで $\varDelta G^2 = 15.758$（1% 水準で有意）、4 クラスモデルで $\varDelta G^2 = 13.913$（5% 水準で有意）、5 クラスモデルで $\varDelta G^2 = 3.864$（非有意）であった。よって検定結果に基づき 4 クラスモデルを採用した。

図表 5-2　就業理由の潜在クラス分析の結果

	経済のみ型	経済・いきがい型	健康・時間余裕型	頼まれ型
健康上の理由（健康に良いなど）	0.151	0.317	1.000	0.027
いきがい、社会参加のため	0.000	1.000	0.645	0.480
頼まれたから	0.041	0.000	0.504	1.000
時間に余裕があるから	0.098	0.205	1.000	0.132
自分と家族の生活を維持するため	0.859	0.770	0.317	0.486
各クラスへの所属割合	63.7%	27.1%	2.8%	6.3%

　全体の 63.7% と最大のクラスである「経済のみ型」は、「自分と家族の生活を維持するため」のみ応答確率が高く、他を就業理由として選ぶ可能性がかなり低い。一方、「自分と家族の生活を維持するため」を高確率で選びやすく、「いきがい、社会参加」を必ず選択するのが「経済・いきがい型」であり、全体の 27.1% がこのパターンに該当する。「時間に余裕があるから」「健康上の理由」を必ず選択し「いきがい、社会参加」を選択する確率も高い「健康・時間余裕型」は全体の約 3% とかなり少ない。最後に、「頼まれたから」を必ず選択する「頼まれ型」は全体の 6.3% である。

　以上より、55 歳時に企業の正社員で現在 60〜64 歳である男性の就業理由を、潜在クラス分析によって要約すると次のようになる。就業理由は、経済的理由か社会参加かの 2 項対立ではなく、ほとんどの男性が経済的理由のみを挙げ、一部がそれに加え社会参加（いきがい）も同時に理由として選択しやすい。経済的理由の選択確率が低くかつ社会参加（いきがい）や他の理由を挙げる「健康・時間的余裕型」はかなり少ないことがわかる。次節以降では、仕事に経済的理由のみを見出す「経済のみ型」と、経済的理由に加え社会参加（いきがい）も見出す「経済・いきがい型」の違いが何に由来するのかを、他の変数とそれらのクラスとの関連を調べることで明らかにする。

2　潜在クラスの特徴

　ここからは、それぞれの潜在クラスがどのような特徴を持っているのか、すなわち、どのような高年齢男性がどの潜在クラスに所属しやすいのかを分析していく。ここでは、①50 歳時職と現職の間のキャリアパターン、②月

額賃金、③貯蓄額、④年齢、⑤婚姻状態、⑥学歴、⑦健康状態、⑧50歳前後での自主的な勉強経験、⑨50歳前後での専門家相談やセミナー参加経験、⑩定年年齢または60歳時での仕事内容の変化経験、の10の説明変数と各潜在クラス（目的変数）の関係を分析していく[2]。ただし、4つの潜在クラスの中で、「健康・時間余裕型」と「頼まれ型」は多変量解析に耐えられる大きさではなかった。そのため、以後の分析では、それらが「自分と家族の生活を維持するため」の選択確率が50%未満という共通点を持つことから、「非経済型」として統合した。はじめに各変数と潜在クラスへの所属のクロス表を確認する（図表5-3）。

①　「経済のみ型」の特徴

　「中小企業継続」「中小企業からの転職」「中小企業から自営役員」の中小企業出身の3つのキャリアでは、「経済のみ型」に所属する確率が期待値（63.7%）よりも有意に大きい。現在の貯蓄額が最も少ないカテゴリ「0〜100万円」であれば「経済のみ型」になりやすく、「1,000万円以上」であれば「経済のみ型」になりにくい。学歴では高校卒であればなりやすく、大学卒であればなりにくい。ふだんの健康状態は「あまり良くない」者が多い。そして50歳前後での自主的な勉強経験が「ない」者が多い。なお、現在の仕事の月額賃金（フロー）は統計的に有意ではなく、「自分と家族の生活を

2　①は、正社員であった55歳の勤め先と現在の勤め先の変化を表す。従業員数300人未満を中小企業、300人以上・官公庁を大企業としている。中小企業から大企業への転職は非常に少なかったため、中小企業出身者は転職先の企業規模を区別せず「中小企業からの転職」としている。「中小企業から自営役員」「大企業から自営役員」には、転職して自営になっただけでなく同じ企業の役員になった場合も含まれている。②は、賞与を除く税込み額をできるだけ度数が等しくなるように4つのカテゴリとした。③は、欠損値（無回答）のケースサイズが大きかったので、欠損値も1つのカテゴリとした。⑧は、「あなた自身が高齢期に向けて取り組まれた諸準備（転職や能力向上関連）についてお尋ねします」に続く「50歳前後になってから、ご自分の職業能力のことを考えたり、転職や職業能力向上のために何かに取り組んだりしたことはありますか」という複数選択可能な質問に対し、「資格を取得するために自分で勉強したことがある（自学自習・講座の受講など）」「資格取得を目的とはしないが、自分で勉強したことがある（自学自習・講座の受講など）」の少なくともいずれか1つを選んでいるかどうかのダミー変数である。⑨は、⑧と同じ質問に対し、「社内外の専門家に今後のキャリアについて相談した」「高齢期の働き方に関する研修・セミナーに参加した」の少なくともいずれか1つを選んでいるかどうかのダミー変数である。⑩は、「定年年齢または60歳に到達した際、仕事の内容が変わりましたか」という質問に対し、何らかの変化があったと回答したかどうかのダミー変数である。

図表 5-3　他の変数とのクロス集計から見た各クラスの特徴

	経済のみ型	経済・いきがい型	非経済型	グループ計
中小企業継続	71.7%	24.4%	<u>3.9%</u>	127
大企業継続	59.5%	32.5%	7.9%	126
中小企業からの転職	**76.6%**	<u>14.9%</u>	8.5%	47
大企業から大企業へ転職	51.6%	29.0%	19.4%	31
大企業から中小企業へ転職	<u>43.8%</u>	40.6%	15.6%	32
中小企業から自営役員に	67.4%	21.7%	10.9%	46
大企業から自営役員に	46.7%	26.7%	**26.7%**	15
月額賃金 17 万円未満	64.2%	26.4%	9.4%	106
月額賃金 18～25 万円	68.9%	23.0%	8.2%	122
月額賃金 26～33 万円	63.0%	33.7%	<u>3.3%</u>	92
月額賃金 34 万円以上	57.7%	26.9%	15.4%	104
貯蓄額 0～99 万円	**74.7%**	<u>20.9%</u>	<u>4.4%</u>	158
貯蓄額 100～999 万円	68.5%	23.9%	7.6%	92
貯蓄額 1,000 万円以上	<u>48.6%</u>	**38.0%**	13.4%	142
貯蓄額欠損値	62.5%	18.8%	18.8%	32
60 歳	68.8%	25.0%	6.3%	96
61 歳	62.5%	29.5%	8.0%	88
62 歳	62.2%	25.6%	12.2%	82
63 歳	64.7%	29.4%	5.9%	85
64 歳	58.9%	26.0%	15.1%	73
未婚・離死別	75.5%	18.4%	6.1%	49
既婚	62.1%	28.3%	9.6%	375
中学校	56.0%	44.0%	0.0%	25
高校	72.7%	<u>21.0%</u>	6.3%	176
高専短大	61.1%	22.2%	16.7%	36
大学以上	<u>56.7%</u>	31.6%	11.8%	187
健康状態は良くない	62.5%	25.0%	12.5%	8
〃あまり良くない	76.5%	21.0%	<u>2.5%</u>	81
〃良い	61.5%	28.7%	9.9%	314
〃大変良い	47.6%	28.6%	23.8%	21
50 歳前後での自主的な勉強経験なし	67.7%	<u>24.5%</u>	<u>7.8%</u>	347
〃あり	<u>45.5%</u>	39.0%	15.6%	77
50 歳前後での専門家相談やセミナー参加なし	64.1%	26.6%	9.3%	398
〃あり	57.7%	34.6%	7.7%	26
定年年齢または 60 歳時に仕事内容の変化なし	66.7%	25.3%	8.0%	225
〃あり	60.3%	29.1%	10.6%	199
合計	63.7%	27.1%	9.2%	424

注：各クロス表の調整済み標準化残差の検定の結果、太字部は 5% 水準で有意に期待値より大きなセルであることを示し、
　　下線部は 5% 水準で有意に期待値より小さなセルであることを示す。

維持するため」とはいえ、相対的に高賃金の職に就いているとは言えない。

　「経済のみ型」は、中小企業出身で、現在の貯蓄額（ストック）が相対的に少ない男性が多く、60 歳以降も引き続き「生活を維持するため」だけに働かざるをえない人たちと考えることができよう。また、相対的に健康状態の良くない者が多く、この点は Nemoto et al.（2020）の分析結果と共通する部分を持つ。

②　「経済・いきがい型」の特徴

　「経済・いきがい型」は、就業理由に「いきがい・社会参加」を選ぶかどうかしか「経済のみ」型との差はないが、このクラスの特徴は「経済のみ型」と対照的な点が多い。例えば、「経済のみ型」と逆に貯蓄額が 1,000 万円以上であれば「経済・いきがい型」になりやすい。また高校卒であればなりにくく、そして 50 歳前後での自主的な勉強経験が「ある」者が多い。中小企業出身の転職経験者が「経済・いきがい型」になりにくい点も「経済のみ型」とは対照的である。

　以上の点から、60 歳以降も生計を立てる手段だけでなくいきがいや社会参加を仕事に見出せるかどうかは、貯蓄額（ストック）が十分なこと、50歳前後の時に自主的な勉強をしていたことなどに左右されることが示唆される。中小企業出身の転職者ではないこと、高卒ではないことも重要であると考えられる。

③　「非経済型」の特徴

　働く理由として「自分と家族の生活を維持するため」の選択確率が 50%未満の 2 つのクラスを統合した「非経済型」の特徴も見ておこう。もともと大企業にいた者が別の大企業へ転職するか自営や役員になると「非経済型」になりやすい。現在の月額賃金（フロー）・貯蓄額（ストック）ともに高い者が多い。健康度も良好のようである。55 歳時に正規雇用であった男性全体の 10% に満たないクラスだが、仕事に経済的理由を見出す必要のないこの層は、経済的には相対的に有利な層と言えるかもしれない。「経済・いきがい型」と同様に 50 歳前後の時に自主的な勉強経験が「ある」者が多い。

以上、各クラスの特徴を明らかにしてきたが、これらの変数は互いに関連し合っているため、各クラスへの所属を規定する説明変数について、多変量解析（多項ロジスティック回帰分析[3]）によりさらに確認する。

３　多変量解析の結果

　多項ロジスティック回帰分析では、「経済のみ型」を基準カテゴリとし、それと比較して「経済・いきがい型」「非経済型」への所属しやすさに影響を及ぼす変数がわかるようにした（図表5-4）。

　はじめに「経済のみ型」と比較した「非経済型」へのなりやすさを確認すると、図表5-3のクロス表では月額賃金（フロー）や貯蓄額（ストック）が多いほど「非経済型」になりやすいことが示されたが、多変量解析ではこれらは有意ではなかった。他の変数による「見せかけ」もしくは「非経済型」のケースサイズが小さいことで、標準誤差が大きくなってしまっている影響と思われる。教育年数が長いほど・健康度が良好なほど10％水準で「非経済型」になりやすい。加えて50歳前後での自主的な勉強経験もまた1％水準で「非経済型」へのなりやすさを規定していた。

　それでは、本章が最も注目する「経済・いきがい型」と「経済のみ型」の比較を見てみよう。就業している60代前半男性の大多数が仕事に経済的理由を見出しやすく、一部がそれに加え「いきがい・社会参加」を選択しやすい。この２つを分けるものは何であろうか。

①　55歳時の企業規模

　「55歳時の中小企業から転職した者」と比較して、「55歳時の大企業に勤続している者」「55歳時の大企業から中小企業に転職した者」は、他の変数を統制しても有意に「経済・いきがい型」になりやすい。現職の企業規模よりも55歳時に大企業出身であったかどうかが、「経済のみ型」になるか「経済・いきがい型」になるかをある程度は左右しているようである。

3　多項ロジスティック回帰分析の簡単な説明は、序章第5節 -5(2)を参照。

図表 5-4　多項ロジスティック回帰分析の結果

	経済・いきがい型 VS. 経済のみ型		非経済型 VS 経済のみ型	
	B	S.E.	B	S.E.
切片	-2.064	1.152†	-4.590	1.985*
○ 55歳時以降のキャリア（ref. 中小企業からの転職）				
中小企業継続	0.711	0.488	-0.340	0.749
大企業継続	0.961	0.482*	0.303	0.677
大企業から大企業へ転職	0.727	0.630	1.200	0.807
大企業から中小企業へ転職	1.352	0.596*	0.982	0.799
中小企業から自営役員に	0.372	0.600	-0.040	0.820
大企業から自営役員に	0.942	0.811	1.269	0.961
○月額賃金（ref. 月額賃金17万円未満）				
月額賃金18～25万円	-0.238	0.340	-0.107	0.524
月額賃金26～33万円	0.266	0.354	-1.011	0.743
月額賃金34万円以上	-0.053	0.379	0.163	0.559
○貯蓄額（ref.0～99万円）				
貯蓄額100～999万円	0.056	0.337	0.403	0.594
貯蓄額1,000万円以上	0.715	0.303*	0.830	0.524
貯蓄額欠損値	0.001	0.521	1.626	0.644*
○年齢（60～64歳）	0.046	0.087	0.196	0.136
○既婚ダミー	0.538	0.417	0.271	0.681
○教育年数	-0.003	0.058	0.172	0.101†
○現在の健康度（4点）	0.254	0.235	0.756	0.417†
○50歳前後での自主的な勉強経験ありダミー	0.845	0.307**	0.993	0.440*
○50歳前後での専門家相談やセミナー参加ありダミー	-0.198	0.499	-0.923	0.895
○定年年齢または60歳時に仕事内容の変化ありダミー	0.082	0.253	0.100	0.399
McFadden 疑似決定係数	0.103			

注：†：$p<0.10$、*：$p<0.05$、**：$p<0.01$。B は非標準化係数、S.E. は標準誤差を表す。

② 　現在の貯蓄額

　「貯蓄額0～99万円」と比較して「貯蓄額1,000万円以上」であることは、有意に「経済・いきがい型」になりやすい。現在の生活に余裕があることが、経済的理由に加え、いきがい・社会参加を仕事に見出せる一つの条件であることは間違いなさそうだ。

③ 　高年齢期に向けた自主的な勉強経験

　高年齢期に向けて取り組んだこととして、50歳前後の自主的な勉強経験

（自学自習・講座受講）があることは、他の変数とは独立して、「経済・いきがい型」へのなりやすさを規定していた。同様に高年齢期に向けて取り組んだこととして、「社内外の専門家に今後のキャリアについて相談した」「高齢期の働き方に関する研修・セミナーに参加した」は、もともと該当するケースが少なかったこともあり、「経済・いきがい型」へのなりやすさに有意な影響を与えているとは言えなかった。これらの違いから、経済的理由に加え「いきがい、社会参加」を仕事に見出すには、受動的に制度を利用するよりは、能動的に・自発的に準備を行うことが重要なのかもしれない。

　ここでどのような高年齢者が50歳前後で自主的な勉強経験があるのかについて、他の変数とのクロス表を作り調整済標準化残差が5%水準で有意なセルを確認した（データの提示は省略）。現職に関する変数では、現在の勤め先の企業規模が大企業であること、医療・福祉系の業種に勤めていることと50歳前後で自主的な勉強経験があることに関連があった（ただし、現在の職種との関連は統計的に有意ではなかった）。また55歳時職に関する変数では、55歳時の企業規模が大企業であることと50歳前後で自主的な勉強経験があることに関連があった。このことから、将来のための自主的な勉強経験は、大企業出身もしくは現在大企業で働いていることとある程度親和的な活動であることが考えられる。例えば、大企業では中小企業と比べ、資格取得のための支援が福利厚生に含まれていることが多く従業員の自発的な勉強が促されるのかもしれない。また、50歳前後での自主的な勉強が、現在の勤め先が医療・福祉系の業種であることと関連していることから、自主的な勉強が医療・介護関係の資格取得の勉強を意味している可能性もある。勉強が実を結んだことで、現在、経済的理由だけでなく「いきがい、社会参加」も理由に働くことができているのかもしれない。

第5節　結論

1　分析結果の要約

　本章では、年金制度改革や関連法の改正の影響で60代前半での就労継続の必然性が高まった55歳時に正規雇用であった男性の就業理由の分析を

行った。潜在クラス分析の結果、多くが「自分と家族の生活を維持」という
経済的理由のみで就労していたが、経済的理由に加え、「いきがい、社会参
加」のために就労している高年齢者も一部見られた。ゆえにこの層の大半の
就業理由は、経済的理由か「いきがい、社会参加」かの二項対立ではなく、
多くの高年齢者の就業理由のベースには経済的理由があり、加えて「いきが
い、社会参加」を見出すことができる者とそうでない者に分かれると考えな
くてはならない。また潜在クラス分析における「健康・時間余裕型」や「頼
まれ型」のように経済的理由を見出す確率が 50% 未満というクラスも全体
の約 1 割析出され、本章ではこれらを「非経済型」と統合し分析を行った。

　本章では、多項ロジスティック回帰分析により、就業理由に経済的理由の
みを選びやすいクラス（「経済のみ型」）と比較して、どのような人々が経済
的理由に加え「いきがい、社会参加」も選びやすいクラス（「経済・いきが
い型」）になるのかを明らかにした。分析の結果、55 歳時に大企業で働いて
いた一部の者、現在の貯蓄額が 1,000 万円以上である者、50 歳前後で高年齢
期に備え自主的な勉強を行っていた者が、現在の就労に「いきがい、社会参
加」も見出しやすいことがわかった。社会的にも就労継続の期待が高まる高
年齢者が、いきがいを持って働けるかどうかにこれらの要因が関わっている
ことは何を意味するのだろうか。

2　就労支援の可能性と揺るがない資産格差

　50 歳前後で高年齢期に備え自主的な勉強を行っていることが、60 代前半
の仕事に「いきがい、社会参加」を見出すことにつながるというのが、本章
の一つの発見であった。OECD（2018 = 2020）によると、2016 年度に雇用
保険への加入を条件とした一般教育訓練給付金を受け取った人で 55 歳以上
の高年齢者は全体の 9% だけであった。さらに、45 歳から 54 歳の人は全体
の 23% であり、中高年齢者への政府の就労支援は限定的であるという。ま
た全体的に一般教育訓練給付金の利用率が低いのは、日本の従業員の長時間
労働が関連していると OECD は分析している。中高年齢の正規雇用労働者
の長時間労働を緩和した上で、自主的な勉強を促すことは、60 代前半での
「いきがい」就労につながることを本章の分析は示唆する。ゆえに、一般教

育訓練給付金の受け取りの拡大と長時間労働の緩和は、高年齢者の「いきが
い」就労にとっても重要な政策課題となるだろう。一方、専門家へのキャリ
ア相談や高年齢期の働き方についての研修・セミナー参加は、60代前半の
「いきがい」就労に結びついているとは言えなかった。専門家への相談や研
修・セミナー参加は、データにおける経験者が少ないのでその効果の検討は
引き続き課題である。今のところ本章では、個々の中高年齢者の職業や興味
関心に則した自発的・能動的な勉強を促す具体的支援（金銭的支援）が、
「いきがい」就労にとって重要であると言える。

　一方で、先行研究（浅尾 2017 など）の分析結果と整合的に、仕事に経済
的理由のみか「いきがい、社会参加」も見出せるかどうかは、生活の豊かさ
（貯蓄額 1,000 万円以上かどうか）にかかっている。様々な変数を統制した
多変量解析で、資産に余裕がなければ高年齢期の就労に経済的理由しか見出
せないということは、引き続き重要な結果である。年金制度改革や関連法の
改正で高年齢者の就労継続意欲をただ促すだけでなく、高年齢者が「いきが
い」を持って就労できるように、60代までに個人が資産を不安なく確保で
きるような施策も重要と思われる。

　最後に本章の分析課題を述べる。本章は、近年の年金制度改革や関連法の
改正により 60 代前半で働く必然性が高まった高年齢者の就業理由を扱った。
これらの制度改革の影響を受けるのは企業の中高年齢の正規雇用者が多く、
調査データにおいて該当する女性が少ないため、男性同様の分析ができな
かった。2014 年「JILPT 個人調査」データをマージし、サンプルサイズを
確保するなどして、女性の分析も進めたい。

第6章　60代前半の雇用者における仕事の継続・変化と仕事に対する満足度・就業継続意欲

第1節　本章の検討課題

　65歳までの雇用確保措置を実施する企業の大半は、60歳定年制と、勤務延長・再雇用による「継続雇用制度」の組み合わせにより、65歳までの雇用確保措置を実施している。2020年『高年齢者の雇用状況』の集計結果では、この組み合わせを採用する企業は、従業員31人以上の企業の76.4%に達する。

　さらに60歳定年制と継続雇用制度の組み合わせを実施している企業のかなりの割合（少なくとも半数程度）の企業は、本書第2章で見た通り、60歳定年に達した従業員の仕事について、責任を軽くしたり、定年前までの業務内容を変更したりしている。この点を踏まえると、日本にある企業で働く60歳以上の雇用者の多くが、60歳、あるいは定年到達を挟んで、仕事の変化や、あるいはこれまで歩んできたキャリアの変化を経験していることとなる。

　こうした60歳（または定年）到達前後での仕事や責任の変化が、企業の人事労務管理にどのような影響を及ぼしうるかについては、本書第2、3章において分析を行った。一方で、こうした60歳（または定年）到達前後での仕事や責任の変化は、実際に企業で働く60歳以上の雇用者にどのような影響を与えるだろうか。

　本章では、JILPTが2019年に、60～69歳の個人を対象に実施した「JILPT個人調査」のデータセットの中から、60代前半（60～64歳）のフルタイム雇用者のデータを活用し、60歳（または定年）到達前後での仕事や責任の変化が、就業に関わる雇用者の主観的な事項にどのような影響を与えうるかについての分析を行い、分析の結果から、今後の60歳以上の雇用・就業体制についていかなる示唆を得ることができるかについて検討を行

う。

　本章で着目する、就業に関わる雇用者の主観的事項は2つである。1つは仕事に対する満足度で、主に離職や欠勤などの組織での行動や業績などに影響する事項として研究されている（井出 2004）ほか、高年齢者層の仕事に対する生きがいを左右する要因としても指摘されている（戸田 2015）。60歳以降の継続雇用のあり方が、実際に働いている高年齢者に望ましい状態をもたらしているか、また高年齢者の主観的事項に対する影響を通じて高年齢者を雇用する企業に課題をもたらしてはいないかという点を、把握・検討する上で見過ごせない事項である。

　もう1つは何歳まで働きたいかという意欲＝就業継続意欲である。60歳以降の継続雇用のあり方が、60代前半の就業継続意欲にいかなる影響を及ぼしているかという点は、今後65歳以降の雇用・就業が社会的・政策的課題となっていく中で、把握・分析の必要性が増していくものと考えられる。

　以下、本章は次のような構成をとる。第2節では、本章で分析の対象とする、60代前半フルタイム雇用者の仕事の満足度や就業継続意欲に関連した先行研究について検討した上で、本章における分析のフレームワークを示す。第3節では、60代前半のフルタイム雇用者が、60歳または定年到達後にどのような仕事の変化を経験しているかを概観し、そうした経験が雇用者の属性や担当業務、勤務先の企業の状況によってどの程度異なるかを見る。第4節では60歳（または定年）到達前後での仕事や責任の変化と仕事満足度との関連、第5節では就業継続意向との関連について、多変量解析を行い、分析結果について考察する。第6節では、第4・5節における分析結果を踏まえて、今後の高年齢者の雇用・就業体制に向けた取組みにおいて、留意すべき点、配慮が求められる点について検討を行い、分析結果からのインプリケーションとして提示する。

第2節　高年齢従業員の満足度・就業意欲に関する先行研究と本章における分析のフレームワーク

1 高年齢従業員の満足度・就業意欲に関する先行研究の検討

　高年齢従業員の仕事に対する満足度について、海上（2017）は、60～70歳を主対象としたアンケート調査を多変量解析した結果、①「部長級」、「課長級」といった何らかの役職に就いている方が、②労働時間がフルタイムよりも短い方が、③給与に対する評価について妥当であると感じている方が、仕事面全般に関してより高い満足度を感じやすいという知見を得ている。また、高年齢従業員による「ジョブ・クラフティング[1]」の過程を定性データの分析に基づいて明らかにした岸田（2019）は、ライフキャリアとの両立のための自己調整による仕事量の縮小が、現状の仕事に対する満足感の向上につながると指摘する。海上、岸田の分析では、60歳前後での仕事や責任の変化の有無という事項は、満足度を左右する要因として分析の中には組み入れられてはいないものの、両者の知見は、60歳以降、仕事や責任を軽くする方への変化が、雇用者のより高い満足度へとつながっていく可能性を示唆している。

　一方、高年齢者の就業に対する意欲については、福島（2007）が高年齢従業員を対象としたインタビュー調査の分析から、「無理なく働きたい」、「誰かの為に役に立ちたい」という2つのニーズが、高年齢者の就業にあたっての二大ニーズであり、このニーズを充たされることで高年齢者の就業意欲は高まると指摘した。また、60～70歳の高年齢従業員を対象とするインタビュー調査を分析した川並・城戸（2019）は、55～59歳までの「接続期」に、専門性を高める、自分のポジショニングをするといった「対応行動」をとった高年齢従業員が、60歳以降もモチベーションを維持し、生き生き働くことができているという知見を得ている。川並・城戸の分析結果は、高年齢従業員の職場内・組織内における位置づけと就業意欲との関連を一定程度示している。

1　「ジョブ・クラフティング」とは、「従業員が仕事上の役割・行動・範囲を自分の意志で変化させること」と定義される（Wrzesniewski and Dutton 2001 など）。

高年齢者の就業意欲と 60 歳以降の仕事や責任、職場における位置づけなどとの関連を、60 歳以上の再雇用者に対するアンケート調査を基に詳細に分析しているのが、堀内・御手洗（2020）である。この研究ではアンケートの回答結果から、再雇用者の就労動機づけについて 4 つのタイプを見出しており、そのうち「内発・貢献・自己発揮」と「獲得・成長」という、自ら仕事に取り組んでいく意欲が高い 2 つのタイプの動機づけの傾向は、多変量解析の結果、定年前との仕事のつながりがある場合、職場におけるコミュニケーション機会がより多い場合、上司と業務上の評価を確認する機会がより多い場合、自身の業務の位置づけがより明確な場合などに強まるとしている。

　高年齢従業員の意欲を左右する要因については、定年到達者に年齢が近く、多くの定年到達者と同様、一定年齢後に仕事上の責任が変わるという、役職定年[2]者の就業意欲に関する分析からの知見も参考となる。高齢・障害・求職者雇用支援機構が実施したアンケート調査に基づく大木（2018）によると、役職定年経験者のうち 59.2% は役職を降りた後、仕事に対する意欲が低下したと答えている。中でも役職定年後に「社員の補助・応援」の仕事に従事している回答者では低下したという回答の割合が 73.1% と高く、これに対して「経営層・上司の相談・助言＋所属部署の後輩社員の教育」に従事しているという回答者では 48.1% と低くなっている。役職定年経験者に対するアンケート調査を分析した近藤（2021）は、周囲の態度の変化をより小さく感じるほど、また社会や仕事への貢献意識をより大きく感じるほど、役職定年者の仕事に対する意欲の低下は起こりにくくなると指摘する。

　本章で分析の対象とする就業継続意欲についてのこれまでの分析では、世帯における非勤労収入、公的年金額、住宅ローンの有無が、就労継続意欲に影響を与えるという知見が得られている（永野 2012；浦川 2013）。また、厚生労働省『中高年縦断調査』を分析した戸田（2016）によれば、これまで

2　「役職定年」とは、企業の従業員が定年の前にある年齢に達したことを理由に、部長や課長などといった役職から外れる制度である。高齢・障害・求職者雇用支援機構が 2017 年に実施した『50 代のキャリア管理に関する調査』によると、調査に回答した 50 代正社員 6,181 人のうち 39.8% が、勤務先に役職定年が導入されていると回答している（大木 2018: p58）。

長期勤続であった人や、大企業に勤続していた人は、可能な限り仕事をしたい、あるいは65歳以上まで仕事をしたいという希望を持つ傾向が低下する。戸田は長期勤続や大企業への勤務は企業年金の充実を示唆すると指摘しており、高年齢従業員の経済的状況が就業継続意欲を左右するという点は、先行する永野、浦川の研究と共通している。

　永野（2021）は、収入の必要度や住宅保有状況などの経済的な要因に、現在の就業状態や従事している仕事の特性に関わる事項を説明変数として加えて、希望就業上限年齢を目的変数とする最小二乗法による分析を行った。分析からは、「達成感が実感できる」、「会社の業績に重要な影響を及ぼす」といった特徴がより強い仕事に従事している高年齢従業員の方が、より高年齢までの就業を希望するという結果が得られ、60歳以降の仕事や責任の変化が、何歳まで働くかという就業継続意欲にも影響を与えうることが示唆される。

2　本章における分析のフレームワーク

　ここまでの先行研究の検討を踏まえ、本章における分析のフレームワークを、JILPT個人調査の調査項目や本章の分析対象であるフルタイム雇用者に沿う形で構想してみる。高年齢従業員の満足度についての先行研究では、60歳時点での仕事や責任の変化について言及したものはなかった。ただ、再雇用後の仕事量の縮小が満足度の向上をもたらすという分析結果があり、60歳時点で、量を少なくしたり責任を軽くしたりする方向で仕事が変わることは、満足度にプラスの影響をもたらす可能性がある。この点を確かめるため、「60歳時点における仕事の変化の有無」を説明変数、「現在の仕事に対する満足度」を目的変数とする分析を行う（図表6-1）。

　高年齢者の就業意欲については満足度に比べると、仕事や職場に関連する

図表6-1　60代前半フルタイム雇用者の満足度に関する分析のフレームワーク

事項との分析が積み重ねられている。先行研究では、定年前との仕事とのつながりがある、周囲の態度の変化をより小さく感じる、あるいは会社の実績に重要な影響を及ぼす仕事に従事しているほど、より強い就業意欲を持つといった知見が得られているので、60歳時点で仕事の量や責任が軽くなる、あるいはこれまでとは異なる仕事に従事するといった変化を経験していると、より長期間の就業継続意欲は持ちにくいかもしれない。

JILPT個人調査では、回答者の就業継続意欲について、まず就業の上限年齢について希望を持っているかどうかを尋ねた上で、希望があると回答した回答者に、何歳まで働きたいかを尋ねている。そこで、本章における分析も、まずは「60歳時点における仕事の変化の有無」が、「就業の上限年齢についての希望の有無」を左右しているかを分析し、次いで就業の上限年齢について希望を持つ回答者を対象に、「60歳時点における仕事の変化の有無」が、「希望する就業上限年齢」に影響を及ぼすかについて分析を行う（図表6-2）。

先行研究の知見を踏まえると、60歳時点で仕事の量や責任が軽くなる、あるいはこれまでとは異なる仕事に従事するといった変化を経験していると、そもそも何歳まで働きたいとする就業の上限年齢についての希望を持つ傾向が弱くなると考えられる。また、希望を持っている回答者について見ると、60歳時点で仕事の変化を経験している高年齢従業員は、就業を希望する上限年齢がより低くなる傾向があるのではないかと推測される。

図表6-2　60代前半フルタイム雇用者の就業継続意欲に関する分析のフレームワーク

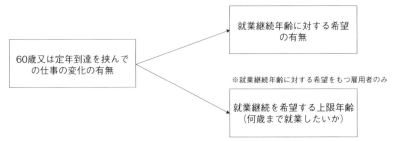

60歳又は定年到達を挟んでの仕事の変化の有無

就業継続年齢に対する希望の有無

※就業継続年齢に対する希望をもつ雇用者のみ

就業継続を希望する上限年齢（何歳まで就業したいか）

第3節　60歳または定年到達を挟んでの仕事の継続・変化

　以下の本章における分析では、現在の雇用確保措置、継続雇用体制の下で、企業における60歳または定年到達を挟んでの仕事の継続・変化が及ぼす影響を把握・検討するため、55歳時点で雇用されていた企業に継続して勤務し、2019年の6月時点でも、フルタイム勤務の雇用者として働いている60〜64歳の回答者328人を分析の対象とする。

　60歳または定年到達を挟んでの仕事の継続・変化について、JILPT個人調査では、「定年年齢または60歳に到達した際、仕事の内容が変わりましたか」という形で尋ねており、上記328人の回答分布は、「変わっていない」が66.2%と最も多く、次に回答が多かったのが「同じ分野の業務ではあるが、責任の重さが変わった」（24.7%）である。JILPT個人調査では責任の重さが軽くなったのか、重くなったのかは尋ねていないが、第3章で取り上げたJILPT企業調査では、60歳（定年）前後で、従業員の仕事上の責任が変わるケースが最も多いと答えた38.8%の企業のうち、責任が重くなると答えた企業はわずか0.4%（責任が変わると答えた企業の約1%）なので、JILPT個人調査で責任の重さが変わったと回答している回答者も、ほとんどが60歳または定年に到達した際に、仕事上の責任が軽くなったものと推測される。仕事の内容が「全く別の業務分野の仕事に変わった」という回答は3.3%、「業務内容の一部が変わった」という回答は4.0%で、合わせて7.3%にとどまっており、以下では、これらの仕事が変わった回答者を1つのグループとして取り扱う。

　回答者自身の属性、担当している業務の内容、勤務先の従業員規模や業種といった点における相違と、定年または60歳を挟んでの仕事の継続・変化との関連をクロス集計の形でまとめたものが、図表6-3となる。

　男性に比べると女性の方が定年または60歳を挟んでも仕事の内容が「変わっていない」という比率が約20ポイント高い。これは業種において、「変わっていない」という回答の比率が他業種よりも高い医療・福祉や、サービス・複合サービスで、女性の比率が高いためと考えられる。年齢別の集計では、60歳や61歳で回答の傾向が他の年齢と異なっているが、62歳以降はほ

図表 6-3　60 歳または定年到達を挟んでの仕事の継続・変化

（単位：%）

	計	変わっていない	同じ分野の業務であるが責任が変わった	業務内容が変わった	無回答
60 代前半雇用者計	328	66.2	24.7	7.3	1.8
【性別】					
男性	262	62.2	28.2	7.6	1.9
女性	66	81.8	*10.6*	6.1	1.5
【年齢】					
60 歳	86	75.6	*14.0*	7.0	3.5
61 歳	61	*50.8*	37.7	11.5	0.0
62 歳	69	69.6	24.6	4.3	1.4
63 歳	67	64.2	28.4	7.5	0.0
64 歳	45	66.7	22.2	6.7	4.4
【担当している業務の種類】					
管理的な仕事	32	65.6	25.0	9.4	0.0
専門的・技術的な仕事	93	67.7	22.6	7.5	2.2
事務的な仕事	55	*56.4*	32.7	9.1	1.8
販売の仕事	24	62.5	33.3	*0.0*	4.2
サービス・保安の仕事	34	79.4	*11.8*	8.8	0.0
生産工程の仕事	41	68.3	24.4	7.3	0.0
輸送・機械運転・建設・採掘の仕事	27	77.8	*18.5*	*0.0*	3.7
【従業員規模】					
9 人以下	34	88.2	*11.8*	*0.0*	0.0
10～29 人	35	85.7	*8.6*	*2.9*	2.9
30～99 人	56	75.0	*17.9*	5.4	1.8
100～299 人	54	*50.0*	40.7	9.3	0.0
300～999 人	44	*54.5*	38.6	6.8	0.0
1,000 人以上	85	*58.8*	25.9	11.8	3.5
【業種】					
建設業	32	68.8	21.9	9.4	0.0
製造業	87	*59.8*	28.7	10.3	1.1
運輸・郵便業	25	76.0	*16.0*	4.0	4.0
卸売・小売業	37	*59.5*	24.3	10.8	5.4
医療・福祉	27	81.5	*11.1*	3.7	3.7
サービス・複合サービス	48	90.9	*6.1*	3.0	0.0

注 1：集計の対象としているのは、55 歳時点で会社や組織に雇用され、2019 年 6 月時点で、その組織においてフルタイムの雇用者として勤続している 60～64 歳の個人である。
注 2：網掛けをしている数字は、回答企業全体の比率より 5% 以上高いもの。斜字で下線を引いている数字は、回答企業全体の比率より 5% 以上低いもの。
注 3：「担当している業務の種類」および「業種」について、該当者が少数（20 人以下）の業務および業種のクロス集計は、この表には掲載していない。

ぼ同様の分布となっている。

　担当している業務の種類別に集計してみると、事務的な仕事の従事者が、「変わっていない」という回答の比率が他業務に比べて低くなっている。一方、サービス・保安の仕事、生産工程の仕事、輸送・機械運転・建設・採掘の仕事は、集計した回答者全体に比べ「変わっていない」という比率が高く、7割近くに達している。

　回答者勤務先の従業員規模別の集計からは、「変わっていない」という比率は、勤務先の従業員規模による違いが大きい。100人以上の勤務先に勤務する回答者では「変わっていない」という比率が50%台であるのに対し、100人未満の勤務先に勤務する回答者では75%以上となっており、特に30人未満の小零細企業では90%近くに達している。回答者勤務先の業種別の集計においては、先に触れたように、医療・福祉や、サービス・複合サービスに勤務する回答者で「変わっていない」という回答の比率が相対的に高い。これに対し、製造業に勤務する回答者は、「変わっていない」の比率が、他の業種に比べて低くなっている。

第4節　仕事の継続・変化と仕事に対する満足度

　本章で分析の対象とする仕事の満足度は、2019年6月時点で行っていた仕事に対しての満足度であり、JILPT個人調査の中では5段階の尺度を設けて尋ねている。55歳時点で雇用されていた企業に継続して勤務し、2019年の6月時点でも、フルタイム勤務の雇用者として働いている回答者の回答結果は、図表6-4に示した通りであり、現在の仕事に満足している（「大いに満足している」＋「やや満足している」）回答者が32.9%、「普通」が52.4%、不満（「やや不満である」＋「大いに不満である」）という回答者が14.4%である。

　図表6-4には、60歳または定年到達前後での仕事の変化の有無により、満足度に関する回答分布がどの程度変わってくるかも示している。それによると、60歳または定年到達前後で仕事が「変わっていない」という回答者と、「同じ分野の業務であるが責任が変わった」という回答者の間には、分

図表6-4　現在の仕事に対する満足度：60歳または定年到達前後の仕事の変化の有無による異同

（単位：%）

	計	大いに満足している	やや満足している	普通	やや不満である	大いに不満である	無回答
60代前半の勤続フルタイム雇用者計	328	12.2	20.7	52.4	10.7	3.7	0.3
変わっていない	217	11.1	21.2	53.0	11.1	3.2	0.5
同じ分野の業務であるが責任が変わった	81	13.6	19.8	55.6	8.6	2.5	0.0
業務内容が変わった	24	12.5	25.0	37.5	12.5	12.5	0.0

布に大きな違いはない。「業務内容が変わった」という回答者は、「普通」と答える回答者の比率が他の2つの回答者グループに比べて約15～18ポイント低いが、不満と答える回答者の割合が10ポイント以上高い。また、満足している回答者の比率は、他の2つの回答者グループに比べ3～4ポイントほど高くなっている。

　第3節で見た通り、60歳または定年到達前後における仕事の変化の有無は、回答者の属性や担当する業務、勤務先の規模・業種などによって状況が異なっており、他方でこれらの属性や担当業務、勤務先の状況なども仕事の満足度に影響しうる。また、先行研究では勤務先での役職や給与の状況が、高年齢従業員の満足度を左右するという知見が得られている。これらを踏まえた上で、属性や担当業務、勤務先の状況などをコントロールしてもなお、60歳または定年前後の仕事の変化が満足度に影響を及ぼすか否かについて、分析を行う。

　分析においては、満足度を目的変数、60歳または定年到達前後における仕事の変化を説明変数とした、最小二乗法[3]を用いる。目的変数となる満足度については、表に示した各選択肢を「大いに満足している」＝5点～「大いに不満である」＝1点として得点化する。また説明変数である60歳または定年到達前後における仕事の変化については、「変わっていない」という

3　本章で用いている分析手法の簡単な説明は、序章第5節-5(2)を参照。

回答者をリファレンス・グループとし、「同じ分野の業務であるが責任が変わった」、「業務内容が変わった」に該当する場合にそれぞれ1を付与するダミー変数として取り扱う。続いて、分析における統制変数の扱いを図表6-5に示す。

　統制変数として扱うのは、まず回答者の属性である「性別」と「年齢」、それから回答者の仕事に関わる「担当する業務」、「月収」、「雇用形態」である。また回答者個人に関わる事項として「働く理由」も、満足度に影響を与えると考えられるため統制変数に加えた。回答者の勤務先に関わる事項としては「従業員規模」、「業種」のほか、「従業員の体力等に対する会社側の配慮」を統制変数としている。

　図表6-6が最小二乗法による分析の結果である。この図表によると、60歳または定年到達前後において仕事上の責任が変わった回答者も、また業務内容が変わった回答者も、仕事内容が変わらない回答者に比べて、現在の仕事に対する満足度が、統計的に見て有意に高くなったり低くなったりといったことは認められない。

　つまり60代前半の勤続しているフルタイム雇用者にとって、60歳または定年到達前後で仕事が変わらないことは、仕事や責任を変わることに比べて、満足度の点で良い状態とは必ずしも言えず、60歳または定年到達を挟んで仕事や責任が変わることがマイナスであるとも言えない。特に図表6-6で示した分析結果は、岸田（2019）が指摘する、仕事の縮小が満足度の向上をもたらすケースも少なからずあることを示唆しており、実際に働く高年齢者の主観的観点からは、60歳または定年到達前後で仕事内容や責任の変化があること自体にさほどの影響力はないのではないかと考えられる。

　本書第2章の分析結果からは、高年齢者自身の意欲を低下させない、あるいは若・壮年層のモラールを低下させないといった、人事労務管理上の効果の点から、60歳定年以降仕事の内容を変化させない、あるいは60歳以降仕事の内容が変わらない65歳定年制が望ましいと考えられた。また、同じく第4章の分析からは、65歳以降の雇用・就業機会の拡大につながりやすいという社会的・政策的課題への対応という点から、同じく60歳定年以降仕事の内容を変化させない、あるいは60歳以降仕事の内容が変わらない65歳

図表 6-5　仕事の継続・変化と仕事に対する満足度との関係に関する多変量
解析における統制変数の扱い

変数	変数の設定方法	変数	変数の設定方法
性別	男性＝1、女性＝0のダミー変数。	従業員の体力等に関する会社側の配慮	「体力等の衰えに対する勤務先の会社の配慮」についての回答を得点化。各選択肢を、「会社とは、仕事の内容について個人的に相談・面接する場が定期的にあり、その際、作業上の問題なども相談できるので、配慮してもらっている」＝3点、「仕事の内容に関する個人的相談の場は特にないが、契約の年度更新などの際に申し入れれば、職場で用いる文字の大きさや補助器具の購入、作業の速度などについては、見直してくれている」＝2点、「仕事の内容に関する個人的相談の場はあるが、体力や視力などの問題は個人的な問題として、特に配慮はしてもらえない」＝1点、「会社側は何も配慮（対応）してくれないので、必要な作業機器や什器などは自分で揃えている」＝0点として得点化し、「その他」は無回答扱いにしている。
年齢	回答者の年齢（60～64歳）をそのまま値とする。		
働いていた理由	2019年6月時点で就業していた理由として、「経済上の理由」、「健康上の理由」、「いきがい、社会参加のため」、「頼まれたから」、「時間に余裕があるから」のそれぞれに該当している場合に1点を、該当しない場合は0点となるダミー変数。		
担当している業務の種類	「事務的な仕事」をリファレンスグループとし、「管理的な仕事」、「専門・技術的な仕事」、「販売の仕事」、「サービス・保安の仕事」、「生産工程の仕事」、「輸送・機械運転・建設・採掘・運輸・清掃・包装等」に該当する場合に1となるダミー変数。		
雇用形態	2019年6月時点で雇用されていた勤務先で正社員として働いていた場合に1点、正社員以外の雇用形態で働いていた場合は0点となるダミー変数。	勤務先の従業員規模	2019年6月時点で雇用されていた勤務先の規模についての回答をダミー変数としたもの。1000人以上をリファレンスグループとし、「9人以下」、「10～29人」、「30～99 人」、「100～299 人」、「300～999人」に該当する場合に1となる。
月収	2019年6月の賃金等収入（年金、給付金などの公的給付や財産収入、仕送りなどは除く）についての回答をダミー変数としたもの。15万円未満をリファレンスグループとし、「15～20万円未満」、「20～25万円未満」、「25～30万円未満」、「30～35万円未満」、「35～40万円未満」、「40万円以上」に該当する場合に1となる。	勤務先の業種	2019年6月時点で雇用されていた勤務先の業種についての回答をダミー変数としたもの。製造業をリファレンスグループとし、「建設」、「電気・ガス・水道・熱供給」、「情報通信」、「運輸・郵便」、「卸売・小売」、「金融・保険・不動産・物品賃貸」、「宿泊・飲食・生活関連・娯楽」、「学術研究サービス・専門技術サービス・教育学習支援」、「医療・福祉」、「サービス・複合サービス」に該当する場合に1となる。

図表 6-6　仕事の継続・変化と仕事に対する満足度との関係（最小二乗法）

	B	S.E.	t 値
【定年または 60 歳に到達した際の仕事・責任の変化（ref. 変わっていない）】			
同じ業務分野だが責任が変わった	0.202	0.154	1.309
業務内容が変わった	-0.030	0.234	-0.127
性別（男性＝1）	-0.223	0.185	-1.204
年齢（60〜64 歳）	0.052	0.043	1.216
【働いていた理由】			
経済上の理由	0.178	0.210	0.847
健康上の理由	0.266	0.152	1.749[†]
いきがい、社会参加のため	0.093	0.137	0.681
頼まれたから	0.096	0.220	0.437
時間に余裕があるから	-0.158	0.169	-0.932
【担当している業務の種類（ref. 事務的な仕事）】			
管理的な仕事	0.356	0.259	1.377
専門・技術的な仕事	0.136	0.202	0.676
販売の仕事	-0.083	0.280	-0.295
サービス・保安の仕事	-0.173	0.248	-0.696
生産工程の仕事	0.160	0.266	0.601
輸送・機械運転・建設・採掘・運輸・清掃・包装等	-0.198	0.246	-0.804
雇用形態（正社員＝1）	-0.045	0.139	-0.326
【月収（ref.15 万円未満）】			
15〜20 万円未満	0.091	0.227	0.402
20〜25 万円未満	0.223	0.218	1.020
25〜30 万円未満	0.465	0.237	1.958
30〜35 万円未満	0.157	0.266	0.592
35〜40 万円未満	0.197	0.314	0.629
40 万円以上	0.619	0.265	2.332
従業員の体力等に関する会社側の配慮	0.222	0.059	3.783[***]
【勤務先従業員規模（ref.1,000 人以上）】			
9 人以下	0.023	0.239	0.094
10〜29 人	0.043	0.245	0.175
30〜99 人	-0.051	0.186	-0.272
100〜299 人	-0.460	0.189	-2.440[*]
300〜999 人	-0.011	0.187	-0.060
【勤務先業種（ref. 製造業）】			
建設・電気・ガス・熱供給・水道	0.063	0.227	0.277
運輸・郵便・情報通信	-0.137	0.235	-0.584
卸売・小売・宿泊・飲食・生活関連・娯楽	0.059	0.222	0.267
金融・保険・不動産・物品賃貸・専門技術・教育・学習支援	0.126	0.268	0.470
医療・福祉	-0.260	0.267	-0.973
サービス・複合サービス	-0.156	0.250	-0.623
定数	-0.591	2.703	-0.219
R2 乗		0.262	
調整済み R2 乗		0.141	
N		243	

注 1 ：[†]：p＜0.10、[*]：p＜0.05、[**]：p＜0.01、[***]：p＜0.001。B は非標準化係数、S.E. は標準誤差を表す。
注 2 ：「担当している業務」について「その他」と回答した回答者は分析から除いている。
注 3 ：「勤務先従業員規模」について「官公庁」と回答した回答者は分析から除いている。

定年制が望ましいという結論が導かれた。しかし、60代前半雇用者の満足度に関する分析結果は、60歳定年以降の仕事の内容に関わる人事労務管理だけでは、個々の雇用者の満足度に対してさほど大きな影響を及ぼさないことを示唆している。このことは、会社側が従業員の就業意欲の点で問題がないと見て、60歳前後で仕事や責任を変えない体制を導入しても、個々の高年齢従業員の主観的側面から見てより良い雇用・就業のあり方を形作っていく上では、さらに留意・検討しなければならない事項や取組みがあると換言できる。

　個々の高年齢従業員の主観的側面から見てより良い雇用・就業のあり方を形作っていくにあたり、さらに留意・検討しなければならない事項や取組みという観点からは、図表6-6で示した分析において、「従業員の体力等に関する会社側の配慮」が1%水準で仕事に対する満足度との間に統計的に有意な正の相関を持っている点が、着目に値する。この変数は図表6-5に示した通り、「体力等の衰えに対する勤務先の配慮」についての回答結果を変数化したものであり、分析結果をそのまま解釈すると、勤務先が高年齢従業員の体力の衰え等について実態を把握し、対応するための取組みをより積極的に進めていると、雇用者が認識した場合に、雇用者の仕事に対する満足度がより高くなることを示している。このこと自体も留意しておくべきであるが、さらに敷衍して、個々の高年齢従業員の就業実態をより積極的に把握しようとしている企業は、雇用者の主観的側面についてもより多くのことを把握し、それらを踏まえて就業ニーズにあった配置や配慮ができるために、そうした企業に勤める雇用者の満足度が高まるというプロセスを見て取ることもできるだろう。

第5節　仕事の継続・変化と就業継続意欲

　就業継続意欲については、JILPT個人調査の「あなたは現在勤務している会社でいつまでも働けるとしたら、何歳くらいまで働きたいですか」という質問に対する回答結果を分析の対象とする。この質問に対しては、「x歳くらいまで働きたい」、「年齢に関係なく、働けるうちはいつまでも働きた

い」、「わからない」の３つの選択肢が設けられており、１つを選択する形で回答する。また、「x 歳くらいまで働きたい」と答えた回答者は、自分が働きたいと考える上限年齢（x）を記載することとなっている。

　以下では各回答者の回答を、「x 歳くらいまで働きたい」＝「年齢に上限のある就業継続意欲がある」、「年齢に関係なく、働けるうちはいつまでも働きたい」＝「年齢の上限がない就業継続意欲がある」、「わからない」＝「明確な就業継続意欲がない」と捉え直して分析の対象とする。2019 年 6 月にフルタイムで働いていた勤続雇用者の回答分布は、「年齢に上限のある就業継続意欲がある」が 54.3％、「年齢の上限がない就業継続意欲がある」が26.2％、「明確な就業継続意欲がない」が 19.2％ であった（図表 6-7）。

　また、年齢に上限のある就業継続意向がある回答者 178 人が、何歳くらいまで働きたいと考えているかについて集計してみると、64 歳以下が 6.7％（年齢に上限のある就業継続意欲がある回答者 178 人における比率、以下このパラグラフにおいては同様）、65 歳が 46.1％、66〜69 歳が 9.6％、70 歳が36.5％、71 歳以上が 1.2％ で、65 歳と 70 歳に回答が集中していた。なお、この回答における最小値は 62 歳、最高値は 80 歳であった。

　60 歳または定年到達前後の仕事の変化による異同をクロス集計で確認していくと（図表 6-7）、「同じ分野の業務であるが責任が変わった」、「業務内容が変わった」という回答者では、「年齢に上限のある就業継続意欲がある」という回答の比率が 6 割前後であり、「変わっていない」回答者の比率に比

図表 6-7　就業継続意欲：60 歳または定年到達を挟んでの仕事の変化の有無による異同

（単位：％）

	計	年齢に上限のある就業継続意欲がある	年齢の上限がない就業継続意欲がある	明確な就業継続意欲がない	無回答
60 代前半の勤続フルタイム雇用者計	328	56.0	26.2	19.2	0.3
変わっていない	217	51.2	30.4	18.4	0.0
同じ分野の業務であるが責任が変わった	81	61.7	16.0	22.2	0.0
業務内容が変わった	24	58.3	20.8	20.8	0.0

べ高い。また、これら2つの回答者グループでは、「年齢の上限がない就業継続意欲がある」という比率が16〜20%で、「変わっていない」回答者では30%に達しているのと比べると低くなっている。ここでの「責任の変化」は前述したように、ほとんどは「責任が軽くなる方向への変化」と推測されるが、そうした仕事の変化や、あるいは業務内容の変化により、長期に勤続している60代前半の雇用者の就業継続意欲に対して、年齢上の目途が意識されやすくなっていることが予想される。

　以下では、仕事満足度に関する分析と同様、60歳または定年到達前後の仕事の変化の有無以外に、就業継続意欲に影響を与えうる事項をコントロールした多変量解析を行い、60歳または定年到達前後の仕事の変化が、60代前半のフルタイム雇用者の就業継続意欲に影響を与えているかについて検証する。

　60歳または定年到達前後の仕事の変化と就業継続意欲との関連に関する多変量解析は、本章第2節で示したように2段階に分けて行う。第1段階としては、明確な就業継続意欲の有無を目的変数、60歳または定年到達前後における仕事の変化を説明変数とした、二項ロジスティック回帰分析を実施する。目的変数は明確な就業継続意欲のある場合、つまり「年齢に上限のある就業継続意欲がある」か「年齢の上限がない就業継続意欲がある」場合を1とし、「明確な就業継続意欲がない」場合を0とするダミー変数である。また、説明変数である60歳または定年到達前後における仕事の変化については、仕事満足度に関する分析と同様、「変わっていない」という回答者をリファレンス・グループとし、「同じ分野の業務であるが責任が変わった」、「業務内容が変わった」に該当する場合にそれぞれ1を付与するダミー変数として取り扱う。

　60歳または定年到達前後の仕事の変化と就業継続意欲との関連に関する多変量解析の第2段階は、明確な就業意欲がある回答者に対象を絞り込み、その就業継続意欲に年齢の上限があるか否かと、60歳または定年到達前後の仕事の変化との間の関連を検証する分析である。この分析では、「年齢の上限がない就業継続意欲がある」場合に1、「年齢に上限のある就業継続意欲がある」場合に0をとるダミー変数を目的変数とした二項ロジスティック

回帰分析モデルを用いる。説明変数である60歳または定年到達前後における仕事の変化の扱いは、第1段階の二項ロジスティック回帰分析と同じである。

　統制変数としては、仕事に対する満足度の分析と同様の事項を用いている（図表6-5参照）。先行研究において雇用者の経済的な状況が就業継続意欲に影響を与えるという知見が得られていることから、「月収」と「働いている理由」を統制変数に設定した。「働いている理由」の中には、「経済上の理由」が選択肢として含まれており、経済的な状況が就業継続意欲につながっているかどうかを把握することができると考えた。さらに重要性の高い仕事が就業継続意欲につながっているという先行研究の結果から、「担当している業務」の違いが就業継続意欲に影響を与えうると考え、統制変数に加えた。また、職場におけるコミュニケーション機会がより多い場合、上司と業務上の評価を確認する機会がより多い場合、自身の業務の位置づけがより明確な場合に就業意欲が高まるとする堀内・御手洗（2020）の知見を踏まえ、「従業員の体力等に関する会社の配慮」も統制変数とした。「従業員の体力等に関する会社の配慮」に関する質問で設けられている選択肢は、会社側と高年齢従業員との間のコミュニケーション機会や、雇用者が自身の評価や組織における位置づけを確認する機会の相違を反映していると考えられるからである。仕事満足度に関する分析と同様に、図表6-5に示した事項となり、変数の扱いも変わらない。そのほかの統制変数としては、雇用者の基本的な属性（性別・年齢）や、勤務先の基本的属性（従業員規模・業種）を設定した。

　図表6-8に第1段階の二項ロジスティック回帰分析の結果を、図表6-9に第2段階の二項ロジスティック回帰分析の結果を示した。

　図表6-8によると、明確な就業継続意欲を持つことと、60歳または定年到達を挟んでの責任あるいは業務内容の変化との間には、統計的に有意な関係は見られない。つまり、60歳または定年到達を挟んで仕事が変わらない場合と比べて、責任や業務内容が変化することは、明確な就業継続意欲を持つか否かには影響を与えていない。

　一方、明確な就業継続意欲を持つ回答者に絞って、その就業継続意欲が年

図表 6-8　仕事の継続・変化と就業継続意欲①：明確な就業継続意向の有無との関連（二項ロジスティック回帰分析）

	B	S.E.	Exp(B)
【定年または 60 歳に到達した際の仕事・責任の変化（ref. 変わっていない）】			
同じ業務分野だが責任が変わった	-0.571	0.516	0.565
業務内容が変わった	-0.124	0.869	0.884
性別（男性＝1）	-0.112	0.617	0.894
年齢（60～64 歳）	0.132	0.152	1.141
【働いていた理由】			
経済上の理由	1.016	0.675	2.762
健康上の理由	0.595	0.611	1.813
いきがい、社会参加のため	0.799	0.509	2.223
頼まれたから	-0.041	0.755	0.960
時間に余裕があるから	0.828	0.663	2.289
【担当している業務の種類（ref. 事務的な仕事）】			
管理的な仕事	1.712	0.962	5.541 †
専門・技術的な仕事	0.808	0.624	2.243
販売の仕事	-0.424	1.023	0.655
サービス・保安の仕事	1.197	0.800	3.311
生産工程の仕事	1.889	0.975	6.615 †
輸送・機械運転・建設・採掘・運輸・清掃・包装等	1.471	0.829	4.355 †
雇用形態（正社員＝1）	0.084	0.529	1.088
【月収（ref.15 万円未満）】			
15～20 万円未満	0.630	0.801	1.877
20～25 万円未満	-0.035	0.707	0.966
25～30 万円未満	-0.231	0.783	0.794
30～35 万円未満	1.369	1.275	3.933
35～40 万円未満	2.002	1.393	7.406
40 万円以上	-0.166	0.934	0.847
従業員の体力等に関する会社側の配慮	-0.256	0.209	0.774
【勤務先従業員規模（ref.1,000 人以上）】			
9 人以下	-0.560	0.879	0.571
10～29 人	-0.500	0.987	0.607
30～99 人	-1.356	0.690	0.258 *
100～299 人	-1.340	0.681	0.262 *
300～999 人	-1.131	0.667	0.323 †
【勤務先業種（ref. 製造業）】			
建設・電気・ガス・熱供給・水道	0.513	0.771	1.671
運輸・郵便・情報通信	-1.283	0.753	0.277 †
卸売・小売・宿泊・飲食・生活関連・娯楽	2.973	1.311	19.545 *
金融・保険・不動産・物品賃貸・専門技術・教育・学習支援	0.651	0.928	1.918
医療・福祉	-0.686	0.830	0.504
サービス・複合サービス	0.036	0.818	1.037
定数	-7.564	9.515	0.001
-2 対数尤度		168.983	
Nagelkerke R2 乗		0.305	
N		243	

注：†：p＜0.10、*：p＜0.05、**：p＜0.01。B は非標準化係数、S.E. は標準誤差、Exp(B) はオッズ比を表す。

図表6-9　仕事の継続・変化と就業継続意欲②：就業継続意欲における上限年齢の有無との関連（二項ロジスティック回帰分析）

	B	S.E.	Exp(B)
【定年または60歳に到達した際の仕事・責任の変化（ref. 変わっていない）】			
同じ業務分野だが責任が変わった	-0.982	0.509	0.375†
業務内容が変わった	-0.671	0.712	0.511
性別（男性＝1）	-1.146	0.556	0.318*
年齢（60〜64歳）	-0.085	0.137	0.919
【働いていた理由】			
経済上の理由	-0.083	0.671	0.921
健康上の理由	0.789	0.456	2.201†
いきがい、社会参加のため	-0.052	0.415	0.949
頼まれたから	-0.245	0.741	0.783
時間に余裕があるから	0.383	0.507	1.467
【担当している業務の種類（ref. 事務的な仕事）】			
管理的な仕事	0.857	0.913	2.357
専門・技術的な仕事	1.493	0.760	4.453†
販売の仕事	0.027	0.899	1.027
サービス・保安の仕事	1.160	0.816	3.189
生産工程の仕事	1.777	0.976	5.911†
輸送・機械運転・建設・採掘・運輸・清掃・包装等	-0.087	0.862	0.916
雇用形態（正社員＝1）	-0.122	0.422	0.885
【月収（ref.15万円未満）】			
15〜20万円未満	-1.084	0.657	0.338†
20〜25万円未満	-0.405	0.616	0.667
25〜30万円未満	-0.648	0.687	0.523
30〜35万円未満	-0.634	0.754	0.530
35〜40万円未満	-1.288	0.926	0.276
40万円以上	-1.423	0.804	0.241†
従業員の体力等に関する会社側の配慮	-0.427	0.189	0.652*
【勤務先従業員規模（ref.1,000人以上）】			
9人以下	2.006	0.719	7.432**
10〜29人	0.838	0.699	2.312
30〜99人	0.220	0.568	1.245
100〜299人	1.225	0.585	3.404*
300〜999人	0.503	0.620	1.654
【勤務先業種（ref. 製造業）】			
建設・電気・ガス・熱供給・水道	0.488	0.691	1.629
運輸・郵便・情報通信	1.585	0.750	4.880*
卸売・小売・宿泊・飲食・生活関連・娯楽	0.329	0.677	1.390
金融・保険・不動産・物品賃貸・専門技術・教育・学習支援	-0.011	0.862	0.989
医療・福祉	-0.825	0.913	0.438
サービス・複合サービス	-0.036	0.797	0.965
定数	5.215	8.699	184.066
-2対数尤度		205.542	
Nagelkerke R2乗		0.314	
N		203	

注：†：p<0.10、*：p<0.05、**：p<0.01。Bは非標準化係数、S.E.は標準誤差、Exp(B)はオッズ比を表す。

齢による上限を持つかどうかが、60歳または定年到達を挟んでの仕事の継続・変化と関連を持つかについて分析した図表6-9においては、60歳または定年到達を挟んでの責任の変化と、上限年齢を設定しない就業継続意欲を持つこととの間には負の関係があると見られる（10%水準有意）。就業継続意欲に影響を与えうる様々な事項をコントロールしても、図表6-7のクロス集計で示唆されたように、60歳または定年到達を挟んで仕事が変わらない場合と比べて、責任が変化することで年齢の上限がない就業継続意欲を持ちにくくなる可能性がある。逆に言えば、60歳または定年到達を挟んで仕事が変わらないことは、責任が変わる場合に比べて、年齢の上限を設定しないでより長く働こうとする意欲を高めるとも言いうる。

先に見たように、年齢の上限がある就業継続意欲を持つ回答者のほとんどは、65歳または70歳に上限年齢を設定している。60歳または定年到達を挟んで仕事上の責任が変化する（軽くなる）ことで、60代前半のフルタイム雇用者は、組織の中での自分の役割が小さくなっていくことを実感し、数年後に職業生活から引退する際のプロセスについて、より明確に想起できるようになるのかもしれない。

なお、高年齢従業員の仕事に対する満足度を高めていた「従業員の体力等に関する会社側の配慮」は、就業継続の上限を設定しないこととは負の相関を持っていた。言い換えると、高年齢従業員の体力の衰え等について実態を把握し、対応するための取組みをより積極的に進めている企業に勤務する高年齢従業員は、就業継続の上限年齢を設定する傾向がより強い。高年齢従業員の体力の衰え等についてより実態を把握しようとし、その過程で高年齢従業員より多くコミュニケーションをとろうとする会社側の取組みは、先行研究が指摘するように会社に対する貢献意識などを高めて、就業意欲の維持・向上につながるとも考えられるが、他方で自らの能力・体力や組織内における役割の「限界」を、高年齢従業員により意識させることにもつながりうるとも言える。

第6節　結論

　本章では、2019年6月時点で就業していた60代前半層（60～64歳）のフルタイム雇用者のうち、55歳時点から現在の勤務先で継続的に雇用されてきた雇用者を対象に、60歳（定年）前後における仕事内容や仕事における責任の変化の有無が、現在の仕事に対する満足度や就業継続意欲にどのような影響を及ぼすかについて分析を行った。

　現在の仕事に対する満足度を目的変数とした最小二乗法による分析からは、60歳前後において仕事の内容や責任に変化が生じることで、現在の仕事に対する満足度に、統計的に有意な変化は生じないという結果が得られた。一方、就業継続意欲については、明確な就業継続意欲を持つことと、60歳前後で仕事内容が変わること、あるいは仕事上の責任が変わることとの間には統計的に有意な関係は見られなかった。しかし、明確な就業継続意欲を持つ回答者に絞って、就業継続意欲の上限年齢を設定している／いないを左右する要因についての二項ロジスティック回帰分析を行ったところ、60歳前後で仕事が変わらないという雇用者に比べて、仕事上の責任が変わるという雇用者は、上限年齢を設定しない就業継続意欲を持つ可能性が、有意に低くなった。

　60歳前後における仕事の継続・変化と、仕事に対する満足度・就業継続意欲との関連についての分析は、次のようなことを示唆すると思われる。分析の順番とは前後するがまず、就業継続意欲に対する60歳前後での仕事の変化の影響に関する分析結果は、ほとんどは軽くする方向と推測される仕事上の責任の変化が、60代の従業員の引退に対する意識をより高めていると考えることができる。逆に言えば、60歳前後で仕事を変えなければ、高年齢従業員はより長く働こうという就業継続意欲を持つと言える。

　本書第2章で見たように、60歳定年の後に、仕事上の責任を軽くしている企業は、より若い世代への技能やスキルの継承に配慮する傾向が強い。本章の就業継続意欲に関する分析の結果は、60歳以降仕事上の責任を軽くすることが、より若い世代への継承を促進しうることを、雇用者の意識の面からも裏づけている結果だと言える。このように考えると、60歳以降の仕事

上の責任を軽くする企業の目的と、高年齢従業員における取組みの効果との間に齟齬がなく、今後もこうした取組みは多くの企業で継続されることが予想される。ただ、第4章の分析結果で示した通り、60歳定年の後に仕事上の責任を軽くする企業は、65歳以降の雇用機会を設けない傾向が他企業よりも強く、企業の人事労務管理上の観点から60歳定年の後に仕事上の責任を軽くする傾向が続くことと、65歳以降の雇用機会の拡大という課題との関係をどのように取り扱っていくかが、大きな課題となろう。

65歳以降の雇用・就業機会の拡大という課題を念頭に置いた時に、もう1つ、本章における分析結果で留意する必要があるのは、仕事満足度との関連に関する分析結果である。本章における分析からは、60歳前後で変わらず同じ仕事を担当することが、仕事に対する満足度を高めるような、高年齢従業員にとっても望ましい結果には必ずしも結びつかないことがわかった。本書の第2章や第4章で見たように、60歳前後で仕事の内容を変えずに60歳以上の高年齢者を雇用し続けることは、企業の人事労務管理の観点や、65歳以降の雇用機会を拡大するという政策的・社会的課題の解決を重視する観点からは、望ましいことと考えられる。しかし、企業の人事労務管理上より望ましいアウトカムや、あるいは政策的・社会的課題の解決を目指していく中で、実際に働いている高年齢従業員の仕事・就業に対する評価や、それらに対するニーズを看過してはならないという点を、60歳前後における仕事の継続・変化と、仕事に対する満足度との関連に関する分析結果からは、指摘することができる。

また、高年齢従業員の仕事・就業に対する評価や、それらに対するニーズに配慮する場合には、本章第2節の先行研究の検討からも明らかになったように、そもそも高年齢従業員のニーズが多様であるということに留意しなければならない。60歳前後において仕事の内容や責任に変化が生じることで、現在の仕事に対する満足度に、統計的に有意な変化は生じないという本章の分析結果は、高年齢従業員の多様なニーズを、60歳以降担当する仕事の内容や責任の設定だけで汲み取っていくことが難しいことを示している。

高年齢従業員の多様な就業ニーズを汲み取ることができ、高年齢従業員の主観的な側面から見ても望ましい、60歳以上を対象とした雇用制度や取組

みを検討していく際に参考になるのは、本章の仕事満足度に関する分析において明らかになった、担当する仕事の内容や責任に関わる60歳前後での変化にかかわらず、従業員の体力等への配慮をより講じてくれる企業に勤める高年齢従業員の満足度がより高まるという知見である。JILPT個人調査の質問内容は、体力面や作業環境面での会社側の情報収集や取組みに焦点を当てたものとなっているが、この質問に対し、会社側の活動がより積極的であると回答する高年齢従業員は、従業員の働き方に対する関心が強く、働き方に関わる雇用者と会社の間の情報交換も盛んに行われている企業や職場の下で働いているものと推測される。そうした就業環境の下では、高年齢従業員自身の就業ニーズを会社に伝えやすく、また仕事内容、役割、労働負荷などの面での就業ニーズを充たす働き方が実現されやすく、ゆえに仕事に対する満足度が高まると考えられる。第2章で60歳定年の後、仕事内容を変えない企業や65歳定年制の企業では、高年齢従業員の意欲が低下するという課題が、60歳定年後に仕事内容を変化させる企業に比べると生じにくいという分析結果を示したが、こうした企業側の課題認識が、「企業目線」で実質的な裏づけのないものとならないためにも、個々の高年齢従業員の就業状況や就業ニーズの把握と、把握した内容に対応していく取組みが求められる。

　ただ、本章における就業継続意欲に関する分析からは、勤務先に従業員の体力等への配慮をより講じてくれると回答した雇用者ほど、就業継続意欲に上限年齢を設けやすくなるという点も明らかになった。従業員の体力等への配慮をより講じてくれる取組みに接することで、高年齢従業員が自らの能力・体力あるいは組織における役割の限界を意識しやすくなるためだと考えられるが、だからといって、高年齢従業員の就業により配慮していく取組みを控える・やめるのは適切ではないと考える。分析の結果は65歳または70歳での継続雇用の終了という「節目の年齢」が意識される現状を反映していると思われる。今後、高年齢従業員にできるだけ長い就業・活躍を期待するというケースが増えてくると、高年齢従業員の体力等への配慮を講じるためにコミュニケーションを行う企業において、年齢に関係なくできるだけ働こうという就業継続意欲がより高まるだろう。また、年齢に関係なくできるだけ働こうという就業継続意欲を人事労務管理により高めるという意図を企業

が持つならば、むしろこのコミュニケーション・ルートの確立と、ルートを通じて把握した実態に対応できる諸施策の整備こそが必要となる。

　一方で、高年齢従業員との積極的なコミュニケーションの中で、引退を意識する高年齢従業員が現れることは、決して悪いことではないと思われる。こうした引退を意識する高年齢従業員のニーズを把握し、それに沿う形で担当する仕事や役割を少しずつ「縮小」し、より若い雇用者への「承継」をスムーズに進めていく取組みや体制を企業内に整備していくことも、これまでよりも高年齢に至るまでの雇用・就業を社会的に目指していく中で、重要性を増すと考えられる。

<table>
<tr><td>第7章</td></tr>
</table>

高年齢者就業の促進はキャリアのジェンダー格差にどのような影響をもたらすか
―60歳前後の就業の変化における性別の違いに注目して―

第1節　はじめに

　日本の高年齢女性の就業率は、男性ほどではないが、他の先進諸国と比べると高い。総務省統計局の『労働力調査』によると、2020年の女性の就業率は、60〜64歳が59.7%、65〜69歳が39.9%、70歳以上が12.2%となっている[1]。また今後は、年金支給開始年齢の引き上げや給付水準の引き下げ、特に女性の一人暮らし高年齢者の増加によって、働かなければならない高年齢女性の一層の増加が予想される。

　これまで、高年齢女性の雇用・就業に関する研究、とりわけ量的なデータを用いた研究の蓄積はそれほど多くない。その主な理由は、量的な分析に足る十分なデータを確保する難しさ、そして高年齢女性の就業やキャリアの複雑さによるものと考えられる。その中で、数少ない高年齢女性の研究は、貧困率の高さとその規定要因に焦点を当てたものや年金のジェンダー間格差など制度的な問題を指摘したもの、女性の就業や職業経歴、婚姻歴等が高年齢期の所得に与える影響を分析したものなどが挙げられる。

　一方、2000年以降の高齢法の改正は、高年齢者の雇用・就業機会の確保を目的としており、法改正の影響だけではないが、実際に60歳以上の就業率は、性別を問わず上がっている。それに伴い、定年等を境にそれまでと同一企業で正社員として継続雇用[2]される人もいれば、雇用形態を転換した上で継続雇用される人や他の企業に転職する人、定年制度がない企業や自営業

1　男性の就業率は、60〜64歳が82.6%、65〜69歳が60.0%、70歳以上が25.4%である。いずれの年齢層においても、男女ともに過去最高の比率となっている。

2　序章の記載の通り、本書では「継続雇用」を、被雇用者が特定の時点（定年あるいは60歳など）前後で同一企業等に雇用されていることと定義している。他方、本章で用いる「継続就業」は、定年の有無にかかわらず、特定の時点の前後に同じ企業や自営業等として働き続けていることと定義し、両者を区別する。

等で働き続ける人、労働市場から退出する人など、高年齢期のキャリアも多様化している。本章では、高年齢期キャリアにさしかかる転換点に注目し、就業や従業上の地位の変化における女性と男性の違いを明らかにする。このようなキャリアの移行と高年齢期の雇用・労働に関する格差には相関があると考えられるが、それも日本の労働市場に構造的に存在するジェンダー間格差に即して生じることが予想される。

転換点として焦点を当てるのは、60歳前後（59歳時と61歳時[3]）の職業経歴である。定年制度がある企業もあればない企業もあり、かつ定年の年齢も企業によって様々であることに加えて、非正規労働者が多い女性は、定年制度の適用対象外の人も多い。そのため、キャリアの転換点を一つに定めることは難しい。しかしながら、本章で用いるデータの調査時点（2015年）では、60歳を定年とする企業が最も多い。2015年の厚生労働省『高年齢者の雇用状況』によると、調査対象の全企業（148,783社）に占める60歳定年の企業は79.2%にのぼる[4]。そのため、性別にかかわらず、定年や継続雇用制度など日本の雇用制度等に起因する職歴上の転換を経験している人も多いだろう。よって、60歳前後の職歴の変化に着目することが、性別による転換期の働き方や移動傾向の違いを明らかにする上で最適と考える。

以上を踏まえて、本章では、61歳以上の女性と男性を対象に、①60歳前後における就業の有無と従業先や従業上の地位の変化、②その変化に対する59歳時の就業状況や婚姻状況の影響、③職歴変化と個人の稼得収入との関係について、性別ごとに分析する。そして、高年齢期の雇用・就業機会確保政策が、高年齢女性の就業・キャリアに与えた影響を、男性と比較しながら論じたい。

構成は次の通りである。第2節では高年齢女性の就業やキャリアに関する先行研究を整理する。第3節では本研究のリサーチ・クエスチョンを提示し、分析に使用するデータについて説明する。第4節では、60歳前後にお

<hr>

3　59歳と61歳に到達した時点の就業状況に注目する。
4　この比率は、厚生労働省の許可を得て、『高年齢者の雇用状況』の個票データを筆者が独自に集計したものである。なお、『高年齢者の雇用状況』は、常時雇用している労働者が31人以上の全国の企業を対象としており、30人未満の企業が含まれないため、60歳定年の採用企業比率がやや過大に算出されている可能性がある。

ける就業の有無と従業先や従業上の地位の変化について記述的に分析する。第5節では、多項ロジスティック回帰分析を用いて、60歳前後における従業先の変化や61歳時の従業上の地位に対する59歳時の就業状況や婚姻状況の影響を分析し、結果を考察する。第6節では、最小二乗法によって年齢や年金額等を統制し、個人の稼得収入の推定値を算出した上で、60歳前後の従業先や従業上の地位の変化による収入の違いについて、女性と男性を比較する。最後に第7節で結果をまとめ、インプリケーションを述べる。

第2節　先行研究

　高年齢女性の就業やキャリアに関する先行研究は、主に女性の就業状況や貧困リスクに注目している。日本の高年齢女性の就業状況は、男性に比べると労働力率や実効引退年齢は低いものの、他のOECD加盟国の女性に比べると高い（清家・山田 2004）。また、高年齢女性の特徴として多くの先行研究が指摘しているのが、貧困率の高さである（藤森 2017）。2019年の厚生労働省『国民生活基礎調査』から性別、年齢別の相対的貧困率を計算した阿部（2021）によると、女性の相対的貧困率は、60〜64歳が14.9%、65〜69歳が15.0%、70〜74歳が21.5%、75〜79歳が26.0%、80歳以上が28.8%である[5]。また将来的に、高年齢女性の貧困率はさらに高まるという予測がある。2060年までの高年齢者の貧困率を予測した稲垣（2013）によると、65歳以上の高年齢者全体の貧困率は、2040年頃には17.8%、2060年には19.8%まで高まると予想されており、高年齢者以外の貧困率（2060年に11.1%）よりもかなり高い[6]。中でも、高年齢女性の貧困率は2060年には24.7%にのぼると予測されている。これは、高年齢男性の予測貧困率（2060年に13.5%）の約2倍である。貧困率上昇の要因は、マクロ経済スライドなどによって、高年齢者の年金水準が現役世代に対して相対的に大きく引き下げら

---

[5]　男性の相対的貧困率は、60〜64歳が14.7%、65〜69歳が13.8%、70〜74歳が15.3%、75〜79歳が17.7%、80歳以上が19.5%である。

[6]　稲垣（2013）は、ダイナミック・マイクロシミュレーションモデルINAHSIMを推計に用いている。これは、1980年代に開発され、その後に就業状態や所得などの属性、様々なライフイベント、公的年金制度等の仕組みが追加された政策シミュレーションモデルである。

れることや、一人暮らしの高年齢者が増加することが挙げられる。

　女性の貧困率の方が高い理由としては、長寿のために一人暮らしの期間が長いこと、そして、制度的に女性は男性に比べて年金水準が低くなりやすいことが主要因として挙げられている。年金のジェンダー差を扱った丸山（2007）は、現行の年金制度下における直接的、間接的な差別を整理している。直接的な取扱い差別には、支給開始年齢や受給額、保険料負担額があるが、現行の制度下ではこれらに関して婚姻関係による差が生じる。既婚女性の中には、保険料負担を求められず夫の権利に付随して公的年金等を受給できたり、遺族年金の受給資格を有するといった優遇措置がある。しかし、ひとり親世帯や離別者はその対象外に置かれている。また、間接的な取扱い差別としては、家事労働や非正規雇用など社会保険の対象外となる人が女性に多いために、無年金だったり、公的年金の2階部分（厚生年金など）が受けられず、男性よりも受給額が低くなりやすい。このように現行の年金制度は、優遇措置の対象外となる人の老後の貧困問題の深刻化につながっており、結婚、離婚といった家族構成の変化も想定されていない。もちろん年金制度は今後改革される可能性があるが、未婚化や離婚率の上昇は既に進み、公的年金を完全に個人単位化することも難しい（丸山 2007）。そのため、2040年頃までに高年齢期に到達する女性については、現在の制度の影響が除去できない（稲垣 2013）。

　このように、女性は婚姻歴が高年齢期の貧困リスクを大きく左右する。婚姻歴をさらに細かく調べると、配偶者と死別した65歳以上の女性の貧困率は、離別した女性や未婚女性に比べて、相対的に低い（阿部 2015）。同様の結果は、2008年の内閣府『高齢男女の自立した生活に関する実態調査』の個票を分析した山田（2010）、2013年の『家庭動向調査』と『国民生活基礎調査』の世帯表、健康表をマッチングしたデータを分析した安藤（2017）、2002年と2014年の内閣府『一人暮らし高齢者に関する意識調査』データを分析した渡邉（2018）でも確認されている。死別女性の多くは自身の基礎年金に加えて遺族厚生年金を受給できるのに対して、離別女性の多くは基礎年金のみしか受けられない可能性が高いため貧困率が高いものと考えられる。

　以上の通り、高年齢女性の就業や貧困と年金や婚姻歴との関係を扱った研

究は散見されるが、女性本人の就業状況やキャリアの影響を分析した研究は非常に少ない。その中で、山田（2010）は、女性が高年齢期に就業していても、それが非正規雇用の場合は相対的貧困リスクの低減効果がないことを明らかにしている。また、麦山（2018）は、2015年の『職業階層と社会移動全国調査（SSM調査）』の60〜80歳のデータを用いて、職業経歴が高年齢期の個人所得に与える影響を、性別ごとに分析している。その結果、60歳までの最長従業先割合（初職開始から60歳までの年数の中で、最も長く勤めた従業先の就業年数が占める割合）は個人所得に正の効果を持ち、この割合が0.1高いと女性の個人所得は9.4%高い。ただし、女性の場合、最長従業先割合自体が平均的に低く、この値が1となる女性、つまり初職入職から60歳まで同じ従業先で継続して就業している人は、わずか5%ほどである[7]。また、女性の特徴として、40歳時に専門職として就業していた人はそれ以外の職種に比べて、高年齢期の個人所得が高い。一方で、男性に見られるような最長従業先の企業規模の効果が確認されない。これらの結果から、女性の職業経歴の複雑さが高年齢女性における個人所得格差をもたらしていると述べている。

　以上をまとめると、高年齢女性に関する先行研究は、貧困率の高さや女性本人の職業経歴が高年齢期の所得等にあまり影響しないことを指摘する研究が比較的多い。

第3節　リサーチ・クエスチョン、データ

1 リサーチ・クエスチョン

　年金支給開始年齢の引き上げや高齢法の改正によって、60歳以上の就業率は性別を問わず継続的に高まっている（山本2008；近藤2014b）。このような60歳以降の就労を促す時代の変化は、女性の働き方にどのような影響を及ぼしているのだろうか。

　2006年の高齢法改正によって、企業は65歳までの継続雇用が義務づけら

7　男性の場合、最長従業先割合が0.1高いと個人所得は1.5%高い。また最長従業先割合が1をとる男性は、全体の約25%を占めている。

れ、2013年の法改正により、その対象が原則希望者全員に定められた。ただし、継続雇用の際の具体的な雇用条件の規定は設けられていないため、必ずしもフルタイムの正社員として雇用を継続する必要はない。そのため、この法改正は60代前半のキャリアの多様化を促した（藤本 2017）。60歳の定年を境に同一企業または系列企業への出向という形で正社員として雇用される人もいれば、同一企業で雇用形態を正社員から非正社員に転換して継続的に雇用される人や60歳の定年を境に転職する人もいた。さらには、定年がない、あるいは定年年齢が61歳以上の企業で正社員として働き続ける人もいれば、60歳以前から非正社員として働いている人もいた。

　高年齢期キャリアが多様化する背景には、人事管理において柔軟性を確保したいという企業の思惑がある。その考え方の基礎となるのがAtkinson（1984）のモデルである。このモデルは労働者を中核グループと周縁グループと外部グループに分け、各グループに異なる柔軟性（機能的柔軟性、数量的柔軟性）を求める。機能的柔軟性は、環境変化への質的対応力を意味し、企業の中核業務を担う従業員に対して教育訓練やジョブローテーションを通じて多様な技能を発揮できるようにするものである。数量的柔軟性は、短期的な労働力需給の増減に対して雇用量を調整する量的な対応力である[8]。日本の場合、機能的柔軟性の対象は主に正規労働者、数量的柔軟性の対象は有期雇用やパートタイマー、派遣労働者などの非正規労働者に該当する（島貫 2017）。

　また、3つの労働者グループには階層性があり、労働者の地位を規定する規範[9]によって、中核的な労働者グループから周縁グループや外部グループは排除され、それが構造的に再生産され続けている（今井 2021）。周縁グループや外部グループから中核グループに移動することが難しいという二重構造論の議論も、これらの見方を支持する（原・盛山 1999）。

　これらの議論を踏まえると、高年齢期のキャリアも単に多様化しているだ

8　これら2つに加えて、Atkinson（1984）は、企業が収益性を維持するために支払能力と労働費用の連動を強化する金銭的柔軟性を挙げている。

9　ここで言う規範とは「産業的シティズンシップ」という概念を指し、正確には「労働者、使用者、そして国家との間でなされる交渉が作り出す労働者（各層）の地位を定義する権利と義務の規範」（今井 2021: p.15）と定義される。

けではなく、そこには階層性を伴った変化が生じているのではないだろうか。60 歳に達する時点で中核的な地位に位置している人ほど、正社員としての継続雇用や出向の道があるなど、60 歳以降もより良い条件で就業できる機会があるのではないだろうか。実際に、ある製造業の継続雇用者の特徴について定量、定性の両面から分析した高木（2008）によると、同一職能内での経験年数が長い人ほど、継続雇用の要請を受けやすい。この研究は、65 歳までの雇用機会確保の義務化を定めた法改正前のものだが、前節で言及した麦山（2018）の分析結果は、現在でも 60 歳までの職業経歴における同一企業での長期勤続が 60 歳以降のキャリアを左右することを示唆する。さらに、2015 年に実施された『高齢者の就業と意識に関する調査』の個票データを分析した永野（2021）は、定年後も正社員として継続雇用されているケースを基準とした場合、50 代に部長相当以上の役職に就いている人は課長相当職に比べて、非正社員として継続雇用される確率が低い[10]。

　以上より、結婚、出産等に伴うキャリアの中断や転職が多く、また管理職比率が低い女性は、60 歳に到達する時点で中核的な地位に位置する確率が男性よりも低いため、60 歳以降も相対的に条件の良い雇用に就く機会が狭められているのではないだろうか。このリサーチ・クエスチョンを検討するために、本研究では次の 3 点について、女性と男性の違いを明らかにしたい。

①60 歳前後における就業の有無と従業先や従業上の地位の変化
②60 歳前後における従業先の変化や 61 歳時の従業上の地位に対する 59 歳時の就業状況や婚姻状況の影響
③60 歳前後の従業先や従業上の地位の変化と個人の稼得収入との関係

2 データ

　本章で用いるのは、2015 年の『職業階層と社会移動全国調査（SSM 調

10　この調査は、従業員規模 31 人以上の民間企業に雇われている 60 歳以上の人を対象に実施された Web 調査である。また、分析は、調査時点の企業と 50 代に勤務していた企業が同じで、その企業に正社員として 20 年以上の勤務経験がある 60〜64 歳を対象に行っている。

査)』のデータである[11]。SSM 調査の特徴は、初職から調査時点までの全ての職歴や婚姻歴を詳細に調べている点である。そのため、60 歳前後の職歴の変遷や、職歴、婚姻歴と調査時点の所得との関係を分析することができる。また、2015 年の SSM 調査は 2005 年までの調査から対象年齢を 10 歳引き上げ、80 歳までとしている。そのため、従来の調査では十分なケース数を確保することがあまりできていなかった高年齢女性のデータが豊富にあり、61 歳以上の女性だけでも 1,000 を超える。これらの特徴から、前述のリサーチ・クエスチョンを分析するのに適したデータと言えよう。

　分析対象は、調査時点で 61 歳から 80 歳の女性と男性である。これは 1935 年から 1954 年生まれの人々に該当し、1995 年から 2014 年の間に 60 歳を迎えたことになる。したがって、年金支給開始年齢の引き上げや高齢法改正の動きの中で、高年齢者の継続雇用や転職の動きが活発になった時代の高年齢期キャリアについて、女性と男性を比較することができる。

第 4 節　60 歳前後における就業の有無と従業先や働き方の変化

1　60 歳前後における就業状況と従業先の変化

　まず、60 歳前後（59 歳到達時と 61 歳到達時）の就業状況を見てみよう。図表 7-1 は、女性と男性を分け、59 歳時の就業の有無と、59 歳時に就業していた人のうち 61 歳時点で無業になった人、同一企業で継続して雇用され職歴上の変化がなかった人、同一企業で継続して雇用されているが何らかの職歴上の変化があった人、転職した人の比率を表している[12]。59 歳時に男性の 94.0% が就業しているのに対して、女性の就業者比率は 62.7% であり、女性の 4 割弱は働いていない。

　59 歳時に就業していた人の中で、女性も男性も 2 割前後は 61 歳に到達し

11　2015 年の SSM 調査は、2014 年 12 月末時点で 20〜79 歳の全国の男女を対象に、住民基本台帳から層化 2 段・等間隔抽出法によって 15,605 名の対象者を抽出し、2015 年 1 月から 12 月にかけて 3 期に分けて実査が行われた。有効回収数は 7,817 票、有効回収率は 50.1% である（白波瀬 2018）。
12　ここで言う職歴上の変化とは、同じ従業先の中で、「従業上の地位」、「仕事の内容」、「役職」の 1 つ以上が変化したことを意味する。

図表 7-1　60 歳前後の就業状況の変化

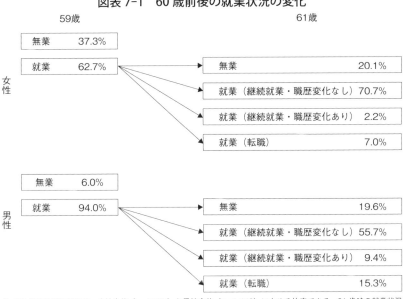

注：59 歳時の就業状況は、女性全体（n=1,531）と男性全体（n=1,442）に占める比率である。61 歳時の就業状況
は、59 歳時に就業していたケース（女性：n=959、男性：n=1,355）に占める比率である。

た時点で無業となっている。女性の 72.9％（70.7％ +2.2％）は 59 歳時と同じ企業で継続的に働いており、そのほとんどは雇用形態や職業、役職など従業先における働き方が変わっていない。

　一方、59 歳時と同じ企業で継続的に働いている男性は 65.1％（55.7％ +9.4％）だが、女性と大きく異なる点として、9.4％ が 60 歳を境に職歴上の何らかの変化を経験している。さらに、59 歳時に所属していた企業と異なる企業で働いているのは、女性が 7.0％ に対して、男性は 15.3％ を占めている。すなわち、59 歳時に就業している人のうち、男性のおよそ 4 人に 1 人は転職または職歴上の何らかの変化を経験しているのに対して、女性で同様の経験をしている人は 1 割に満たない。

▊2▊ 60 歳前後における従業上の地位、職業、従業員規模、役職の変化

　次に、59 歳時に就業していた人に限定し、59 歳時と 61 歳時の従業上の地位（雇用形態を含む）や職業、従業員規模、役職などを詳しく見てみよう。

図表7-2は、性別ごとに59歳時の従業上の地位の分布を表している[13]。59歳時に働いている女性のうち、最も比率が高いのは非正規雇用者（36.7％）であり、自営、家族従業者、自由業、内職（33.6％）、正規雇用者（29.7％）と続く。それに対して、59歳時に働いている男性の7割弱は正規雇用者であり、非正規雇用者は1割に満たない。

　ここからは、次節の多変量解析のケース数と揃えるため、59歳時に就業し、かつ多変量解析で用いる変数に欠損が含まれていない61歳以上の女性と男性に分析対象を限定する。また、59歳時もしくは61歳時に「経営者、役員」に就いているケースは、数が少なく分析結果が安定しなかったため、除外した。分析対象の数は、女性が744ケース、男性が994ケースである。

　図表7-3は、59歳時の従業上の地位と61歳時の従業上の地位の関係を性別ごとに表したものである。当然ながら、女性も男性も60歳前後で従業上の地位が変わっていない人の比率が高い。自営、家族従業者、自由業、内職の9割強、非正規男性の8割強、非正規女性の約75％は59歳時も61歳時も同じ従業上の地位である。一方、59歳時に正規雇用者として就業していた女性と男性を比べるとやや違いが見られる。女性は半数が61歳時も正規

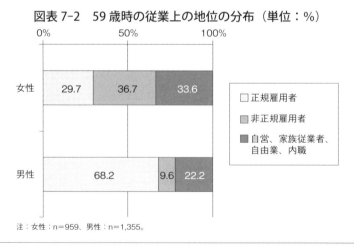

図表7-2　59歳時の従業上の地位の分布（単位：％）

注：女性：n＝959、男性：n＝1,355。

13　非正規雇用者には、「パート・アルバイト」、「派遣社員」、「契約社員、嘱託」、「臨時雇用」が含まれる。

図表 7-3　59 歳時と 61 歳時の従業上の地位の関係

女性

		61 歳				
		正規 雇用者	非正規 雇用者	自営、家族 従業者、自 由業、内職	無業	計
59 歳	正規雇用者	50.7%	12.7%	0.9%	35.7%	100%（221）
	非正規雇用者	0.0%	75.1%	1.8%	23.1%	100%（273）
	自営、家族従業者、自由業、内職	0.0%	1.2%	93.2%	5.6%	100%（250）
	全体	15.1%	31.7%	32.3%	21.0%	100%（744）

男性

		61 歳				
		正規 雇用者	非正規 雇用者	自営、家族 従業者、自 由業、内職	無業	計
59 歳	正規雇用者	44.5%	22.3%	4.7%	28.5%	100%（678）
	非正規雇用者	1.1%	83.2%	3.2%	12.6%	100%（ 95）
	自営、家族従業者、自由業、内職	0.5%	4.1%	93.7%	1.8%	100%（221）
	全体	30.6%	24.0%	24.3%	21.0%	100%（994）

注：「計」欄の（　）内の数値は人数を表している。

雇用者として就業しているが、約 35％ は 61 歳時には無業化し、1 割強が非正規雇用の職に就いている。それに対して、59 歳時に正規雇用職に就いていた男性のうち、61 歳時点で正規雇用の男性は 44.5％、無業の男性は 28.5％ と女性よりもやや比率が低く、非正規雇用の職に移行した男性の比率は 22.3％ と女性よりもやや高い。

　さらに図表 7-4 は、59 歳時と 61 歳時の両方とも就業しているケースのみに限定し、60 歳前後の従業上の地位の関係について、従業先の変化の有無別に示したものである。59 歳時に正規雇用の職に就き、61 歳時も同じ企業で勤めている層に注目すると、男性は 23.6％ が非正規雇用に転換しているのに対して、女性で非正規に転換している人は 12.0％ と少ない。また、59 歳時に正規雇用の職に就き、60 歳前後で転職した女性の 56.0％、男性の 49.3％ は、61 歳時に非正規雇用の職に就いている。ただし、59 歳時に正規雇用の女性、および 59 歳時に非正規雇用や自営等だった女性と男性は、60

図表 7-4　継続就業者と転職者における 59 歳時と 61 歳時の従業上の地位の関係

女性

			61 歳			
			正規 雇用者	非正規 雇用者	自営、家族 従業者、自 由業、内職	計
59 歳	継続 就業	正規雇用者	88.0%	12.0%	0.0%	100%（117）
		非正規雇用者	0.0%	100.0%	0.0%	100%（187）
		自営、家族従業者、自由業、内職	0.0%	0.0%	100.0%	100%（232）
	転職	正規雇用者	36.0%	56.0%	8.0%	100%（ 25）
		非正規雇用者	0.0%	78.3%	21.7%	100%（ 23）
		自営、家族従業者、自由業、内職	0.0%	75.0%	25.0%	100%（ 4）

男性

			61 歳			
			正規 雇用者	非正規 雇用者	自営、家族 従業者、自 由業、内職	計
59 歳	継続 就業	正規雇用者	76.4%	23.6%	0.0%	100%（343）
		非正規雇用者	0.0%	98.6%	1.4%	100%（ 74）
		自営、家族従業者、自由業、内職	0.0%	0.0%	100.0%	100%（206）
	転職	正規雇用者	28.2%	49.3%	22.5%	100%（142）
		非正規雇用者	11.1%	66.7%	22.2%	100%（ 9）
		自営、家族従業者、自由業、内職	9.1%	81.8%	9.1%	100%（ 11）

注：「計」欄の（ ）内の数値は人数を表している。

歳前後で転職を経験している人がそもそも少ない。

　次に、60 歳前後の従業先の変化の有無と 61 歳時の職業（図表 7-5）、従業員規模（図表 7-6）、役職（図表 7-7）の関係を確認しよう。図表 7-5 から、性別の違いとして特徴的なのは、61 歳時にサービス職や労務職に就いている女性の多さ、そして管理職や運輸・通信職、運転・電気作業、建設職、保安職の少なさが挙げられる。60 歳前後に同一企業で継続就業している女性のうち、15.3% が 61 歳時にサービス職に携わっており、男性（4.2%）よりも比率が高い。また、転職を経験した女性の 36.5% は 61 歳時に労務職に就いており、男性（8.0%）よりもかなり多い。反対に、管理職や運輸・通信職、運転・電気作業、建設職、保安に就いている女性は、継続就業者、転

図表 7-5　60 歳前後の従業先の変化の有無と 61 歳時の職業の関係

		専門・技術	管理	事務	販売	サービス	保安	農林
女性	継続就業	9.7%	0.6%	18.5%	13.8%	15.3%	0.2%	12.5%
	転職	7.7%	0.0%	13.5%	3.8%	11.5%	0.0%	1.9%
男性	継続就業	8.0%	5.8%	11.1%	13.6%	4.2%	1.3%	9.6%
	転職	11.7%	6.8%	15.4%	5.6%	4.3%	6.8%	16.7%

		運輸・通信	製造作業	運転・電気作業	建設	労務	その他	計
女性	継続就業	1.1%	14.9%	0.0%	0.7%	6.9%	5.8%	100%（536）
	転職	0.0%	13.4%	1.9%	0.0%	36.5%	9.6%	100%（ 52）
男性	継続就業	8.2%	17.6%	5.0%	7.4%	5.1%	3.0%	100%（623）
	転職	8.6%	7.4%	2.5%	3.7%	8.0%	2.5%	100%（162）

注：「計」欄の（　）内の数値は人数を表している。

図表 7-6　60 歳前後の従業先の変化の有無と 61 歳時の従業員規模の関係

		1〜9人	10〜29人	30〜99人	100〜299人	300〜999人	1,000人以上	官公庁	わからない	計
女性	継続就業	49.6%	14.4%	11.0%	8.0%	4.8%	6.7%	5.4%	0.0%	100%（536）
	転職	23.0%	19.2%	15.4%	13.5%	3.8%	5.8%	5.8%	13.5%	100%（ 52）
男性	継続就業	37.5%	10.4%	10.0%	9.5%	8.2%	18.1%	6.3%	0.0%	100%（623）
	転職	27.7%	9.9%	17.3%	8.0%	6.2%	12.3%	13.6%	4.9%	100%（162）

注：「計」欄の（　）内の数値は人数を表している。

図表 7-7　60 歳前後の従業先の変化の有無と 61 歳時の役職の関係

		役職なし	監督など	係長	課長	部長以上	わからない	計
女性	継続就業	92.2%	2.1%	0.6%	1.7%	3.6%	0.0%	100%（536）
	転職	96.2%	1.9%	1.9%	0.0%	0.0%	0.0%	100%（ 52）
男性	継続就業	69.8%	3.5%	3.0%	6.7%	16.9%	0.0%	100%（623）
	転職	85.2%	0.6%	3.1%	4.9%	4.9%	0.6%	100%（162）

注：「計」欄の（　）内の数値は人数を表している。

職者ともに全体の 1% 前後しかいない。また、女性の 12.5% は 60 歳前後で同一企業等において農林漁業関連の仕事に従事している。男性でこの仕事に就いているのは、継続就業者の 9.6%、転職者の 16.7% である。

　従業員規模に関しては、継続就業者、転職者ともに、男性の方が 61 歳時

に規模の大きい企業や官公庁で勤務している（図表7-6）。継続就業の女性のうち、300〜999人の企業に所属しているのは4.8%、1,000人以上の企業は6.7%であるのに対して、継続就業の男性は、300〜999人の企業が8.2%、1,000人以上の企業が18.1%を占める。転職者についても、61歳時に300〜999人の企業で働いているのは、女性が3.8%、男性が6.2%、1,000人以上の企業で働いているのは、女性が5.8%、男性が12.3%である。さらに、60歳前後で転職した男性の13.6%は61歳時に官公庁で働いているのに対して、女性の同比率は5.8%である。

　役職に関しては、60歳前後で従業先を変更したかどうかにかかわらず、女性よりも男性の方が61歳時に役職に就いている（図表7-7）。継続就業者で見ると、男性の16.9%は61歳時に部長以上、6.7%は課長の役職に就いているのに対して、部長以上の女性は3.6%、課長は1.7%しかない。また、60歳前後で転職した男性の1割ほどが61歳時に課長以上の役職に就いているのに対して、転職した女性で課長以上の職に就いている人は一人もいない。

　本節の女性の結果をまとめると、59歳時点で4割弱が無業であり、また就業している女性の4割弱が非正規雇用者、3割強が自営・家族従業者・自由業、3割弱が正規雇用者である。このうち、正規雇用の女性のおよそ3人に1人は61歳時で無業になっており、半数が正規雇用者として働いている。男性に比べて、正規雇用者、非正規雇用者ともに、60歳を境とした職歴の変化は生じにくく、雇用形態を変えて同一企業で働き続ける女性や、転職して働き続ける女性は少ない。また、61歳時の職業等を男性と比較すると、サービス職や労務職に就き、比較的規模の小さな企業で働く女性が多い。役職については、継続就業者も転職者も、課長以上の役職に就いている女性は、男性よりもかなり少ない。

第 5 節　60 歳前後における従業先の変化と 61 歳時の従業上の地位に対する 59 歳時の就業状況や婚姻状況の影響

1 分析方法

　60 歳前後における従業先や従業上の地位の変化に対して、どのような要因が影響しているのだろうか。また、性別によって、その影響にどのような違いがあるのだろうか。本節では、59 歳時に就業していた人々に焦点を当て、59 歳から 61 歳までの職歴の変化に対する 59 歳時の就業状況や婚姻状況の影響を、性別ごとに多項ロジスティック回帰分析を行うことで、明らかにしたい[14]。

　ここで用いる目的変数は 2 つある。1 つは 59 歳時から 61 歳時までの就業状態の変化を表した 3 カテゴリ（「59 歳時就業→61 歳時無業〈基準カテゴリ〉」、「59 歳時就業→61 歳時就業（同一企業での継続就業)」、「59 歳時就業→61 歳時就業（転職)」）の名義尺度である。もう 1 つは 61 歳時点の従業上の地位を表した 4 カテゴリ（「無業〈基準カテゴリ〉」、「正規雇用者」、「非正規雇用者」、「自営、家族従業者、自由業、内職」）の名義尺度である。つまり前者で言えば、61 歳時無業を基準とし、同一企業での継続就業や他企業への転職に対して、各説明変数がどの程度の効果を持っているかを分析することになる。

　説明変数には、59 歳時の従業先の情報や職歴、婚姻状況等に関する変数を用いる。59 歳時の従業先の情報として、勤続年数、従業上の地位、従業員規模、職業、役職を採用する。勤続年数は「5 年未満〈基準カテゴリ〉」、「5 年以上 10 年未満」、「10 年以上 20 年未満」、「20 年以上 30 年未満」、「30 年以上」の 5 カテゴリ、従業上の地位は「正規雇用者〈基準カテゴリ〉」、「非正規雇用者」、「自営、家族従業者、自由業、内職」の 3 カテゴリ、従業員規模は「30 人未満〈基準カテゴリ〉」、「30〜299 人」、「300 人以上」、「官公庁」の 4 カテゴリ、職業は「事務職〈基準カテゴリ〉」、「専門・技術職」、「管理職」、「販売職」、「サービス・保安職」、「製造作業」、「採掘・建設・電

14　多項ロジスティック回帰分析の簡単な説明は、序章第 5 節 -5(2)を参照。

気作業・運輸・通信職」、「労務職」、「農林漁業関連職・その他」の9カテゴ
リに区分した。役職は課長以上の場合を1とするダミー変数である。

　職歴に関する変数には、59歳までの離職回数を採用した。また、高齢法
の改正等により高年齢者の就業率が上昇していることを踏まえて、59歳時
の年を表す変数（2006年以降の場合を1とするダミー変数）を分析に投入
した。前述の通り、2006年の法改正は企業に65歳までの継続雇用を義務づ
けるものだったため、この変数を投入することで、法改正が女性と男性それ
ぞれに対して、どのような影響を与えたかを推計することができる。

　婚姻状況を表す変数として、59歳時の婚姻状況と配偶者の結婚時の従業
先規模を用いる[15]。特に女性に関して、婚姻状況や配偶者の情報は、自身の
就業決定に大きく影響を及ぼすことが予想される。59歳時の婚姻状況は
「既婚〈基準カテゴリ〉」、「未婚」、「離別」、「死別」の4カテゴリ、配偶者の
結婚時の従業先規模は「30人未満〈基準カテゴリ〉」、「30～299人」、「300
人以上・官公庁」の3カテゴリに区分した。

　その他に、統制変数として、学歴（「中学・高校〈基準カテゴリ〉」、「専
門・短大・高専」、「大学・大学院」）を用いる。以上の変数の記述統計量は、
図表7-8の通りである。

２　59歳時の就業状況や婚姻状況が60歳前後の従業先の変化に与える影響

　図表7-9は、59歳時から61歳時までの就業状態の変化を目的変数とする
多項ロジスティック回帰分析の結果である。まず、59歳時の年は、性別に
かかわらず、継続就業や転職に対して統計的に有意な正の効果を与えてい
る。2006年以降に59歳に到達した人は、2006年より前に59歳に到達した
人に比べて、61歳時にも働いている。オッズ比[16]を計算すると、2006年以
降に59歳に到達した場合、61歳時に無業だった人よりも、同一企業で継続

15　理想的には59歳時の配偶者の就業状況に関する変数を用いるべきだが、SSM調査で把握可能
　な配偶者の情報は結婚時と調査時点のみである。そのためここでは結婚時の就業状況を採用する
　こととした。また、結婚時の就業情報としては、従業員規模の他にも従業上の地位や職業等が把
　握されているが、これらは分析結果を大きく左右しなかったため、従業員規模のみを採用するこ
　ととした。
16　オッズ比とは、偏回帰係数（B）を指数変換（exp(B)）した値であり、説明変数が基準カテゴ
　リに比べて各カテゴリに何倍の効果を持っているかを表している。

図表 7-8　多変量解析に用いる説明変数、目的変数の記述統計量

	女性		男性	
	平均値・割合	標準偏差	平均値・割合	標準偏差
59 歳時から 61 歳時の就業状態の変化	2.86	0.51	2.95	0.61
就業→無業	0.21		0.21	
就業→就業（継続就業）	0.72		0.63	
就業→就業（転職）	0.07		0.16	
61 歳時の従業上の地位	3.59	0.98	3.36	1.12
無業	0.21		0.21	
正規雇用者	0.15		0.31	
非正規雇用者	0.32		0.24	
自営、家族従業者、自由業、内職	0.32		0.24	
59 歳時の年（2006 年以降＝1）	0.48	0.50	0.49	0.50
59 歳時の従業先				
勤続年数				
5 年未満	0.15	0.35	0.12	0.32
5 年以上 10 年未満	0.15	0.35	0.09	0.29
10 年以上 20 年未満	0.23	0.42	0.11	0.31
20 年以上 30 年未満	0.19	0.39	0.16	0.37
30 年以上	0.29	0.45	0.53	0.50
従業上の地位				
正規雇用者	0.30	0.46	0.68	0.47
非正規雇用者	0.37	0.48	0.10	0.29
自営、家族従業者、自由業、内職	0.34	0.47	0.22	0.42
従業員規模				
30 人未満	0.54	0.50	0.36	0.48
30〜299 人	0.22	0.42	0.20	0.40
300 人以上	0.14	0.34	0.30	0.46
官公庁	0.10	0.30	0.13	0.34
役職（課長以上＝1）	0.05	0.22	0.30	0.46
職業				
専門・技術	0.11	0.31	0.10	0.30
管理	0.01	0.07	0.10	0.29
事務	0.21	0.41	0.14	0.34
販売	0.13	0.33	0.13	0.33
サービス・保安	0.15	0.36	0.05	0.22
製造作業	0.17	0.37	0.18	0.38
採掘・建設・電気作業・運輸・通信	0.02	0.13	0.19	0.39
労務	0.06	0.25	0.04	0.19
農林・その他	0.15	0.36	0.09	0.28
59 歳までの離職回数	2.23	1.72	1.57	1.59
59 歳時の婚姻状況				
既婚	0.77	0.42	0.89	0.31
未婚	0.04	0.20	0.04	0.20
離別	0.08	0.27	0.04	0.20
死別	0.10	0.31	0.02	0.15
配偶者の結婚時の従業先規模				
30 人未満	0.32	0.47	0.23	0.42
30〜299 人	0.11	0.32	0.13	0.34
300 人以上・官公庁	0.21	0.41	0.26	0.44
学歴				
中学・高校	0.78	0.42	0.71	0.46
専門・短大・高専	0.16	0.37	0.05	0.21
大学・大学院	0.06	0.23	0.24	0.43
N	744		994	

175

図表 7-9　59 歳時の就業状況や婚姻状況が 60 歳前後の従業先の変化に与える影響（多項ロジスティック回帰分析）

	女性 継続就業 B	女性 継続就業 S.E.	女性 転職 B	女性 転職 S.E.	男性 継続就業 B	男性 継続就業 S.E.	男性 転職 B	男性 転職 S.E.
59 歳時の年（2006 年以降＝1）	0.87	0.23 ***	0.96	0.37 *	0.61	0.19 **	0.53	0.22 *
59 歳時の従業先								
勤続年数（ref:5 年未満）								
5 年以上 10 年未満	0.54	0.44	1.09	0.63	0.00	0.49	-0.05	0.62
10 年以上 20 年未満	-0.52	0.37	-0.31	0.60	-0.63	0.45	-0.62	0.58
20 年以上 30 年未満	-0.83	0.39 *	-0.85	0.68	-0.93	0.43 *	-0.41	0.53
30 年以上	-0.41	0.46	0.03	0.78	-1.42	0.40 ***	-0.60	0.50
従業上の地位（ref: 正規雇用者）								
非正規雇用者	0.31	0.26	-0.17	0.42	0.59	0.38	-0.20	0.51
自営、家族従業者、自由業、内職	1.83	0.40 ***	-0.44	0.75	2.94	0.57 ***	1.22	0.67
従業員規模（ref:30 人未満）								
30～299 人	-0.45	0.30	0.37	0.46	-0.41	0.30	-0.28	0.39
300 人以上	-0.66	0.33 *	-0.87	0.63	-0.32	0.29	0.06	0.37
官公庁	-1.14	0.40 **	0.12	0.67	-1.29	0.37 ***	0.01	0.43
役職（課長以上＝1）	0.75	0.56	0.44	0.92	0.44	0.25	0.34	0.29
職業（ref: 事務）								
専門・技術	0.22	0.40	-0.72	0.75	0.44	0.37	0.24	0.43
管理	0.25	1.49	-17.74	0.00	-0.06	0.36	0.02	0.41
販売	0.72	0.42	1.68	0.66 *	-0.01	0.35	0.17	0.42
サービス・保安	0.43	0.36	0.22	0.64	0.59	0.50	0.74	0.56
製造作業	0.18	0.33	0.79	0.55	0.42	0.33	0.36	0.39
採掘・建設・電気作業・運輸・通信	1.56	1.14	2.13	1.39	0.85	0.34 *	0.32	0.41
労務	0.82	0.49	-0.11	0.94	1.44	0.62 *	1.00	0.72
農林・その他	1.00	0.45 *	1.21	0.68	0.97	0.63	0.43	0.79
59 歳までの離職回数	0.15	0.08	0.26	0.12 *	-0.14	0.08	-0.03	0.10
59 歳時の婚姻状況（ref: 既婚）								
未婚	-0.49	0.53	-0.63	0.80	-1.17	0.43 **	-1.77	0.67 **
離別	0.11	0.45	-0.14	0.68	-0.09	0.52	-0.64	0.69
死別	0.59	0.42	1.19	0.57 *	-0.22	0.58	-1.08	0.86
配偶者の結婚時の従業先規模（ref:30 人未満）								
30～299 人	-0.79	0.35 *	-0.97	0.57	-0.10	0.29	-0.22	0.34
300 人以上・官公庁	-1.07	0.30 ***	-1.64	0.55 **	-0.36	0.22	-0.72	0.27 **
学歴（ref: 中学・高校）								
専門・短大・高専	0.06	0.32	1.05	0.48 *	-0.13	0.45	-0.60	0.58
大学・大学院	0.34	0.50	1.02	0.82	0.20	0.25	-0.04	0.30
切片	0.62	0.52	-2.27	0.85 **	1.62	0.53 **	0.08	0.66

	女性	男性
N	744	994
-2LL	858.621	1409.427
Nagelkerke R^2	0.351	0.291

注 1：*：$p<0.05$、**：$p<0.01$、***：$p<0.001$。B は非標準化係数、S.E. は標準誤差を表す。
注 2：目的変数の基準カテゴリは「就業→無業」。

就業している女性は 2.39 倍（$exp(0.87)$）、男性は 1.85 倍（$exp(0.61)$）、転職した女性は 2.60 倍（$exp(0.96)$）、男性は 1.70 倍（$exp(0.53)$）多い。

　59 歳時の従業先が与える効果については、勤続年数、従業上の地位、従業員規模、職業が 60 歳前後の就業状態の変化を左右している。性別を問わず、59 歳時の従業先における勤続年数が長い人ほど、61 歳時に無業になる場合に比べて継続就業を選択しにくい。60 歳前後も同じ企業で継続就業しているのは、勤続年数 5 年未満の人に比べて、20 年以上 30 年未満の女性は 0.44 倍（$exp(-0.83)$）、30 年以上の女性は 0.67 倍（$exp(-0.41)$）、20 年以上 30 年未満の男性は 0.39 倍（$exp(-0.93)$）、30 年以上の男性は 0.24 倍（$exp(-1.42)$）である。他方、61 歳時に無業になるケースと転職するケースを比べた場合、勤続年数は統計的に有意な影響を与えていない。

　従業上の地位に関して、59 歳時に正規雇用者だった人に比べて、自営、家族従業者、自由業、内職は 61 歳時に無業化せず、同じ勤め先等で継続的に働いている。ただし、60 歳前後の就業状態の変化に対して、59 歳時の従業上の地位が正規雇用だった人と非正規雇用だった人との間には、性別を問わず有意差が確認されない。また、従業員規模は、59 歳時に規模の大きな企業や官公庁に勤めていた人ほど、61 歳時点で継続就業を選ばず無業になっている傾向が確認できる。60 歳前後で継続就業している女性のオッズ比は、30 人未満の企業で勤めていた人に比べて、300 人以上の企業で勤めていた女性が 0.52 倍（$exp(-0.66)$）、官公庁で勤めていた女性が 0.32 倍（$exp(-1.14)$）である。同様に男性は、300 人以上の企業で勤めていた人が 0.73 倍（$exp(-0.32)$）、官公庁で勤めていた人が 0.28 倍（$exp(-1.29)$）である。

　職業は、概して 60 歳前後の就業状態にあまり影響していない。その中で、女性に関しては、59 歳時の従業先で事務職だった人に比べ、農林・その他の職は継続就業し、販売職は 61 歳にかけて転職する傾向が確認される。一方男性は、59 歳時の従業先で採掘・建設・電気作業・運輸・通信職や労務職に携わっていた人が、事務職に比べて継続的に同じ企業で働いている。なお、59 歳時の役職は 60 歳前後の職歴の変化に影響していない。

　59 歳時の婚姻状況について、既婚男性に比べて未婚男性は 60 歳を境に継続就業や転職よりも無業を選択する傾向がある。未婚男性は、一人で 60 歳

以降の生活を支えるだけの十分な貯蓄や年金が蓄積されているためだろう。それに対して、女性は 59 歳時の婚姻状況が 60 歳前後の就業状態の変化にあまり影響していない。唯一、死別した女性は 60 歳を境に転職する傾向が見られるが、この分析だけで結果を解釈するのは難しい。

　むしろ女性の分析で顕著な結果は、配偶者の結婚時の従業先規模が、60 歳前後の職歴の変化に大きな影響を与えている点である。配偶者（夫）が結婚時に 300 人以上の企業または官公庁に勤めていた女性は、夫が 30 人未満の企業に勤めていた女性に比べて、60 歳を境に仕事を辞めている。これは先行研究と整合的な結果である。比較的規模の大きな企業や官公庁で働く夫の就業で積み立てられた年金や貯蓄によって 60 歳以降の生活が十分に賄えると判断し、無業を選択するものと考えられる。同様に、男性に関しても、配偶者（妻）が結婚時 300 人以上の企業または官公庁に勤めていた場合は、60 歳を境に転職するよりも無業を選択する傾向が見られる。この分析だけから断定的なことは言えないが、官公庁等で働く女性は、結婚、出産後も継続して働き続けやすいとすれば、夫婦合わせた貯蓄で 60 歳以降の生活を賄えると判断し、労働市場から退くことを選びやすいのかもしれない。

３ 59 歳時の就業状況や婚姻状況が 61 歳時の従業上の地位に与える影響

　次に、図表 7-10 は、61 歳時の従業上の地位を目的変数とする多項ロジスティック回帰分析の結果を表している[17]。59 歳時の年は、女性の正規雇用と非正規雇用、男性の非正規雇用に有意な正の影響を及ぼしている。つまり、2006 年以降に 59 歳に到達した女性は、それ以前に比べて、正規雇用および非正規雇用として働く人が無業よりも多いのに対して、男性で有意に増えているのは非正規雇用者のみと解釈できる。オッズ比を計算すると、2006

17　女性の分析に関して、従業上の地位の偏回帰係数と標準誤差が非常に大きな値となっている。これは、説明変数と目的変数のクロス表において度数がゼロのセルが存在する完全分離と呼ばれる現象が生じていることを表している（林・苫米地・俣野 2017）。この問題への対応として、変数を結合するかまたは除外することなどが挙げられるが、結合しても完全分離は解消されなかった。また、61 歳時の従業上の地位に対して、59 歳時の従業上の地位は当然強く影響するので、理論上除外することも適切とは考えられない。以上を踏まえて、この分析では、61 歳時の従業上の地位に対する 59 歳時の従業先の勤続年数や役職、職業の効果に主関心を置いているため、59 歳時の従業上の地位は統制要因として残すこととした。

図表7-10　59歳時の就業状況や婚姻状況が61歳時の従業上の地位に与える影響（多項ロジスティック回帰分析）

	女性 正規雇用者		女性 非正規雇用者		女性 自営・家族従業者、自由業、内職		男性 正規雇用者		男性 非正規雇用者		男性 自営・家族従業者、自由業、内職	
	B	S.E.	B	S.E.	B	S.E.	B	S.E.	B	S.E.	B	S.E.
59歳時の年（2006年以降＝1）	0.87	0.36*	1.13	0.28***	0.31	0.51	0.39	0.20	0.87	0.22***	0.52	0.34
59歳時の従業先												
勤続年数（ref:5年未満）												
5年以上10年未満	0.21	0.75	0.67	0.48	1.41	1.00	-0.12	0.53	-0.30	0.58	1.27	0.94
10年以上20年未満	-1.19	0.66	-0.24	0.42	-0.35	0.96	-0.88	0.49*	-0.36	0.53	0.11	0.84
20年以上30年未満	-1.15	0.71	-0.81	0.45	-0.69	0.98	-1.33	0.47**	-0.31	0.51	1.20	0.80
30年以上	-0.68	0.76	-0.22	0.60	0.09	1.02	-1.97	0.45***	-0.34	0.48	0.80	0.81
従業上の地位（ref:正規雇用者）												
非正規雇用者	-21.20	2524.89	2.04	0.35***	0.76	0.97	-4.14	1.08***	2.10	0.42***	0.36	0.78
自営、家族従業者、自由業、内職	-20.35	3253.41	-0.89	0.77	6.21	1.05*	-2.82	1.17*	1.49	0.70*	5.74	0.73***
従業員規模（ref:30人未満）												
30～299人	-0.66	0.43	-0.22	0.35	-0.07	0.82	-0.63	0.32*	0.08	0.39	-0.54	0.53
300人以上	-0.62	0.56	-0.75	0.38	-1.00	1.25	-0.66	0.31*	0.69	0.37	-1.29	0.60*
官公庁	-2.32	0.67**	-0.22	0.47	-0.26	1.34	-1.68	0.40***	0.27	0.43	-0.54	0.63
役職（課長以上＝1）	0.88	0.70	0.80	0.79	0.50	1.03	0.53	0.26*	0.43	0.28	-0.15	0.44
職業（ref:事務）												
専門・技術	0.88	0.58	-0.07	0.54	-0.90	0.86	0.56	0.40	0.48	0.41	-1.05	0.77
管理	0.56	1.74	-18.18	0.00	0.92	4.31	0.14	0.38	-0.16	0.42	-0.36	0.77
販売	0.56	0.70	1.10	0.50*	0.12	0.74	0.02	0.39	0.33	0.41	-1.11	0.73
サービス・保安	0.65	0.62	0.43	0.44	-0.13	0.77	0.07	0.59	1.08	0.55	0.57	0.84
製造作業・建設・電気作業・運輸・通信	0.81	0.49	-0.03	0.41	0.61	0.80	0.36	0.35	0.45	0.39	0.35	0.63
採掘	1.51	1.49	1.30	1.20	0.77	2.54	0.69	0.37	0.93	0.39*	-0.02	0.66
労務	1.39	0.97	0.57	0.54	-0.63	1.67	0.98	0.67	1.83	0.68**	1.34	0.91
農林・その他	2.04	0.78**	0.27	0.56	1.27	0.83	0.70	0.77	0.68	0.75	0.99	0.90
59歳までの離職回数	0.18	0.13	0.16	0.09	0.09	0.19	-0.15	0.09	-0.04	0.09	-0.21	0.14
59歳時の婚姻状況（ref:既婚）												
未婚	-0.70	0.68	0.01	0.71	-2.19	1.21	-1.42	0.52**	-1.14	0.54*	-2.38	0.91**
離別	0.10	0.67	0.11	0.52	0.21	0.96	0.05	0.55	-1.00	0.71	0.42	0.76
死別	-0.29	0.59	1.35	0.49*	0.48	0.98	-0.30	0.65	-0.24	0.67	-1.45	1.33
配偶者の結婚時の従業先規模（ref:30人未満）												
30～299人	-1.53	0.55**	-0.31	0.43	-1.10	0.78	-0.22	0.31	0.01	0.33	-0.28	0.51
300人以上・官公庁	-1.52	0.52**	-0.93	0.35**	-1.05	0.70	-0.58	0.24*	-0.27	0.25	-0.59	0.44
学歴（ref:中学・高校）												
専門・短大・高専	0.51	0.51	-0.11	0.38	0.84	0.67	-0.22	0.49	-0.24	0.52	-0.22	0.79
大学・大学院	0.70	0.69	0.22	0.62	1.31	1.16	0.07	0.27	0.17	0.29	0.18	0.48
切片	0.98	0.79	-1.50	0.69*	-3.59	1.44*	2.40	0.59***	-1.17	0.66	-1.64	1.04
N	744						994					
-2LL	754.843						1524.513					
Nagelkerke R²	0.865						0.706					

注1：*：p＜0.05、**：p＜0.01、***：p＜0.001。Bは非標準化係数、S.E.は標準誤差を表す。
注2：目的変数の基準カテゴリは「無業」。

179

年以降に 59 歳に到達した場合、61 歳時に正規雇用の仕事に就いている女性は無業の 2.38 倍（$exp(0.87)$）、非正規雇用の仕事に就いている女性は 3.11 倍（$exp(1.13)$）、非正規雇用の仕事に就いている男性は 2.38 倍（$exp(0.87)$）である。

59 歳時の従業先の影響に関して、勤続年数と従業員規模、役職の効果が性別によって異なる点は興味深い。男性は 59 歳時の従業先における勤続年数が 61 歳時の従業上の地位を規定しており、勤続年数が長い男性ほど 61 歳時に正規雇用に比べて無業化する傾向が見られる。無業の男性に対する正規雇用男性のオッズ比は、勤続年数 20 年以上 30 年未満の男性が 5 年未満の男性の 0.26 倍（$exp(-1.33)$）、30 年以上の男性が 5 年未満の男性の 0.14 倍（$exp(-1.97)$）である。それに対して、女性は勤続年数の有意な効果がまったく見られない。

従業員規模に関して、官公庁の効果は性別を問わず 61 歳時の正規雇用の就業確率を低めている。59 歳時の従業先が 30 人未満の企業だった人に比べて、官公庁に勤めていた女性が 61 歳時にも正規雇用の職に就いているオッズ比は無業の 0.10 倍（$exp(-2.32)$）、男性は 0.19 倍（$exp(-1.68)$）である。民間企業についても性別にかかわらず同じ傾向が見られ、59 歳時の従業先の規模が大きいほど 61 歳時に正規雇用よりも無業となる確率が高い。ただし、女性は男性よりも誤差が大きく、統計的に有意な結果が確認されない。

役職に関して、59 歳時の従業先で課長以上の役職に就いている男性は、61 歳時に正規雇用の職に就いている傾向が見られる。59 歳時に課長以上だった男性が 61 歳時に正規雇用であるオッズ比は、無業の 1.69 倍（$exp(0.53)$）である。それに対して、女性は 59 歳時の役職の有意な効果が見られない。

職業については、59 歳時の従業先で販売職として働いていた女性、および採掘・建設・電気作業・運輸・通信職や労務職の仕事に就いていた男性は、61 歳時に非正規雇用者として就業している確率が高い。また、59 歳時に農林漁業関連職・その他の職に携わっていた女性は、61 歳時に正規雇用の仕事に就いている。

59 歳時の婚姻状況については、前項の就業状態の変化に関する分析結果

と同様に、未婚の男性は、既婚男性に比べて60歳を境に無業化している。また、配偶者と死別した女性は非正規雇用者として働いている。さらに、女性は配偶者の結婚時の従業先規模が61歳時の従業上の地位に大きく影響している点も前項の分析と同様である。配偶者（夫）が比較的規模の大きい企業または官公庁に勤めていた女性は、配偶者が30人未満の企業に勤めていた女性に比べて、61歳時に正規雇用や非正規雇用の仕事よりも無業になることを選んでいる。また、配偶者（妻）が結婚時300人以上の企業・官公庁に勤めていた男性は、60歳を境に正規雇用よりも無業になることを選択している。

4　小括

本節の結果をまとめよう。同一企業等での継続就業か否かにかかわらず、2006年以降に59歳に到達した女性は、60歳を境に無業化するよりも正規雇用者、あるいは非正規雇用者として就業を続けている。男性は非正規雇用者として働き続ける確率が高まっている。

59歳時の従業先が61歳までの就業状態の変化に与える影響に関して、女性も男性も、59歳時の従業先における勤続年数が長い人や従業員規模の大きな企業、官公庁に勤めている人は、60歳前後で継続就業するよりも無業化しやすい。本研究の分析対象には、年金の支給開始年齢の引き上げや高齢法の改正以前に60歳に到達した人々も多く含まれる。そのため、長期勤続者や大企業・官公庁に所属していた人は、60歳での定年が制度的に設定されていたり、十分な貯蓄と年金によって定年後の生活が賄えると判断できることの効果が表れているものと考えられる。

一方、61歳時の従業上の地位に注目すると、59歳時の勤続年数や役職、従業員規模の影響は、性別によって異なる。男性は59歳時の従業先における勤続年数が長い人ほど61歳時に正規雇用に比べて無業化する傾向が見られるのに対して、女性は勤続年数の有意な効果がまったく見られない。同様に、役職に関しても、59歳時の従業先で課長以上の役職に就いている男性は、61歳時に正規雇用の職に就いている傾向が見られるが、女性は役職の有意な効果が見られない。さらに、従業員規模について、59歳時に民間企

業で勤務していた人に着目すると、従業先の規模が大きい男性ほど61歳時に正規雇用よりも無業となる確率が高いが、女性にはそのような有意な関連が確認されない。ただし、官公庁に勤めていた人は、性別にかかわらず、61歳時に正規雇用者として働くよりも無業化している。これらの結果は、長期勤続や役職、従業先の規模など、60歳までの職業経歴の積み重ねによって、61歳時の従業上の地位が左右されるのは、概ね男性であることを表している。

　職業について、59歳時に販売職として働いていた女性は60歳前後で転職し、61歳時に非正規雇用として働いている傾向が見られる。他方、59歳時に採掘・建設・電気作業・運輸・通信職や労務職の仕事に就いていた男性は、61歳時に同一企業で非正規雇用者として継続的に就業している。

　59歳時の婚姻状況は、先行研究の結果と同様に、配偶者（夫）の職業経歴が、女性の60歳前後の職歴の変化に大きな影響を与えている。夫が結婚時に規模の大きな企業や官公庁に勤めていた女性は、60歳を境に仕事を辞めている。60歳以降の生活を賄うのに十分な年金や貯蓄が積み立てられているためだろう。

第6節　60歳前後の従業先や従業上の地位の変化と個人の稼得収入との関係

　60歳前後のキャリアの転換によって、61歳以降の個人所得はどの程度違い、ジェンダー間の格差がどれくらいあるのだろうか。ここでは、最小二乗法によって所得に影響しうる変数を可能な限り統制した上で、性別および60歳前後のキャリア別の稼得収入の推定値を算出したい。この推計に用いたのは、調査時点で就業している61歳以上の女性（408ケース）と男性（549ケース）である。なお、前節の分析と同様の条件とするため、59歳時または61歳時の従業上の地位が「経営者・役員」であるケースは、分析から除いた。

　目的変数は、調査時点の稼得収入である。SSM調査では、過去1年間の個人所得の総額（税込み）[18] について、30カテゴリの中から選択する形式

で尋ねている。さらに、その個人所得に占める稼得収入や年金収入等の比率を自由記述形式で尋ねている[18]。よって、個人所得の各カテゴリの中央値をとり、実際の所得金額に近い値に変換した上で、「給与や事業所得など働いて得た収入」の比率を掛け、過去 1 年間の稼得収入を算出した。

　説明変数は、59 歳時から 61 歳時までの職歴の変化を表す変数を作成した。具体的には、従業上の地位や転職の有無の組み合わせを 8 カテゴリ（「59 歳時または 61 歳時は無業〈基準カテゴリ〉」、「正規→正規（継続就業）」、「正規→正規（転職）」、「正規→非正規（継続就業）」、「正規→非正規（転職）」、「非正規→非正規」、「自営等→自営等」[19]、「その他」）に区分した。また、統制変数として、年齢、年金収入額（個人所得の各カテゴリの中央値に、「公的年金（国民年金・厚生年金等）」が占める比率を掛けた値）、調査時点の婚姻状況（「既婚〈基準カテゴリ〉」、「未婚」、「離別」、「死別」の 4 カテゴリ）、配偶者の調査時点の就業状況（無業の場合を 1 とするダミー変数）、持ち家の有無（ある場合を 1 とするダミー変数）、主観的健康（自身が健康だと考えている場合に高い値をとる 5 段階の順序尺度）を採用した。

　図表 7-11 は、性別ごとに最小二乗法で推定した結果を示したものである。また、図表 7-12 は、図表 7-11 の結果を基に、統制変数を全て同じ条件（平均値）に定めた場合に得られる稼得収入の推定値を、性別および 60 歳前後の職歴変化別に表したものである。図表 7-12 の結果で、最も推計収入のジェンダー差が確認できるのは、59 歳時も 61 歳時も自営等で働いている層である。男性の推定値（312.8 万円）は女性（123.0 万円）よりも 200 万円弱高い。

　被雇用者に注目すると、59 歳時に正規雇用者として働き、61 歳時までに転職し正規雇用者として就業している層に大きなジェンダー差がある点は興味深い。男性（281.0 万円）と女性（141.3 万円）の推定収入には 140 万円ほどの差がある。60 歳前後で転職した男性のうち 1 割ほどは課長以上の役職に就いているのに対して、女性は一人もいない（図表 7-7）点から推察すると、転職した男性の何割かは、59 歳時に所属していた企業の関連会社への

18　年金や株式配当、臨時収入、副収入など全ての収入を含めた金額を尋ねている。
19　自営等には自営・家族従業者、自由業、内職が含まれる。

図表7-11　60歳前後の従業先・従業上の地位の変化と稼得収入の関係（最小二乗法）

	女性		男性	
	B	S.E.	B	S.E.
59歳時から61歳時までの職歴				
（ref:59歳時または61歳時は無業）				
正規→正規（継続就業）	90.38	25.84 **	86.99	44.95
正規→正規（転職）	71.42	53.55	115.97	64.05
正規→非正規（継続就業）	25.78	44.90	23.66	52.42
正規→非正規（転職）	-2.59	42.69	-13.14	54.17
非正規→非正規	17.30	21.85	1.20	50.96
自営等→自営等	53.13	21.90 *	147.79	44.28 ***
その他	-34.90	57.68	20.05	53.96
年齢	-5.33	1.47 ***	-13.05	2.52 ***
年金収入額	-0.02	0.11	-0.44	0.13 **
調査時点の婚姻状況（ref: 既婚）				
未婚	79.05	36.26 *	-52.34	59.50
離別	25.74	23.41	-70.23	52.99
死別	10.94	18.77	89.74	56.05
配偶者の就業状況（無業＝1）	-3.43	16.25	59.76	23.43 *
持ち家あり	-11.71	17.05	29.16	32.30
主観的健康	13.53	6.71 *	13.29	11.88
定数	387.99	103.51 ***	1000.14	174.57 ***
N	408		549	
調整済み決定係数	0.087		0.136	

注：*：p<0.05、**：p<0.01、***：p<0.001。Bは非標準化係数、S.E.は標準誤差を表す。

出向等によって比較的良い条件で企業間を移動しているのに対して、女性にはこのような企業間ネットワークを活用した移動が生じにくいものと考えられる。また、59歳から61歳まで同一企業で継続就業している正規雇用の男性（252.0万円）と女性（160.3万円）にも、90万円ほどの収入差がある。継続就業に関しても、男性は4人に1人が61歳時に課長以上の役職に就いているのに対して、課長以上の女性は5%ほどしかいない。60歳までの昇進・昇格のジェンダー差が61歳時の収入差に反映されていることがうかがわれる。

　また、同一企業内で正規雇用から非正規雇用へと転換した層について、男性（188.7万円）と女性（95.7万円）の推計収入に約90万円の差がある。59歳時に正規雇用に就き61歳時も同一企業で継続就業している男性の中で、

図表 7-12　性別および 60 歳前後の職歴変化別、稼得収入の推定値

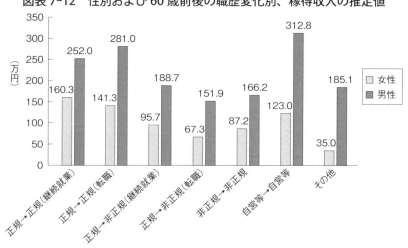

注：図表 7-11 の統制変数全てに平均値を代入した推計稼得収入額を示している。

　非正規へと転換した人は 23.6％ を占めるが、その内訳を確認すると、「契約社員・嘱託」が 19.5％、「パート・アルバイト」が 3.2％、「臨時雇用」が 0.9％ である。一方女性は、正規から非正規への転換者が 12.0％ で、内訳は「契約社員・嘱託」が 7.7％、「パート・アルバイト」が 4.3％ となっている。女性の方がややパート・アルバイトへの転換が多いものの、男性も女性も、契約社員・嘱託が多数を占めている点に変わりはない。よって、同じ従業上の地位の転換でも、男性の方が女性よりも良い条件で非正規雇用へと転換されていることが示唆される。

　以上をまとめると、年齢や年金額、婚姻状況、配偶者の就業の有無等を統計的にコントロールしても、61 歳以降の稼得収入におけるジェンダー差が確認される。その要因として考えられるのは、60 歳までのキャリアの蓄積である。高年齢期はそれまでに蓄積された経済的・社会的な有利/不利が発露されるライフステージであり、現役期の格差がより広がるとされる（累積的有利/不利（cumulative advantage/ disadvantage）仮説）。実際に、日本でも個人所得や世帯所得、資産の格差が、男性の 60 歳までの職業キャリアに規定されている（野呂 2001；木村 2002；麦山 2018）。また、企業間の制

185

度的なネットワークの活用可能性にも、ジェンダーによる違いがある。同一企業での勤続年数が平均的に短く、管理職比率が低い女性は、60歳以前に勤めていた企業から比較的良い条件で関連企業等へ出向・転籍する人が男性よりも少ない。そのために、たとえ60歳前後で男性と同様の従業上の地位で働いていても、女性は61歳以降の稼得収入が少ないものと考えられる。

第7節　まとめ、インプリケーション

　本章では、61歳以上を対象に、60歳前後（59歳到達時と61歳到達時）の就業や従業上の地位の変化、およびその変化と個人の稼得所得の関係について、女性と男性の違いを明らかにした。具体的には、①60歳前後における就業の有無と従業先や従業上の地位の変化、②60歳前後における従業先の変化や61歳時の従業上の地位に対する59歳時の就業状況や婚姻状況の影響、③60歳前後の従業先や従業上の地位の変化と個人の稼得収入との関係について、性別ごとに分析した。

　その結果、①について、女性は59歳時点で無業や非正規雇用者、自営・家族従業者・自由業、内職が男性よりも多い。また、59歳時点で就業している女性の60歳を境とした職歴上の変化を見ると、正規雇用者、非正規雇用者ともに、男性に比べて変化は生じておらず、同じ企業で雇用形態を変えずに継続的に就業している女性が多い。61歳時の女性の職業等の特徴としては、サービス職や労務職に就き、比較的規模の小さな企業で働く女性が多く、課長以上の役職者は少ない。

　②について、59歳時の従業先の勤続年数や従業員規模が60歳前後の就業状態に与える影響は、女性も男性も同様の傾向が見られた。長期勤続者や従業員数が多い企業・官公庁に勤めている人は、59歳から61歳にかけて継続的に就業するよりも無業になりやすい。他方、61歳時の従業上の地位に与える影響は、性別によって異なる。男性は長期勤続者や大規模企業、官公庁に勤めていた人ほど61歳時に正規雇用に比べて無業化する傾向があるのに対して、女性は勤続年数や従業員規模の有意な効果が見られない。さらに興味深い点として、59歳時に課長以上の役職に就いている男性は、61歳時に

正規雇用の職に就いているが、女性は役職の有意な効果が確認できない。

　③について、60歳前後の従業先や従業上の地位の変化を分けて、年齢や年金額等をコントロールし、稼得収入の推定値を算出した結果、全ての変化のパターンで収入のジェンダー格差が見られた。正規雇用（59歳時）から別の企業に転職し正規雇用者（61歳時）として働いている層の推定収入は、女性よりも男性の方が140万円ほど高い。また、同一企業で正規雇用者として継続就業している層も、男性と女性の間に90万円ほどの収入差がある。さらに、同一企業内で正規雇用から非正規雇用へと転換した層についても、男性は女性より90万円ほど年間の稼得収入が高い。

　以上の結果から導かれるインプリケーションとして、60歳に到達するまでの経済的・社会的な蓄積には大きなジェンダー格差があり、その差が60歳前後のキャリアの転換やそれ以降のキャリアを左右するため、格差が維持・拡大している可能性が挙げられる。高年齢期キャリアへの転換点を迎える時点で、女性は無業や非正規労働者が男性よりもかなり多い。加えて、正規労働者についても、勤続年数や役職の面でジェンダーによる隔たりがある。そのため、同一企業で継続就業したり、関連会社への出向・転籍など企業間のネットワークを活用し比較的良い条件で移動しやすいのは、女性よりも男性だろう。

　そして、昨今の高齢法改正は、組織の中核に位置する従業員に対して、高年齢期キャリアの優遇をもたらすかもしれない。2006年、2013年の法改正自体は、性別にかかわらず希望者全員の65歳までの雇用を義務化するものだが、女性はそもそも「希望者」の対象外に置かれている人が多い。加えて、継続雇用後の労働条件は企業が自由に決められるため、長期勤続者や役職者の少ない女性は、必然的に男性よりも劣る条件で雇用されやすいだろう。そのため、制度化された出向・転籍を含む継続雇用の促進は、高年齢期のジェンダー格差を拡大するのではないだろうか。ただし今後を見据えると、女性の長期勤続者や管理職が増えれば、ジェンダー格差は縮小する可能性もある。

　最後に残された課題を4点述べる。1点目に、本研究では2015年時点で約8割の企業が60歳定年制を採用していることを理由に、60歳前後の就業

状態の変化に注目したが、当然ながら、全ての人の転換点が 60 歳であるとは限らない。現役期から高年齢期への移行（あるいは現役期の延長）をより正確に把握、分析するためには、もう少し長いスパンの職歴の変化を見なければならない。2 点目に、60 歳前後の継続就業に関して、定年後に制度を活用した同一企業での継続雇用か、それとも 60 歳定年ではないため継続的に就業しているのかが、本研究で用いたデータでは判別できない。同様に、転職者に関しても、関連企業への出向・転籍か、それ以外の転職かが区別できない。制度化された職歴の移行を厳密に分析するためには、これらが把握可能なデータを用いて、再分析を行う必要がある。3 点目に、収入の分析に関しては、調査時点の収入のみ把握可能だったため、60 歳前後の収入の増減が分析できていない。高年齢期前後のジェンダー間の所得格差拡大・維持を正確に推定するために、厚生労働省『中高年者縦断調査』などのパネルデータを活用して検証を行いたい。4 点目に、本研究の分析では、世帯の情報を十分に統制できていない可能性がある。例えば配偶者の情報は結婚時の就業情報しか得られなかったが、当然ながらキャリアの節目（例えば 59 歳時）における配偶者情報を用いることが望ましい。また、その時点の世帯所得や資産額なども就業行動を規定するだろう。この点についても、パネルデータを活用することで、ある程度克服できるだろう。

謝辞

　本章の作成にあたり、『職業階層と社会移動全国調査（SSM 調査）』データ使用にあたっては 2015 年 SSM 調査データ管理委員会の許可を得た。また、厚生労働省から『高年齢者の雇用状況』の個票データの提供を受けた。作成した集計表等は提供を受けた調査票情報を独自集計したものであり、ありうべき誤りは全て著者の責任である。

終章　要約とインプリケーション

　年金の支給開始年齢の引き上げや高齢法の改正に伴い、65 歳までの雇用・労働が社会的に定着、普及し、70 歳までの就業機会の確保に向けた制度設計が議論されている。この時代の流れを背景に、本書では、企業側の視点（第 1 章〜第 4 章）と労働者側の視点（第 5 章〜第 7 章）の双方から、高年齢者の働き方の現状と課題を明らかにした。本書の特徴は、次の 3 点に集約される。

①60 代前半の継続雇用に関する分析結果から、65 歳以降の雇用・就業に向けた現状と課題を体系的に明らかにしたこと。
②統一的な視点として、「60 歳（または定年）前後の職歴や働き方の変化」（特に仕事や責任の変化の有無）に着目したこと
③企業視点と労働者視点の双方からアプローチしたこと。

　分析に使用したデータは、第 1 章が 2010〜2020 年の厚生労働省『高年齢者の雇用状況』のデータ、第 2 章〜第 4 章は 2019 年に労働政策研究・研修機構が企業を対象に実施した「JILPT 企業調査」データ、第 5 章、第 6 章は同じく 2019 年に労働政策研究・研修機構が高年齢者個人を対象に実施した「JILPT 個人調査」、第 7 章は 2015 年の『職業階層と社会移動全国調査（SSM 調査）』のデータである。各章の分析結果から得た知見の要約、および政策的インプリケーションは、以下の通りまとめられる。

第 1 節　各章の要約

序章の知見
　序章では、本書全体の社会的背景と関連する先行研究のレビューを行い、

研究目的や構成を示した。まず、高年齢者雇用・就業をめぐる状況を概観し、労働政策研究・研修機構が2019年に行った企業調査と個人調査の記述分析の結果を基に、高年齢者雇用・就業をめぐる課題を整理した。次に、本書のテーマと関連する4項目（①高齢法改正（雇用確保措置）の就業促進効果の検証、②在職老齢年金の就業抑制効果の検証、③若年者雇用への影響、④人事労務管理（60代前半層と65歳超層の人事管理））の先行研究を広くレビューした。そして、本書の目的と3点の特徴（上述）を明示し、各章の概要と関係を述べた。

第1章の知見

　65歳までの継続雇用の対象を原則希望者全員とした2013年の改正高齢法の施行が、企業の60代前半層の雇用に対して与えた影響を分析した。まず2013年法改正の影響を受けた企業の傾向として、金融・保険業、情報通信業、電気・ガス・熱供給・水道業、学術研究、専門・技術サービス業、常用労働者数が多い企業、組合のある企業という特徴が挙げられた。そして、2013年法改正の影響を受けた企業群では、法改正が行われなかったと仮定した場合に比べて、60〜64歳の常用労働者数が2012年からの8年間で平均約3.0人、64歳までの全常用労働者に占める比率が約0.9％増加したことがわかった。また、2010年代にどのような企業で65歳以上の常用労働者比率が増加したのかを分析すると、サービス業（その他）、運輸業、郵便業、飲食サービスなどの対人サービス業、組合が組織化されていない企業、そして中小企業で増加率が高いことがわかった。

第2章の知見

　60代前半（65歳まで）の継続雇用体制の多様性に着目し、3つのタイプ（①60歳定年を境に仕事上の責任や仕事の内容が変わる「60歳定年制＋変化型」、②60歳定年を境に仕事上の責任や仕事の内容が変わらない「60歳定年制＋無変化型」、③「65歳定年型」）に整理した。そして、高年齢者の仕事や賃金に対する企業の考え方や評価、および60代前半層の雇用面の課題について、3タイプで比較分析を行った。その結果、①に比べて、②や③は60

代以上の高年齢従業員の労働意欲の低下という課題が、③は若年・壮年層の
モラール低下という課題が、指摘されにくいことがわかった。また、技能や
ノウハウの継承に対する姿勢が①と他の2タイプを分けており、前者はこの
点を配慮している企業が多いのに対して、後者は特に配慮していない企業が
多かった。

第3章の知見

　第2章で提示した継続雇用体制の3タイプや雇用ポートフォリオ（継続雇
用者に占める正社員割合）と、企業の60代前半層の平均賃金や賃金配分に
対する考え方との関連を分析した。その結果、①（60歳定年制＋変化型）
に比べて③（65歳定年型）は60代前半の賃金が高く、定年年齢の延長が60
代前半の賃金を増加させる可能性が示唆された。一方、正社員割合を統制す
ると、①と②（60歳定年制＋無変化型）の差は見られない点から、定年前
後の仕事の継続性が60代前半の賃金上昇には結びつかないことが示唆され
た。また、継続雇用者に占める正社員割合が高い企業ほど60代前半の賃金
が高かった。さらに、定年前後で仕事を変化させる企業や正社員割合が低い
企業ほど、高年齢者の賃金低下に肯定的であり、若年期と高年齢期を統合的
に捉える賃金制度の設計に消極的な考えを示していた。

第4章の知見

　65歳以上の労働者の雇用に関する企業の体制や方針を左右しうる要因を
検討した。分析の結果、第2章で提示した①（60歳定年制＋変化型）では、
65歳以降も働くことができる体制が採られにくいのに対して、②（60歳定
年制＋無変化型）や③（65歳定年型）では、そのような体制が採られやす
く、かつ希望者全員が働ける企業が多いことがわかった。また、希望者全員
が働ける体制を採っている企業は、実際の雇用確率が高いことも確認され
た。さらには、個別面接や評価等の人事管理施策が、65歳以降の雇用の際
に従業員の選抜につながっていることが示唆されたほか、高年齢雇用継続給
付や在職老齢年金支給に伴う賃金の調整度合いが高い企業ほど、65歳以降
も働くことができる確率が高いことも明らかになった。

第5章の知見

　60〜64歳の男性の就業理由に注目し、高年齢者自身が就業に何を求めているのか、どのような高年齢男性が就業に「生活のため」だけではない理由を見出すのかを明らかにした。まず潜在クラス分析の結果、60〜64歳男性の就業理由は、4つのタイプ（①「経済のみ型」、②「経済・いきがい型」、③「健康・時間余裕型」、④「頼まれ型」）に分かれた。全体の6割強は①が占めていたが、②も3割弱、③と④も合わせて約1割析出された。つまり高年齢者の就業理由は、経済的理由か生きがいかの二項対立ではなく、ベースに経済的理由があり、それに加えて生きがいを見出すことができるかどうかに分かれている。

　この4タイプとキャリア等の関連を分析すると、55歳時に大企業に勤めていた男性、調査時の貯蓄額が1,000万円以上ある男性、そして50歳前後で高年齢期に備え自主的な勉強を行っていた男性は、①に比べて②のタイプになりやすいことがわかった。他方、55歳以降のキャリアの違いは、それぞれのタイプへの所属と関係がなかった。

第6章の知見

　第2章〜第4章でも注目した60歳（定年）前後における仕事内容や仕事における責任の変化の有無が、高年齢者個人の現在の仕事満足度や、就業継続意向に及ぼす影響を分析した。その結果、60歳前後の仕事内容や責任の変化は、仕事満足度に対しても、就業継続意向に対しても、有意な影響を与えていなかった。ただし、明確な就業継続意向を持つ高年齢者に限定し、就業継続の上限年齢の有無について分析すると、60歳前後で仕事上の責任が変わる人は、変わらない人に比べて、上限年齢を設定している傾向が見られた。責任の変化は、ほとんどは責任を軽くする方向と推測され、それが従業員の引退に対する意識をより高めていると考えられる。また、従業員の体力等への配慮を講じてくれる企業に勤める高年齢者の満足度が高い点は、60歳以上を対象とした雇用制度や取組みを検討する上で重要な知見と言える。

第7章の知見

　61歳以上の女性と男性を対象に、60歳前後（59歳到達時と61歳到達時）の就業や従業上の地位の変化、およびその変化と個人の稼得所得の関係について、性別による違いを分析した。その結果、性別にかかわらず、59歳時の従業先における長期勤続者や大規模企業・官公庁に勤めている人は、61歳時に無業になる場合に比べて継続就業を選択しにくい。他方、61歳時の従業上の地位に関して、男性は長期勤続者や大規模企業、官公庁に勤めていた人ほど61歳時に正規雇用に比べて無業化する傾向があるのに対して、女性は勤続年数や従業員規模の有意な効果が見られない。また、59歳時に課長以上の役職に就いている男性は61歳時に正規雇用の職に就いているが、女性は役職の有意な効果が確認できない。61歳以降の稼得収入（推定値）は、正規雇用（59歳時）から別の企業に転職し正規雇用（61歳時）として働いている層で140万円、59歳時に正規雇用で、61歳時も同一企業で継続就業している層は、正規雇用、非正規雇用ともに90万円ほど、女性よりも男性の方が高かった。

第2節　政策的インプリケーション

　各章の分析結果を総合的に踏まえると、次の6点に関する政策的インプリケーションを導くことができる。

①70歳までの就業機会確保の義務化が促進された際の企業の対応

②65歳以降の雇用・就業機会の拡大に向けた人事労務管理

③公的給付

④60歳（定年）前後で仕事等を変えることは是か非か（企業、個人双方の視点から）

⑤高年齢者の就労意欲の維持・向上

⑥高年齢期の就業理由面の格差、ジェンダー格差

1　70歳までの就業機会確保の義務化が促進された際の企業の対応

　2021年4月に施行された高齢法の改正では、企業に70歳までの就業機会

確保を努力義務とする規定が盛り込まれている。この流れは、65歳までの雇用確保を義務化した時と同様であり、70歳までの就業確保を義務化する方向で進められている。この動きが企業と個人の働き方にどのような影響を与えるかについて、65歳までの雇用義務化に関する研究結果から、多くの示唆を得ることができる。

　第1章の分析結果を踏まえると、70歳までの就業機会の確保を義務化した場合も、企業は65歳の雇用義務化時と同様の行動を採ることが予想される。2010年代に対人サービスを中心とするサービス業、あるいは小規模企業や労働組合が組織されていない企業で65歳以上の雇用がかなり増加している。つまり需要に対して労働力の供給が不足している企業が、年金だけでは十分な生活が賄えない一定数の高年齢者を雇用した結果、既に65歳以上の就業はある程度伸びていると思われる。その上で法改正によって70歳までの就業確保を義務化すれば、金融業等や中堅・大企業、組合が組織化されている企業が、何らかの方法で65歳以降の継続就業を図る体制を整備することもあるだろう。

　ただし、市場全体の影響を測る際は、世代効果と影響を受ける企業の数に留意する必要がある。65歳までの義務化時と違い、団塊世代は既に70歳を超えているので、継続雇用にかかる人件費総額が低く見込まれるとすれば、企業にとって導入の障壁は低いとも考えられる。しかし他方で、70歳まで希望すれば働ける企業は2020年の段階で全体の1割ほどのため、相当の数の企業が継続雇用等に伴う賃金・人事制度の見直しを迫られることも予想される。

2　65歳以降の雇用・就業機会の拡大に向けた人事労務管理

　このように、一定数の企業は70歳までの就業確保の義務化とは関係なく市場メカニズムにより65歳以上の高年齢者を雇用し、その他の企業は義務化の影響を受けて65歳以降の継続雇用を進めることが予想される。ただしこれはあくまで雇用する労働者の数にのみ焦点を当てた場合の話である。各企業は継続雇用を導入した際の人件費負担を考慮し、高年齢従業員の賃金や仕事内容、仕事上の責任の重さを工夫するなどの対応を迫られることにな

る。

　65 歳以降の就業機会の一層の拡大を目標に、65 歳以降の就業機会を設ける企業を増やそうとする場合、あるいは 65 歳以降に雇用され続ける従業員の範囲を拡大しようとする場合に、まず着目すべきは、65 歳までの継続雇用体制である（第 4 章）。第 2 章で区分した 3 つのタイプのうち、①（60 歳定年制＋変化型）の企業では、②（60 歳定年制＋無変化型）や③（65 歳定年型）に比べて、65 歳以降働き続けることができる体制が生まれにくい。したがって、60 歳前後で仕事内容や責任を変えないという継続雇用のあり方へと変えていくことが、65 歳以降の雇用、就業機会の拡大に寄与するのではないだろうか。

　①から②や③への移行の促進に必要な取組みを考える上で、第 2 章と第 3 章の分析から多くの示唆が得られる。第 2 章では、継続雇用体制に関する 3 タイプの中で各企業がどのタイプに属するかを規定する要因を分析したが、そこでの重要な発見は、「技能やノウハウの継承」という役割の強調により、60 歳以上の高年齢従業員が、定年を挟んで同じ仕事内容や役割を継続し、長く働く機会が狭められている可能性があるという点である。また、60 歳以上の従業員の賃金に対する考え方として、賃金原資の年齢層間・世代間配分を重視するよりも、年齢にかかわらず仕事内容や役割、評価に即して決定していくための制度の導入が、65 歳以降の雇用・就業機会の拡大につながると考えられる。すなわち、定年を境とした評価・処遇制度の「一国二制度」（今野 2014）状態を解消し、シームレスな評価・処遇制度を構築・運営していく必要性が高まっていると言えよう。

　ただし、これらはあくまで 65 歳以降の雇用機会のさらなる拡大に向けたインプリケーションであり、雇用機会の拡大が新たな弊害をもたらす可能性もある。実際に、第 3 章の分析から、②（60 歳定年制＋無変化型）は正社員不在型の企業が最も多く、仕事の継続性の高さに対して雇用形態の継続性の低さが確認されている。すなわちこのような継続雇用体制は、均等・均衡待遇の観点から見て、差別や不合理な待遇差が生じるリスクを常に内在していると言えるだろう。

　加えて、それぞれの企業は、実際には、組織全体の年齢構成や賃金の配

分、人材の配置、組織全体や部門の業績（パフォーマンス）等を考慮しなが
ら、高年齢者の雇用維持・確保を実現するという難しい課題の解決を迫られ
る。この点を論じる上で必要なのは、高年齢者を継続雇用することによる企
業全体の採用や賃金への影響を検証することである。両者の因果関係を厳密
に検証することは難しいが、検証に必要なデータの取得から取り組むこと
で、解明に近づいていきたい。

3 公的給付

　労働政策審議会では高齢法改正による65歳までの雇用確保の義務化など
を踏まえ、高年齢雇用継続給付の段階的縮小や廃止を含めて、公的給付制度
のあり方が検討対象となっている（労働政策審議会雇用保険部会 2019）。本
書第3章、第4章の分析から、このような公的給付のあり方に関して、限定
的ではあるが、いくつかのインプリケーションが導かれる。

　第3章では、60歳以上の高年齢従業員の賃金水準決定において、60歳到
達時の賃金水準を考慮する企業に比べて、在職老齢年金や高年齢雇用継続給
付の受給状況を最も重視する企業では、平均月収が低いことがわかった。賃
金水準の決定において、これらの公的給付を最重視する企業は全体として少
数だが、特に高年齢雇用継続給付の受給状況を最も重視するほとんどの企業
において賃金が下落しており、下落幅も大きい点は注目すべき結果と言えよ
う。

　ただし同時に、公的給付を重視する企業では、より高年齢の従業員を雇用
している傾向も確認された。例えば、高年齢雇用継続給付を受給する従業員
の賃金を調整する度合いがより高い企業ほど、65歳以降も働くことができ
る体制を採っている（第4章）。また、このような企業では、現在の高年齢
雇用継続給付が65歳以上を対象としないことを評価していない点から、給
付対象の拡充を望んでいることが示唆される。これらの分析結果は、高年齢
期の賃金低下による引退を防止し就業を促進するという本来の公的給付の目
的を支持するものである。したがって、65歳以降の雇用・就業機会を創り
出し、拡大するという観点からすると、給付対象を65歳から70歳に再設定
した雇用継続給付の枠組みも検討に値する選択肢であろう。

　しかしながら、公的給付による就業促進が長期的にも効果を持つかどうか
は、本書の実証分析の範囲を超えており、判断には慎重を要する。高年齢雇
用継続給付の効果は、高年齢者への支払賃金の低下によって労働需要の増加
をもたらす雇用補助金としての効果であり、高年齢者の手取り賃金を上げる
ことによる労働供給の増加の効果はほとんどないという指摘もある（小川
1998；樋口・山本 2002b）。仮に需要が増加したとしても、企業が支払う賃
金を引き下げ過ぎ、手取り賃金が高年齢者の留保賃金を上回らなければ、実
際の就業には結びつかないことも想定される。つまり、高年齢雇用継続給付
などの公的給付への依存度が高まることは、結局のところ、65歳以降の雇
用・就業機会の創設・拡大の可能性を狭めることもありうる。この点は、65
歳以降の雇用がより拡大した今後のデータを分析することで、実証的に確認
したい。

　また、第3章、第4章の分析結果から考察すると、公的給付制度の活用に
より拡大する雇用・就業体制は、より高い生産性を実現するための人的資源
管理の考え方を基盤とするよりは、年金の支給開始までいかに高年齢者の生
計の途を絶やさないようにするかという点に重きが置かれる「福祉的雇用」
（今野 2014）の性格を強く持つと考えられる。しかし労働力人口の減少など
日本全体の人的資源に関わる状況を踏まえると、福祉的雇用の対象としてで
はなく、雇用する企業の事業運営や付加価値の向上に欠かせない人材とし
て、65歳以上の高年齢者の雇用拡大を図っていく必要があろう。

4　60歳（定年）前後で仕事等を変えることは是か非か（企業、個人双方の視点から）

　本書の特徴の一つは、60歳（または定年）前後の仕事内容や責任の変化
が雇用・就業に与える影響について、企業（第2章、第4章）と個人（第6
章）双方の視点から分析を試みた点である。それらの結果を総合的に見た
時、60歳（定年）前後で仕事等を変えることは是か非かという問いへの回
答は、何を目標とするかによって異なることが明らかになった。

　65歳以降の雇用機会を拡大するという政策的・社会的課題の解決を重視
する観点からすると、60歳前後で仕事内容を変えずに従業員を雇用し続け

ることは、望ましいと考えられる。一方で、高年齢者個人の仕事満足度に目を向けると、60歳前後の仕事内容に変化がないことが、調査時（高年齢期）の就業状況を統計的に統制すると、満足度には有意な影響を及ぼしていない。被雇用者の立場から見ると、60歳前後の仕事や責任の変化は、肯定的な面と否定的な面が混在していることが示唆される。

さらに、高年齢者の就業継続意向に注目すると、60歳前後での仕事上の責任の変化は、企業の意向にも個人の意向にも沿った帰結をもたらしている。60歳前後での仕事上の責任の変化が概ね軽くする方向だと仮定すると、責任を軽減させる企業は、65歳以降の雇用機会を設けず、60代前半の従業員に対して、若い世代への技能・スキルの継承を期待している傾向がある。同時に、仕事の責任が軽くなった個人も一定の年齢での引退を望んでおり、責任の軽減が若い世代への技能継承を促進しうることを、雇用者の意識の面からも裏づけられる。

5　高年齢者の就労意欲の維持・向上

年齢にかかわらず、意欲と能力のある人々の雇用・就労が促されている社会の流れの中で、全ての従業員に意欲を持って、働き続けてもらうことは企業の喫緊の課題と言えよう。同時に働く人々にとっても、高いモチベーションを保ったまま就労し続けられるのが望ましいことは論を俟たない。

上記「4」では、定年等を契機として仕事の中身や責任を変えることの影響を企業視点と労働者視点から考察したが、最終的には、企業の人事労務管理の問題なので、各企業の判断に委ねられる。しかしもし65歳以降の雇用・就業機会の拡大という課題を社会的に重視するならば、実際に働く高年齢従業員の労働意欲やモチベーションを損なわないための仕事管理以外の施策の整備も必要だろう。第6章の結果から導かれる具体的な方策としては、従業員の体力等への配慮を講じるための施策や、現在よりも高い年齢に至るまでの雇用・就業を見据えた企業と従業員の間のコミュニケーションの促進などが挙げられる。

さらに第5章の分析からも、高年齢者のモチベーションを維持・向上するための示唆が得られている。高年齢者の就業理由は、経済的なものが第一な

ので、年齢にかかわらず仕事内容や役割、評価に即して処遇を決定する公平な人事労務管理制度の構築が期待されていることは、当然軽視してはならない。それに加えて、50歳前後で高年齢期に備え自主的な勉強を行っていることが、60代前半の仕事に「いきがい」を見出すことにつながっている点は興味深い。しかし現状は、中高年齢者に対する一般教育訓練給付金等の政府の就労支援は限定的であり、また中高年齢の正規雇用者の長時間労働が自主的な訓練受講のハードルになっていると考えられる。したがって、職業や興味関心に則った自発的・能動的な勉強を促す金銭的支援の拡大と長時間労働の緩和は、高年齢者の「いきがい」就労にとっても重要な政策課題となるだろう。

　一方、専門家へのキャリア相談や高年齢期の働き方についての研修・セミナー参加は、60代前半の「いきがい」就労に結びついていなかったが、本書の分析対象者の中で経験した者が少なかったので、その効果の検討は今後の課題である。

6　高年齢期の就業理由面の格差、ジェンダー格差

　高年齢者個人のデータを分析した第5章〜第7章の結果は、高年齢期の就業、キャリアの格差が、現役期のキャリアに強く規定されることを示している。累積的有利/不利（cumulative advantage/ disadvantage）仮説は、高年齢期はそれまでに蓄積された経済的・社会的な有利/不利が発露されるライフステージであり、現役期の所得や資産の格差がより広がることを説明する（野呂 2001；木村 2002；麦山 2018）。本書の結果は、現役期のキャリアが、高年齢期の就業理由や定年前後の移行を含む高年齢期キャリアにも影響していることを確認するものとして位置づけられる。一方で、高年齢期の就業理由と、60歳（定年）以降のキャリアとは関連が見られないことから、高年齢期のキャリアの変遷は、格差に大きく影響するものではないとも言えよう。

　ジェンダーの視点から見ても、60歳に到達するまでの蓄積には大きなジェンダー格差があり、それが60歳前後のキャリアの転換を左右する。そのため、女性は男性に比べて、労働条件を変えることなく同一企業で継続就

業したり、関連会社への出向・転籍など企業間のネットワークを活用して比較的良い条件で移動することが難しい。

　今後を見据えると、現役期に格差社会を経験してきた世代が続々と高年齢期を迎えるため、高年齢期の格差は今まで以上に顕在化するだろう。加えて、高齢法の改正など、2000年代前半から現在、そして今後も続く高年齢者の雇用・就業促進政策は、組織の中核に位置する従業員に対して、高年齢期キャリアの優遇をもたらすことで、ジェンダー格差を固定化、または拡大させるかもしれない。

　現行の日本の雇用システムが維持される限り、現役期に積み重ねられた格差を高年齢期に是正することは、かなり難しいと考えられる。この社会的課題に対して、本研究の結果から処方箋のような施策を見出すことは無理があるため、この点も今後の研究課題としたい。まずは、具体的な政策を講じる前に、格差自体の是正を図るべきか、あるいは健康上のリスクを抱える高年齢期においても誰もが安心して能力が発揮できる就業機会が適宜提供される社会を築くべきかといった、目指すべき社会を議論することが求められる。

第3節　今後の課題

　年金の受給開始年齢の引き上げや高齢法の改正を機に、65歳までの雇用・労働は定着し、65歳以降の就業も進みつつある。本書では、企業の継続雇用体制や個人の高年齢期キャリアの視点から、高年齢者の働き方の現状と課題を分析した。特に、60代前半の継続雇用に際して、企業がどのような人事施策を展開し、それが企業と個人双方にどのような影響をもたらしているのかを実証的に明らかにした点や、それらの分析と65歳以降の雇用・就業の現状分析を基に、70歳までの就業確保の義務化に向けた政策が社会にどのような影響をもたらすかについて論じた点は、既存研究とは異なる本研究の貢献と言えるだろう。

　しかしながら、本書の分析視点は、高年齢期における同一企業での継続雇用を中心としており、分析対象も60歳以降の高年齢者全体を捉えているとは言い難い。したがって最後に、今後の研究課題を指摘しておきたい。な

お、既に本章第2節の2（65歳以降の雇用・就業機会の拡大に向けた人事労務管理）では、高年齢者の継続雇用が企業全体の採用や賃金に与える影響に関する実証研究が、3（公的給付）では、公的給付の長期的影響に関する実証研究が不足していることを課題として挙げている。また、6（高年齢期の就業理由面の格差、ジェンダー格差）では、格差問題の観点から、目指すべき社会、つまり年齢にかかわらず誰もが安心して働くことができる社会とはどのような社会かについて、俯瞰的な議論が不足している点を指摘した。ここでは、これら以外の研究課題を述べたい。

まず、高年齢期における非正規労働者や自営業者の就業状況、キャリアを分析しなければならない。先に述べた通り、本書の各章の分析は、主に常用労働者、または正規雇用者に対する企業の人事制度や、個人の高年齢期キャリアに焦点を当てている。しかしながら、高年齢期に非正規労働者として働いている人々は、近年増加の一途を辿っている。また、自営業者として働いてきた人は、以前から高年齢期も継続的に就業し続けている。2021年4月施行の改正高齢法でも、70歳までの就業確保措置として継続雇用等の従来の措置に加え、フリーランスや起業による就業を含む新たな措置を設けることを努力義務としているが、そもそも実態が十分に把握されていない。したがって、正規から非正規への転換も踏まえた継続雇用体制や、自営業も含めた高年齢期における職業キャリアと引退、正規と非正規間あるいは被雇用者と自営業者の格差といった点を明らかにしなければ、高年齢期における雇用・就業の全体像を把握したことにはならないだろう。

これに関連して、高年齢期における転職（職業移動）の実態を解明することも重要である。継続雇用は、子会社や関連会社への出向も含むが、その多くは同一企業において働き続けるための体制に注目したテーマである。しかし、正規から非正規雇用への転換、非正規雇用間の転職など、高年齢期は若年期と並んで職業移動が頻繁に生じる時期でもある。これまでにも、高年齢期における離職や労働市場からの引退を扱った研究は行われてきたが（麦山2018；森山2020など）、60歳前後の長期的スパンにおける職業移動については、研究蓄積がほとんどない。経済的な理由で就業し続けなければならない人々に対する外部労働市場の整備という政策的観点、および2021年4月

に施行された改正高齢法で70歳までの就業機会確保のための新たな措置として、他企業への再就職が含まれている点からも、職業経歴データやパネルデータを用いた実態把握と政策効果の検証等が求められる分野と言えよう。

　さらには、健康面から高年齢者の雇用・就業を考えることも重要なテーマである。この問題は数多くの研究蓄積があるが、今後高年齢者が働く期間が延びるとその重要性はさらに増すだろう。その時に重要な視点は、働くか働かないかという二項対立ではなく、いかに健康と就労の折り合いをつけられる仕組みづくりを政労使が一体となって進めていけるかだと思われる。働く意欲と能力のある人が年齢や性別を問わず働き続けるために必要な社会制度・政策とは何かについて議論を深めるために、これらの研究課題の探究を進めたい。

参考文献

浅尾裕（2017）「65歳以降の就業・雇用を考える―職業生涯の総決算とセグメント―」労働政策研究・研修機構編『人口減少社会における高齢者雇用』労働政策研究・研修機構、pp.100-150.

阿部彩（2015）「女性のライフコースの多様性と貧困」『季刊社会保障研究』51（2）、pp.174-180.

阿部彩（2021）「相対的貧困率の動向：2019年国民生活基礎調査を用いて」貧困統計ホームページ.

安部由起子（1998）「1980～1990年代の男性高齢者の労働供給と在職老齢年金制度」『日本経済研究』36、pp.50-82.

安藤道人（2017）「配偶者との死別が高齢女性の生活状況と健康水準に与える影響：予備的分析」『人口問題研究』73（2）、pp.117-137.

石井加代子・黒澤昌子（2009）「年金制度改正が男性高齢者の労働供給行動に与える影響の分析」『日本労働研究雑誌』589、pp.43-64.

井出亘（2004）「仕事への動機づけ」外島裕・田中堅一朗編『産業・組織エッセンシャルズ』ナカニシヤ出版、pp.1-30.

稲垣誠一（2013）「高齢者の同居家族の変容と貧困率の将来見通し―結婚・離婚行動変化の影響評価―」『季刊社会保障研究』48（4）、pp.396-409.

今井順（2021）『雇用関係と社会的不平等　産業的シティズンシップ形成・展開としての構造変動』有斐閣.

今野浩一郎（2012）『正社員消滅時代の人事改革』日本経済新聞出版社.

今野浩一郎（2014）『高齢社員の人事管理―戦力化のための仕事・評価・賃金―』中央経済社.

岩本康志（2000）「在職老齢年金制度と高齢者の就業行動」『季刊社会保障研究』35（4）、pp.364-376.

海上泰生（2017）「シニア世代就業者の満足度を高める雇用形態や条件は何か―高齢者の活躍を促す働き方の模索―」『日本政策金融公庫論集』37、pp.1-27.

浦川邦夫（2013）「高齢者の就業行動と実際の就業形態の格差」『経済学研究』80（2-3）、pp.53-67.

大石亜希子・小塩隆士（2000）「高齢者の引退行動と社会保障資産」『季刊社会保障研究』35（4）、pp.405-419.

大木栄一（2018）「「役職定年制」・「役職の任期制」の機能とキャリア意識の醸成―50歳代経験者から見た「役職定年制」・「役職の任期制」の評価と課題」高齢・障害・求職者雇用支援機構編『65歳定年時代における組織と個人のキャリアの調整と社会的支援―高齢社員の人事管理と現役社員の人材育成の調査研究委員会報告書―」、pp.51-78.

太田聰一（2010）『若年者就業の経済学』日本経済新聞出版社.

太田聰一（2012）「雇用の場における若年者と高齢者―競合関係の再検討」『日本労働研究雑誌』626、pp.60-74.

大竹文雄・山鹿久木（2003）「在職老齢年金制度と男性高齢者の労働供給」国立社会保障・人口問題研究所編『選択の時代の社会保障』東京大学出版会、pp.33-50.

小川浩（1998）「年金・雇用保険改正と男性高齢者の就業行動の変化」『日本労働研究雑誌』461、pp.52-64.

梶谷真也（2021）「高年齢者の雇用確保と企業側の調整」『日本労働研究雑誌』734、pp.16-30.

鹿生治行・大木栄一・藤波美帆（2016）「継続雇用者の戦力化と人事部門による支援課題―生涯現役に向けた支援のあり方を考える」『日本労働研究雑誌』667、pp.66-77.

鎌倉哲史（2016）「65歳以降の継続的な就業の可否を規定する企業要因の検討」労働政策研究・研修機構編『労働力不足時代における高年齢者雇用』労働政策研究報告書186、pp.160-199.

川並剛・城戸康彰（2019）「生きいき働く高年齢者の要因に関する研究～高年齢勤務者10名を対象として～」、"Sanno University Bulletin" 40（1）、pp.17-32.

岸田泰則（2019）「高齢雇用者のジョブ・クラフティングの規定要因とその影響―修正版グラウンディッド・セオリー・アプローチからの探索的検討」『日本労働研究雑誌』703、pp.65-75.

北村智紀（2018）「厚生年金の支給開始年齢引き上げと2013年高年齢者雇用安定法改正の高齢者雇用に与える効果」『統計研究彙報』75、pp.1-20.

木村好美（2002）「『過去の職業』による老後の所得格差」『理論と方法』17（2）、pp.151-165.

玄田有史（2004）『ジョブ・クリエイション』日本経済新聞社.

小池高史（2021）「高齢就業者の今後の業種・職種についての希望：働く理由との関連」『老年社会科学』42（4）、pp.311-317.

高年齢者雇用開発協会（2003）『65 歳までの継続雇用が医療政策その他の社会保障政策に与える影響に関する調査研究』.

高齢・障害・求職者雇用支援機構（2020）『進化する高齢社員の人事管理（令和元年度）』

近藤絢子（2014a）「雇用確保措置の義務化によって高齢者の雇用は増えたのか：高年齢雇用安定法改正の政策評価」『日本労働研究雑誌』642、pp.13-22.

近藤絢子（2014b）「高年齢者雇用安定法の影響分析」岩本康志・神取道宏・塩路悦朗・照山博司編『現代経済学の潮流　2014』東洋経済新報社、pp.123-152.

近藤絢子（2017）「高齢者雇用の現状と政策課題」川口大司編『日本の労働市場―経済学者の視点』有斐閣、pp.128-149.

近藤英明（2021）「役職定年時のワークモチベーションの変化に対する影響要因」『キャリアデザイン研究』17、pp.107-116.

佐藤一磨・深堀遼太郎・樋口美雄（2020）「日本の高齢者の就業行動・引退行動：パネルデータを用いた属性要因・政策効果の実証分析」PDRC Discussion Paper Series, DP2020-002.

島貫智行（2017）「日本企業の人事管理と組織の柔軟性」『日本労働研究雑誌』683、pp.75-86.

周燕飛（2012）「高齢者は若者の職を奪っているのか―『ペア就労』の可能性」労働政策研究・研修機構編『高齢者雇用の現状と課題』労働政策研究・研修機構、pp.172-191.

白波瀬佐和子（2018）「2015 年「社会階層と社会移動に関する全国調査（SSM 調査）」実施の概要」保田時男編『2015 年 SSM 調査報告書 1　調査方法・概要』2015 年 SSM 調査研究会、pp.1-12.

清家篤・山田篤裕（2004）『高齢者就業の経済学』日本経済新聞社.

高木朋代（2008）『高年齢者雇用のマネジメント　必要とされ続ける人材の育成と活用』日本経済新聞出版社.

高山憲之・白石浩介（2017）「年金と高齢者就業：パネルデータ分析」『年金研究』6、pp.38-100.

田村泰地（2017）「年金制度の改正が高齢者の就労に与える影響：日本を含む各国での earning test（所得制限）に関する研究事例の紹介」『ファイナンス』52（11）、pp.79-87.

戸田淳仁（2015）「誰が仕事に生きがいを感じているのか―シニア層が仕事でさらに活躍できる社会に向けて―」、"Works Review" 10、pp.88-99.

戸田淳仁（2016）「中高年の就業意欲と実際の就業状況の決定要因に関する分析」『経済分析』191、pp.165-182.

内閣府（2019）『経済財政運営と改革の基本方針 2019～「令和」新時代：「Society 5.0」への挑戦～』.

内閣府（2020）『高齢社会白書（令和 2 年版）』.

内閣府政策統括官（経済財政分析担当）（2018）『60 代の労働供給はどのように決まるのか？―公的年金・継続雇用制度等の影響を中心に―（政策課題分析シリーズ 16）』.

永野仁（2012）「離職行動とその後の就業に関する実証研究：『2002 年就業構造基本調査』個票データによる定年前後の移動分析」『明治大学社会科学研究所紀要』50（2）、pp.187-206.

永野仁（2014）「高齢層の雇用と他の年齢層の雇用―『雇用動向調査』事業所票個票データの分析」『日本労働研究雑誌』643、pp.49-57.

永野仁（2021）『日本の高齢者就業　人材の定着と移動の実証分析』中央経済社.

野呂芳明（2001）「職業キャリアと高齢期の社会階層」平岡公一編『高齢期と社会的不平等』東京大学出版会、pp.111-132.

濱口桂一郎（2014）『日本の雇用と中高年』ちくま書房.

浜田浩児（2010）「在職老齢年金、高年齢雇用継続給付が企業の継続雇用者賃金決定に及ぼす影響」労働政策研究・研修機構編『継続雇用等をめぐる高齢者就業の現状と課題』労働政策研究報告書 120、pp.120-130.

林雄亮・苫米地なつ帆・俣野美咲（2017）『SPSS による実践統計分析』オーム社.

原純輔・盛山和夫（1999）『社会階層　豊かさの中の不平等』東京大学出版会.

樋口美雄・山本勲（2002a）「わが国の高齢者雇用の現状と展望：雇用管理・雇用政策の評価」『金融研究』第 21 巻別冊第 2 号、pp.1-30.

樋口美雄・山本勲（2002b）「わが国男性高齢者の労働供給行動メカニズム：年金・賃金制度の効果分析と高齢者就業の将来像」『金融研究』第 21 巻別冊第 2 号、pp.31-77.

樋口美雄・山本勲（2006）「企業における高齢者の活用：定年制と人事管理のあり方」高山憲之・斎藤修編『少子化の経済分析』東洋経済新報社、pp.67-91.

福島さやか（2007）「高齢者の就労に対する意欲分析」『日本労働研究雑誌』558、pp.19-31.

藤波美帆（2013）「嘱託職員（継続雇用者）の活用方針と人事管理―60 歳代前半層の賃金管理」『日本労働研究雑誌』631、pp.114-125.

藤波美帆・大木栄一（2011）「嘱託（再雇用者）社員の人事管理の特質と課題―60歳代前半層を中心にして」『日本労働研究雑誌』607、pp.112-122.

藤波美帆・大木栄一（2012）「企業が『60歳代前半層に期待する役割』を『知らせる』仕組み・『能力・意欲』を『知る』仕組みと70歳雇用の推進―嘱託（再雇用者）社員を中心にして」『日本労働研究雑誌』619、pp.90-101.

藤波美帆・鹿生治行（2020）「高齢社員の戦力化と賃金制度の進化―仕事基準の基本給が選択される条件とは」『日本労働研究雑誌』715、pp.58-72.

藤原翔・伊藤理史・谷岡謙（2012）「潜在クラス分析を用いた計量社会学的アプローチ：地位の非一貫性、格差意識、権威主義的伝統主義を例に」『年報人間科学』33、pp.43-68.

藤本真（2010）「65歳より先の継続雇用に向けた企業の取組み」労働政策研究・研修機構編『継続雇用等をめぐる高齢者就業の現状と課題』労働政策研究報告書120、pp.131-148.

藤本真（2012）「雇用管理措置をめぐる企業の人事管理上の取組みと課題」労働政策研究・研修機構編『高齢者雇用の現状と課題』労働政策研究・研修機構、pp.88-113.

藤本真（2017）「60代前半継続雇用者の企業における役割と人事労務管理」労働政策研究・研修機構編『人口減少社会における高齢者雇用』労働政策研究・研修機構、pp.71-98.

藤本真（2019）「中小企業セクターで働くシニア就業者」『日本政策金融公庫論集』44、pp.25-44.

藤本真（2020）「シニア労働者をめぐる人事労務管理の変化と働きがいの行方」『「これからの日本型雇用システムを考える」研究会報告書』アジア太平洋研究所、pp.61-79.

藤森克彦（2017）『単身急増社会の希望　支え合う社会を構築するために』日本経済新聞出版社.

堀内康太・御手洗尚樹（2020）「再雇用高齢労働者の就労動機づけ尺度の作成および関連要因の検討」『実験社会心理学研究』59（2）、pp.89-106.

丸山桂（2007）「女性と年金に関する国際比較」『海外社会保障研究』158、pp.18-29.

麦山亮太（2018）「職業経歴の影響にみる高齢層の経済格差：所得と資産の規定要因に関する男女比較から」阪口祐介編『2015年SSM調査報告6　労働市場1』2015年SSM調査研究会、pp.1-27.

森山智彦（2020）「職業経歴における現役期から高齢期への移行と引退」尾嶋史章・小林大祐編『無業の多様性とその影響』科学研究費補助金基盤研究（B）研究成果報告書（17H02761）、pp.111-134.

山田篤裕（2000）「引退過程における賃金低下と所得補償」『季刊・社会保障研究』35（4）、pp.377-394.

山田篤裕（2007）「高年齢者の継続雇用義務への企業の対応―賃金・年収水準調整を中心に」労働政策研究・研修機構編『高齢者継続雇用に向けた人事労務管理の現状と課題』労働政策研究報告書83、pp.69-90.

山田篤裕（2009）「高齢者就業率の規定要因：定年制度、賃金プロファイル、労働組合の効果」『日本労働研究雑誌』589、pp.4-19.

山田篤裕（2010）「高齢期の新たな相対的貧困リスク」『季刊社会保障研究』46（2）、pp.111-126.

山田篤裕（2012）「雇用と年金の接続：在職老齢年金の就業抑制効果と老齢厚生年金受給資格者の基礎年金繰上げ受給要因に関する分析」『三田学会雑誌』104（4）、pp.587-605.

山田篤裕（2017）「年金支給開始年齢引上げに伴う就業率上昇と所得の空白―厚生労働省「中高者縦断調査（2014年）」に基づく分析」労働政策研究・研修機構編『人口減少社会における高齢者雇用』労働政策研究・研修機構、pp.194-229.

山田篤裕（2019）「高齢者の賃金プロファイル・賃金水準」『季刊　個人金融』2019秋、pp.47-56.

山本勲（2008）「高年齢者雇用安定法改正の効果分析」樋口美雄・瀬古美喜編『日本の家計行動のダイナミズムⅣ：制度政策の変更と就業行動』慶應義塾大学出版会、pp.161-173.

連合総研（2014）『DIO（連合総研レポート）』295（https://www.rengo-soken.or.jp/dio/dio295.pdf、2021年11月20日閲覧）.

労働政策審議会雇用保険部会雇用保険部会（2019）「雇用保険部会報告書」、2019（https://www.mhlw.go.jp/content/11601000/000580817.pdf、2021年11月9日閲覧）.

労働政策研究・研修機構（2020a）「高年齢者の雇用に関する調査（企業調査）」JILPT調査シリーズNo.198.

労働政策研究・研修機構（2020b）「60代の雇用・生活調査」JILPT調査シリーズNo.199.

労働政策研究・研修機構（2021）『70歳就業時代の展望と課題―企業の継続雇用体制と個人のキャリアに関する実証分析』労働政策研究報告書No.211.

渡辺修一郎（2017）「高齢者の就業理由からみた就業支援のあり方：就業理由の階層性の観点から」『老年社会科学』38（4）、pp.465-472.

渡邉大輔（2018）「一人暮らし高齢者の婚姻歴と社会的孤立」『成蹊大学文学部紀要』53、pp.83-97.

Atkinson, John（1984）"Flexibility, Uncertainty and Manpower Management," *IMS Report 89*, Institute for Employment Studies.

Atkinson, John and Nigel Meager（1986）*Changing Working Patterns: How Companies Achieve Flexibility to Meet Needs*, London: National Economic Development Office.

Becker, Gary（1975）*Human Capital: A Theoretical and Empirical Analysis, with Special Reference to Education*, Chicago, University of Chicago Press.

Caliendo, Marco and Sabine Kopeing（2008）"Some Practical Guidance for the Implementation of Propensity Score Matching," *Journal of Economic Surveys*, 22（1）, 31-72.

Clark, Robert L. and Naohiro Ogawa（1992）" The Effect of Mandatory Retirement on Earnings Profiles in Japan," *Industrial and Labor Relations Review* 45, 258-266.

Doeringer, Peter B. and Michael J. Piore（1985）*Internal Labor Markets and Manpower Analysis: With a New Introduction*, M. E. Sharpe,（＝白木三秀監訳（2007）『内部労働市場とマンパワー分析』早稲田大学出版部）.

Granovetter, Mark（1992）"The Sociological and Economic Approaches to Labor Market Analysis: A Social Structural View", Granovetter, Mark and Richard Swedberg eds., *The Sociology of Economic Life*, Westview Press, 233-264.

Heckman, James J., Hidehiko Ichimura, and Petra Todd（1997）"Matching as an Econometric Evaluation Estimator: Evidence from Evaluating a Job Training Programme," *Review of Economic Studies*, 64（4）, 605-654.

Kimura, Taro, Yoshiyuki Kurachi and Tomohiro Sugo（2019）"Decreasing Wage Returns to Human Capital: Analysis of Wage and Job Experience Using Micro Data of Workers," *Bank of Japan Working Paper Series* No.19-E-12.

Kondo, Ayako（2016）"Effects of Increased Elderly Employment on Other Workers' Employment and Elderly's Earnings in Japan," *IZA Journal of Labor Policy*, 5: 2.

Kondo, Ayako and Shigeoka,Hitoshi（2017）"The Effectiveness of Demand-Side Government Intervention to Promote Elderly Employment: Evidence from Japan," *Industrial Labor Relations Review*, 70（4）, 1008-1036.

Lazear, Edward（1979）"Why is There Mandatory Retirement?" *Journal of Political Economy*, 87（6）, 1261-1284.

Nemoto, Y, T Takahashi, K Nonaka, M Hasebe, T Koike, U Minami, H Murayama, H Matsunaga, E Kobayashi, Y Fujiwara（2020）"Working for only financial reasons attenuates the health effects of working beyond retirement age: A 2-year longitudinal study," *Geriatrics and Gerontology International*, 20（8）, 745-751.

OECD（2006）*Live Longer, Work Longer, Ageing and Employment Policies*, OECD Publishing,Paris.（＝濱口桂一郎訳（2006）『世界の高齢化と雇用政策―エイジ・フレンドリーな政策による就業機会の拡大に向けて』明石書店）.

OECD（2010）*Off to a Good Start? Jobs for Youth*, OECD Publishing, Paris.（＝濱口桂一郎監訳・中島ゆり訳（2011）『世界の若者と雇用―学校から職業への移行を支援する＜OECD 若年者雇用レビュー：統合報告書＞』明石書店）.

OECD（2018）*Working Better with Age: Japan* OECD Publishing, Paris.（＝井上裕介訳（2020）『高齢社会日本の働き方改革―生涯を通じたより良い働き方に向けて』明石書店）.

Pecci, R., Van De Voorde, K., and Van Veldhoven, M.（2013）"HRM, Well-Being and Performance: A Theoretical and Empirical Review", in Paauwe, J., Guest, D. E., and Wright, P. M., *HRM & Performance Achievements & Challenges*, Willy.

Rosenbaum, Paul R. and Donald B. Rubin（1983）"The Central Role of the Propensity Score in Observational Studies for Causal Effects," *Biometrika*, 70（1）, 41-55.

Smith, Jeffrey A. and Petra Todd（2005）"Does Matching Overcome LaLonde's Critique of Non-experimental Estimators?" *Journal of Econometrics*, 125（1-2）, 305-353.

Sørensen, Aage（1983）"Sociological Research on the Labor Market: Conceptual and Methodological Issues," *Work and Occupations*, 261-287.

White, Harrison（1970）*Chains of Opportunity: System Models of Mobility in Organizations*, Harvard University Press.

Wrzesniewski, A., and Dutton, J. E.（2001）"Crafting a Job: Revisioning Employees as Active

Crafters of their Work," *Academy of Management Review* 26（2）, 179-201.

索　引

【執筆者略歴（執筆順）】

久保　雅裕（くぼ・まさひろ）：序章
　　労働政策研究・研修機構　統括研究員
　　主な著作に「高年齢者雇用・就業の現状と課題」（労働政策研究報告書
　　No.211『70歳就業時代の展望と課題』（労働政策研究・研修機構、2021
　　年6月）、第1章）など。専門分野は労働経済学。

森山　智彦（もりやま・ともひこ）：第1章、第7章、終章
　　労働政策研究・研修機構　研究員
　　主な著作に、「初職の産業は転職にどう影響するか─サービス産業化時
　　代における産業間移動研究」（渡邊勉・吉川徹・佐藤嘉倫編『人生中期
　　の階層構造（少子高齢社会の階層構造2）』第7章、東京大学出版会、
　　2021年）、「若年期における無業への／無業からの移行と高学歴化─21
　　世紀成年者縦断調査を用いて」（『理論と方法』35（2）、共著、2021年）
　　など。専門分野は労働社会学、社会階層論。

藤本　　真（ふじもと・まこと）：第2章、第4章、第6章
　　労働政策研究・研修機構　主任研究員
　　近時の著作・論文として、『人口減少社会における高齢者雇用』（共著、
　　労働政策・研究研修機構、2017年）、「「キャリア自律」はどんな企業で
　　進められるのか─経営活動・人事労務管理と「キャリア自律」の関係」
　　（『日本労働研究雑誌』691号、2018年）、『労働・職場調査ガイドブッ
　　ク』（共編著、中央経済社、2019年）など。専門分野は産業社会学、人
　　的資源管理論。

福井　康貴（ふくい・やすたか）：第3章
　　名古屋大学大学院環境学研究科　准教授
　　主な著作に、「入職経路の個人内効果─非正規雇用から正規雇用への転
　　職のパネルデータ分析」（『ソシオロジ』61（3）、2017年）、『歴史のなか

の大卒労働市場―就職・採用の経済社会学』（勁草書房、2016年）など。専門分野は社会階層論、経済社会学。

吉岡　洋介（よしおか・ようすけ）：第5章
千葉大学大学院人文科学研究院　准教授
主な著作に、「定年退職期の職業移動―男性の50歳時従業先からの移動に注目して―」（有田伸・数土直紀・白波瀬佐和子編『人生後期の階層構造（少子高齢社会の階層構造3)』第6章、東京大学出版会、2021年）など。専門分野は産業社会学、社会調査法。

JILPT 第 4 期プロジェクト研究シリーズ No.1
70 歳就業時代における高年齢者雇用

2022 年 3 月 31 日　第 1 刷発行

編　　　集　森山智彦／独立行政法人 労働政策研究・研修機構

発　　　行　独立行政法人 労働政策研究・研修機構
　　　　　　〒 177-8502　東京都練馬区上石神井 4-8-23
　　　　　　電話　03-5903-6263　　FAX　03-5903-6115

発 行 者　理事長　樋口美雄

印刷・製本　大日本法令印刷株式会社